新时代高校“三全育人”理论与实践研究

白艳 著

西安电子科技大学出版社

内 容 简 介

本书以马克思主义理论和习近平新时代中国特色社会主义思想为指导，以人的全面发展理论、系统论、协同论等相关理论为基础，以“三全育人”及其实践探索为研究对象，以增强大学生思想政治教育实效性为目的，坚持宏观、中观、微观相结合，对“三全育人”的内涵、特征、方法、理论基础、基本要素进行学理阐述，进而分析目前高校“三全育人”工作取得的成效及存在的问题。针对目前高校“三全育人”中存在的典型问题，提出高校从更新理念、转变重心、统筹运用规律三个方面开展“三全育人”实践的方法，为高校应对和解决“三全育人”实践中存在的问题提供了必要的实践性参考。同时，为了保障高校“三全育人”实践相关策略能够有效实施，本书就高校“三全育人”的保障措施进行了探讨，以期为高校“三全育人”实践的持续开展和不断深化提供有益借鉴。

本书适合高校思想政治教育工作者及相关人员参考使用。

图书在版编目（CIP）数据

新时代高校“三全育人”理论与实践研究 / 白艳著. -- 西安 ：西安电子科技大学出版社, 2024. 8. -- ISBN 978-7-5606-7409-4

Ⅰ. G641

中国国家版本馆 CIP 数据核字第 2024SH0855 号

策　　划　刘小莉

责任编辑　刘小莉

出版发行　西安电子科技大学出版社（西安市太白南路 2 号）

电　　话　（029）88202421　88201467　　邮　　编　710071

网　　址　www.xduph.com　　电子邮箱　xdupfxb001@163.com

经　　销　新华书店

印刷单位　西安日报社印务中心

版　　次　2024 年 8 月第 1 版　2024 年 8 月第 1 次印刷

开　　本　787 毫米×1092 毫米　1/16　印　张　14.25

字　　数　224 千字

定　　价　44.00 元

ISBN 978-7-5606-7409-4

XDUP 7710001-1

前　言

党的十八大以来，以习近平同志为核心的党中央，要求全面贯彻党的教育方针，坚持教育为人民服务、为中国共产党治国理政服务、为巩固和发展中国特色社会主义制度服务、为改革开放和社会主义现代化建设服务，把立德树人作为教育的根本任务，培养德智体美劳全面发展的社会主义建设者和接班人。

2016 年 12 月，习近平总书记在全国高校思想政治工作会议上发表重要讲话，强调要坚持把立德树人作为中心环节，把思想政治工作贯穿到教育教学全过程，实现全程育人、全方位育人，努力开创我国高等教育事业发展新局面，深刻回答了高校培养什么样的人、如何培养人及为谁培养人等根本问题。构建“三全育人”工作格局，是当今高等教育的重要任务，是培养中国特色社会主义事业的合格建设者和可靠接班人的重要保证。

2017 年 2 月，中共中央、国务院印发了《关于加强和改进新形势下高校思想政治工作的意见》，指出要坚持全员、全过程、全方位育人。把思想价值引领贯穿教育教学全过程和各环节，形成教书育人、科研育人、实践育人、管理育人、服务育人、文化育人、组织育人长效机制。坚持遵循教育规律、思想政治工作规律、学生成长规律，把握师生思想特点和发展需求，注重理论教育和实践活动相结合、普遍要求和分类指导相结合，提高工作科学化精细化水平。

2017 年 12 月，中共教育部党组印发了《高校思想政治工作质量提升工程实施纲要》(教党〔2017〕62 号)，详细规划了课程育人、科研育人、实践育人、文化育人、网络育人、心理育人、管理育人、服务育人、资助育人、组织育人“十大”育人体系的实施内容、载体、路径和方法，为高校进一步提升思想政治工作质量，构建一体化育人模式做出了明确指引。

2018 年 5 月，教育部出台了《“三全育人”综合改革试点工作建设要求和管理办法(试行)》(教思政厅函〔2018〕15 号)，鼓励高校构建校内校外、课内课外、网上网下协同育人“立交桥”，着力打造“三全育人共同体”，有力地推动了高校“三全育人”综合改革的实施。

“三全育人”既是育人的理念，也是育人的途径和方法，高校要在实践中不断深化、不断创新、不断加强、不断赋予其新意。“三全育人”综合改革是一项艰巨漫长且复杂的工程，需要不断加强理论研究，探索育人新模式，构建育人新格局，最终实现为社会主义现代化建设培养合格建设者和可靠接班人的目标。

培养社会主义合格建设者和可靠接班人是我国所有高校的共同使命，立德树人是高校的立身之本。当前，高校思想政治教育工作要立足新时代，坚持育人导向，全面统筹各领域、各环节、各方面的育人资源和育人力量，推动知识传授、能力培养与理想信念、价值理念、道德观念教育的结合，使思想政治工作体系贯通学科体系、教学体系、教材体系、管理体系。在高校思想政治教育工作中必须将构建思想政治教育工作体系摆在重要位置，把它作为高水平人才培养体系的基础和主干，坚持全员、全过程、全方位育人，把思想价值引领贯穿于教育教学的全过程和各环节。因此，高校如何开展“三全育人”工作，践行立德树人的根本任务，成为一个迫切需要从理论和实践层面予以回答的新命题。

本书共分七章。第一章介绍了高校“三全育人”的时代背景及价值意蕴。第二章对高校“三全育人”理论进行了阐释，包括高校“三全育人”的内涵特征、方法及理论基础。第三章主要介绍了高校“三全育人”的基本要素，包括“三全育人”的主体、核心内容及载体等。第四章分析了高校“三全育人”工作的现状，指出当前“三全育人”工作的成效与现实困境，并对影响因素进行了全面分析。第五章提出了高校“三全育人”的教育策略，提出了优化高校“三全育人”工作的方法建议。第六章围绕高校“三全育人”的教育策略的实施提出了一系列保障性措施。第七章介绍了高校“三全育人”综合改革的三个典型案例（模式）。

本书是陕西高校辅导员工作室建设项目和陕西省重点马克思主义学院培育单位的研究成果之一。

由于编者水平有限，书中难免有疏漏与不足之处，殷切期盼广大读者批评指正。

著　者

2024 年 1 月

目　录

第一章
高校“三全育人”的时代背景及价值意蕴

中国特色社会主义进入新时代，中华民族伟大复兴战略全局和世界百年未有之大变局同步交织、相互激荡，新形势下国家对于教育事业改革也提出了更高的要求，探索一种更为符合时代发展和学生成长规律的教育模式，成为当下教育改革的关键。“三全育人”作为新时代高等教育改革创新的重要命题，是中国共产党人立足于新的历史定位，秉承落实立德树人的根本任务，对新时代应该培养什么样的人、如何培养人以及为谁培养人的科学回答。新时代高校开展“三全育人”实践，既是顺应我国高等教育进入内涵式高质量发展的现实需要，也是为社会主义培养建设者与接班人，建设人才强国的现实需要。本章主要介绍高校“三全育人”的时代背景及其三重价值维度。

第一节　“三全育人”的提出背景及过程

一、“三全育人”的提出背景

高校作为高等教育的主体，在育人方面承担的任务和要实现的目标，更多地基于高等教育发展的阶段和不同阶段的使命、任务。高校开展“三全育人”实践，主要也是受高等教育发展形势的影响。因此，对高校“三全育人”提出的背景应以高等教育发展为切入点进行分析。

(一)“两个大局”赋予了高等教育新的重大使命

当前地区战争不断升级，世界经济持续低迷，保护主义、单边主义上升，全球产业链供应链因非经济因素而面临冲击，世界正经历着百年未有之大变局。在此背景下，我国高校思想政治教育要“统筹中华民族伟大复兴战略全局和世界百年未有之大变局”，深刻认识我国社会主要矛盾变化带来的新特征新要求，深刻认识错综复杂的国际环境带来的新矛盾新挑战。

习近平总书记提出的“两个大局”中蕴含着“全”的大局观。高等教育在培养社会主义建设者和接班人时必须准确把握大局需求，要心怀“国之大者”，把握大势，敢于担当，善于作为。当然，除了“全”的大局观以外，还要注意变革的大局，世界变局不仅仅是经济发展，更是环境变化、思想交融所导致的变革。变化存在于生产、生活、思想等诸多领域。世界政治格局、经济格局，以及治理体系都在发生改变，国际力量之间的角逐必然带来思想意识的动荡交融，因此必须培养当代大学生的理性思维和清晰的判断能力，只有这样，才能培养好社会发展知识积累、文化传承、国家存续、制度运行所要求的人。

“两个大局”是相互交织、相互激荡、相互影响的。中华民族伟大复兴是世界百年未有之大变局的重要组成部分，是影响这一大变局前途和走向的关键因素之一；世界百年未有之大变局，给中华民族伟大复兴带来了机遇和挑战。中华民族伟大复兴绝不是轻轻松松、敲锣打鼓就能实现的，必须进行具有许多新的历史特点的伟大斗争。着眼于战略全局的中华民族伟大复兴会引起世界格局的变化，进而可能引起部分资本主义国家的抵触。中华民族代表的社会主义制度以及社会主义核心价值观会触及资产阶级发展的利益，资产阶级价值观和社会主义价值观之间也会产生明显的矛盾和冲突，从历史经验看，此类意识形态上的矛盾是不可调和的，必然会引起社会思潮的激荡和斗争。虽然国家的强盛已经确立了我国的世界地位，但资产阶级少数性、阶级性主导的意识形态渗透仍然是客观存在的。没有硝烟的战场已经在中华民族伟大复兴进程中出现，在世界变革的大局中也必然会出现不同的、不利的声音和思想观念。这种“两个大局”之间的相互影响，必然会波及大学生群体的思想意识和价值观念，也必然会影响到高等教育的发展。党和国家事业发展对高等教育的需要，对科学知识和优秀人才的需要，比以往任何时候都更为迫切。

“两个大局”重要论述准确把握中国和世界发展大势，把中华民族伟大复兴战略全局和世界百年未有之大变局作为一个系统和整体来看待，深刻回答了“我们处于什么历史阶段、我们与世界是什么关系、我们怎么办”等重大理论问题。从发展的角度看，机遇带来的发展空间拓展虽然带动了经济和社会的发展，但也深刻地影响着人的思想意识，风险不容忽视。世界的变革不仅仅是生活，更是思维模式、意识形态、国家治理、国际关系的深刻复杂改变。随之而来是社会变革，更多的诉求矛盾刺激社会矛盾激化，调和矛盾、推动社会进步成为我国发展的新方向。这样的进程会在较长一段时间伴随着我国的发展。今天的“两个大局”也不能脱离辩证的历史发展规律。中华民族的伟大复兴是社会主义、无产阶级发展的必然诉求，是我国社会主义建设的必经之路，世界变革也是在经济发展、环境问题、社会问题、民族问题等矛盾影响下引发的世界范围的社会矛盾激化。

在此复杂环境下，各种不良思潮的侵蚀加剧，如何正确引导和教育大学生看清发展本质，并明确发展方向，就成为高等教育发展尤其是高校思想政治教育承担的重要责任和使命。在此背景下，高校的育人工作以及思想政治教育工作应在“两个大局”的现实需求和环境中正视和理清矛盾，从而强化自身的育人目标，特别是在客观辩证分析矛盾的基础上，重点强化国家意识、民族意识以及发展意识。应使思想政治教育深刻融入施教者的意识中，教育引导大学生积极践行社会主义核心价值观，从而塑造正确的思想认知和价值观念。在“两个大局”交织的时代背景下，高校必须回答好高等教育的根本问题——培养什么人、怎样培养人、为谁培养人，并将持续增强大学生的使命担当，作为一以贯之的目标追求和重要使命。在这种使命背景下，高校在育人方面需要做出相应的调整和创新，即以全面、扎实、深入的策略来巩固大学生的思想认知和价值观念，并教育和引导大学生具备自觉识别和抵御不良意识形态渗透的心理和能力。

(二) 意识形态安全给高等教育发展提出了新的挑战与要求

《哲学大辞典》中把意识形态定义为：“系统地、自觉地反映社会经济形态和政治制度的思想体系……是社会意识诸形式中构成思想上层建筑的部分……

表现为政治、法律、道德、哲学、艺术、宗教等形式中。”意识形态是一个多要素、多角度及相关关系彼此影响而产生的社会意识形式，是多种社会要素共同作用的结果，与政治、经济、文化、科技、生态、军事等安全共同构成了国家安全。思想政治教育的本质是运用教育手段，使思想观念、道德规范、社会价值观等对人产生有计划、有组织的影响，使其形成符合社会发展基本诉求的思想认知、价值观念。思想政治教育作为一种教育活动，其本身就会对人的意识形态产生影响，并在一定程度上受意识形态发展的反作用。因此，高校必须重视对学生意识形态的塑造，不断加强意识形态工作。

当前，大学生的意识形态塑造与大学生的思想政治教育之间存在紧密的关系。一方面，意识形态塑造是大学生思想政治教育中不可或缺的内容。意识形态作为哲学概念，指的是人对事物的理解和认知，是观念、观点、概念、思想、价值观等要素的总和。实践表明，思想政治教育是塑造大学生世界观、人生观和价值观的重要方式，在思想政治教育活动的作用下，大学生的道德、意识、价值观等均会向积极的方面发展，进而促使大学生群体形成符合社会主义发展需要的良好意识形态。另一方面，思想政治教育对意识形态具有一定的影响，思想政治教育的目标是能够塑造维护社会、协调利益、优化资源、和谐关系的意识形态。高校思想政治教育借助理念、方法、内容等的系统引导，可以使大学生形成符合社会主义核心价值观的包括道德修养、政治修养、文化修养在内的综合素养，并努力将其外化于行，让大学生在实现自我发展的同时推动社会的发展，进而实现思想政治教育的目标。

高校是培养中国特色社会主义事业建设者和接班人的重要阵地，是促进马克思主义中国化、时代化、大众化的教育源与辐射源，也是各种社会思潮夺取意识形态话语权的前沿地带。当前，随着国际国内形势的深刻变化，使高校意识形态建设在把握新机遇的同时，也面临严峻挑战，其中既有来自内部的消解，也有来自外部的冲击。高校在育人方面需要借助理论教学、课外活动、社会实践等一切可能的手段不断强化大学生的思维认知、价值判断和行为观念，这样自然也就可以保障大学生群体以及国家整体的意识形态安全。

党的十八大以来，党和国家对意识形态安全的重视度与日俱增，这对高校的意识形态安全教育提出了新的要求。总体来说，高校的意识形态安全教育要围绕以下五个方面的内容展开。

第一，加强忧患意识教育。古人云，生于忧患，死于安乐。忧患意识就是要让大学生明确当前世界正处于百年未有之大变局，意识形态的多元化特征日益明显。消极、边缘文化不断冲击主流文化体系，大学生的价值观也在不断地遭受侵蚀和异化。当前新生代大学生面临的各方面诱惑持续增加，加之大学生的自我意识强烈，意识形态安全威胁日趋严峻。这就需要高校充分认识到忧患意识教育的严重性，并将忧患意识教育渗透到思想政治教育之中，发挥忧患意识对意识形态安全的防护作用。

第二，加强阵地意识教育。思想政治教育是当前复杂形势下坚守社会主义阵地的重要方式。历史已经多次证明，社会主义制度是中华民族伟大复兴的根本保障，社会主义制度本身具有先进性和优越性。高校在人才培养过程中要让大学生群体充分认识到这些道理，使其固守这一意识防线。

第三，加强竞争意识教育。网络技术的发展、媒体形式的改变，使得大学生的成长发展环境愈加开放。在这种开放的环境下，高等教育的发展必须明确舆论竞争的客观存在，并通过各种方式壮大主流思想舆论，切实加强高校意识形态引导管理，做大做强正面宣传，加强国家安全教育，加强国家观和民族团结教育，管好导向、管好阵地、管好队伍，坚决抵御敌对势力渗透，牢牢掌握高校意识形态工作领导权、话语权，坚定巩固马克思主义指导地位。

第四，加强人本意识教育。高等教育的发展重在育人，育人的载体是思想政治教育，而思想政治教育是针对人开展的教育工作。思想政治教育工作的发起和影响的过程都需要依靠人来实现。因此，要保护意识形态的安全首先就要明确施教者、受教者的分工和价值。在思想政治教育中，高校应发挥教职员工的能动性，将教师、辅导员、服务人员等主体的能动性激发和整合起来，强化队伍的思想政治教育意识，在做到自身意识形态安全、进步的同时，影响学生的意识形态发展，达到言传身教的效果。

第五，加强创新意识教育。当前的社会发展中，文化领域呈现出交融、碰撞发展的趋势，按部就班地进行思想政治教育显然已经不能适应文化发展的这一趋势。高等教育发展和高校思想政治教育工作的开展，应当在多元化认知的前提下进行有效的创新。尤其是针对大学生的思想政治教育工作，更应融入新的元素，使思想政治教育符合大学生的发展需求，以及未来国家和社会的发展需求。

（三）新一轮科技革命增加了高等教育发展的紧迫性

在新一轮科技革命的大背景下，知识的垄断已不复存在，产业结构变化催生新的学科组织方式，知识更新的高频节奏催生新的培养模式，市场对新技术的高度敏感性在催生科研方式的转变。基于此，高等教育发展与社会发展阶段不适应的矛盾逐步显露，“与社会脱节”成为中国大学面临的最大考验。一方面，颠覆性技术和新产业形态、新经济模式不断涌现；另一方面，大学的知识供给却远未能满足社会需求，甚至社会在一些领域已经走在了大学前面。大学与社会深度融合的需求越来越强烈。大学与社会之间的反向交流突破了行业与行业之间的界限，突破了大学与社会之间的界限。进一步认识把握社会历史发展规律与脉络，大学才有可能实现高质量发展。

当前科技革命和工业变革相互促进的状况推动了全球经济形势的改变，经济形势的变化引起了全球政治格局的重大变局。党的十八大以来，习近平总书记围绕科技革命提出了一系列新的战略思想和观点，这为中国特色社会主义的发展明确了科技方向。

首先，新一轮科技革命是一把双刃剑，我国要在科技革命中抓住机遇，并直面挑战，最为重要的就是培养和吸收大量优秀的人才。而在人才培养与吸收方面，高等教育更多承担的是培养。高等教育的这种地位和作用，决定了在新一轮科技革命的浪潮下，高等教育的重要任务就是按照科技创新的诉求，积极建设规模宏大且结构合理、素质优良的科技人才队伍。

其次，人才培养的重点在于提高人才的综合素质。关于人才在科技创新方面的地位，习近平总书记在中央人才工作会议上曾给出明确指引，即“创新驱动本质上是人才驱动，立足新发展阶段、贯彻新发展理念、构建新发展格局、推动高质量发展，必须把人才资源开发放在最优先位置，大力建设战略人才力量，着力夯实创新发展人才基础”。高校除了要把握人才培养在科技创新方面的定位以外，还要关注如何培养出好的人才。在这方面，高等教育发展要将关注的重点放在人才的基本素质方面，以往的实践表明，人才的基本素质在较大程度上决定了其能否胜任科技创新的重任。从这个视角看，要想真正培养出高素质的人才，满足国家和社会在科技创新方面的需要，就要重视人才的知识、技术，并对人的思想意识塑造给予足够的关注。这正如马克思提出的人的发展是全面的发展一样，除了要关注人才具备的专业技术和知识素养以外，还要重视人才的思想政治素养的培养与提升。缺乏应有道德修养、政治修养的人才，是不能在科技发展中发挥应有作用的，更不能为国家和社会发展做出应有的贡献。高校是输出高素质人才的重要阵地，多数大学生通过接受专业性的教育，获得了专业的知识、技术，以及扎实的思想政治素养，待进入到社会岗位以后，就能够通过自身的努力，走在科技变革的前沿。可见，新一轮科技革命背景下的高校在人才培养过程中除了关注大学生的专业知识和技能以外，还要在促进大学生思想道德素质、科学文化素质和健康素质协调发展方面持续用力。

从思想政治教育的视角看，人才的素养包括多重维度。思想意识中人格、道德的素质是十分重要的。新一轮科技革命中，科技人才不仅需要具备大胆创新、百折不挠的匠人精神，而且需要具备高尚的德行，只有这样，才能在科技队伍建设中起到带头作用，引领科技进步和创新。科技变革不是一蹴而就的，而是诸多科技人才不断尝试、积极创新而创造的。在新一轮科技革命的浪潮中，我国在科技方面要实现弯道超车，就需要依靠高等教育的人才输出。对应地，我国在新一轮科技革命中面临的人才压力和挑战，亟待通过高等教育的人才培养加以解决。因此，加强高等教育发展中的人才素养，尤其是思想道德素养的培育，也就显得十分紧迫。

（四）文化自信明确了高等教育发展的新责任

文化是衡量一个国家实力的重要标尺。关于文化自信，习近平总书记提出，“坚定文化自信，是事关国运兴衰、事关文化安全、事关民族精神独立性的大问题。”这里的“三个事关”突出了文化自信对国家发展、文化安全、民族独立的重大影响。中华文明是人类文明中唯一没有中断的文明，并且在文明发展过程中，中华民族积累了诸如“仁义礼智信”“修身、齐家、治国、平天下”等诸多优秀文明思想，这就说明中华民族的文化有着强大的传承力和延续力，中华文化铸就的民族精神是经得起历史考验的，五千年所积淀的文化是应当被继续传承和发扬的。文化自信是人对民族文化、人文精神的坚定信仰，这样的信仰使人具有对民族、国家发展的信心，促进人坚信民族优势和民族发展道路，促进人更好地服务社会、服务大众。文化自信是思想意识中较为重要的认知基础。如果人对自身所处的文化环境、文化体系有着明确的认知和深入的了解，就会逐渐在内心形成良好的信仰和自信，自然也就具备文化自信，进而获得文化发展的信心，坚定民族、社会发展的意志和动力。高校作为文化重地、人才高地和育人基地，是继续推动文化繁荣、建设文化强国、建设中华民族现代文明的重要阵地，在文化传承创新发展中具有重要作用。

第一，高等教育肩负着文化自信的传播责任。高等教育是传承和发扬民族文化的重要载体，也是塑造和坚定文化自信的重要途径。在文化传播中，高等教育需要持续发展文化内涵、拓展文化境界，使大学生获得更好的文化认知和文化自信。在文化自信的塑造中，高等教育所面对的是即将进入社会的大学生，其在接受和理解文化方面已经具备了较强的能力，但也存在文化现象辨别能力和文化本质把握能力不强的问题。在这种情况下，帮助大学生建立真正的文化自信就显得十分重要，传播文化自信自然成为高等教育发展中必须承担的育人责任。实践表明，大学生的思想意识一旦形成，就会产生个性化的思维惯性。如果在高等教育阶段帮助大学生形成良好的文化自信，那么大学生在进入社会后也就会持续坚定文化自信，进而有助于形成强大的爱国精神和民族精神。

第二，高等教育肩负着文化自信的塑造责任。高等教育发展中，除了注重传授大学生专业知识和技能以外，还要做好文化的直接传播。在文化传播中，塑造是传播的直接结果，传播的目标即为塑造某种思想意识，以及科技素养、技术能力。文化的传播则直接影响到大学生对文化的理解和认知，好的文化传播行为可以促使大学生形成文化信仰，最终建立强大的文化自信心。在大学生世界观、人生观、价值观培育过程中，高等教育发挥着重要的作用，高等教育要努力让大学生形成的文化认知和文化自信符合自身、社会和国家的发展需求。因此，塑造文化自信，是高等教育发展的重要责任，也是重要的工作内容。

第三，高等教育肩负着坚定文化自信的践行责任。高等教育之所以成为国家教育的“塔尖”，是因为其有别于其他层次的教育。高等教育重点培养的是社会发展的中坚力量，是社会需要的高层次人才。人才具有的综合素质，是其进入社会实现良好发展的前提条件，文化自信显然是其中的核心素质之一。在这种逻辑关系中，高等教育必须肩负起引导大学生践行文化自信的责任。尤其是随着科学技术的发展，不可避免地会出现思想认识和价值观念的碰撞，高新技术的前沿所承载的并非简单的技术交流，更有着深厚而广泛的文化、思想互动。如果高等教育发展中缺乏对民族文化自信的教育和引导，那么培养的人才很容易被不良思潮所影响，科技领域的理念、方法、效果、意识引入就容易被文化领域的不良思想意识所左右。为此，高等教育的发展必须要有本民族的文化特质，并保持对民族文化的强大自信，这样才能更好地引导大学生树立良好的文化自信。

二、“三全育人”理念的形成与发展

“三全育人”理念不是亘古就有的传统思想，也不是从国外吸收借鉴的理论，而是我国政治、经济及教育发展到一定阶段的产物，是与我国国情相适应的特有教育理念。“三全育人”理念契合时代需要、人才成长需要、社会发展需要，在实践中得以不断成熟完善。

（一）“三全育人”理念的形成

“三全育人”有着深厚的历史逻辑和演进过程，这一理念的提出，是基于对人才培养的深入思考和长期实践的结果。“三全育人”理念的演变过程可大致划分为五个历史时期。

第一，萌芽阶段。在1950年全国教育工作会议上提出了“教书育人、管理育人、服务育人”的口号。这为新中国成立初期高等教育的育人理念和发展方向确立提出了相应的参考，为高等教育开展多维度育人奠定了基础。

第二，探索阶段。我国思想政治工作在20世纪六七十年代曾出现过一段时间的停滞。新的育人思路在改革开放后被重新认识和提出。1996年的教育工作会议上，在党的十六届六中全会的精神指导下，提出开始推进教师队伍建设和高校精神文明建设工作，高校育人的思路也逐渐从“教书、管理、服务”三个方面得到了拓展，并融入了诸如师表形象、文明校风等内容，从而推动了“多角度育人”实践活动的开展。

第三，拓展阶段。1999年中共中央、国务院发布《深化教育改革全面推进素质教育的决定》(中发〔1999〕9号)，明确提出“要以培养学生的创新精神和实践能力为重点，努力造就德育、智育、体育、美育等全面发展的社会主义事业建设者和接班人”。标志着我国素质教育的开启。随着素质教育理念的提出以及应用，我国的高等教育事业发展步入了新的历史阶段，素质教育成为社会发展的重要育人目标。

第四，形成阶段。高校是党的意识形态工作的前沿阵地，肩负着培养德智体美劳全面发展的社会主义合格建设者和可靠接班人的任务。面对这一现实问题，2004 年 10 月，中共中央、国务院发布了《关于进一步加强和改进大学生思想政治教育的意见》，进一步明确了大学生思想政治教育在高校教育工作中的重要地位，以及大学生思想政治教育工作开展的指导思想和原则，指明思想政治教育的发展思路和目标。在 2005 年的大学生思想政治工作大会上，胡锦涛提出了齐抓共管的高校思想政治工作理念，第一次提出了“全员育人、全方位育人、全程育人”的工作机制和方法。

第五，成熟阶段。党的十八大以来，习近平总书记高度重视德育工作，党和国家不断完善“三全育人”理念和模式，形成了体系完备、内容丰富的“三全育人”机制。下表列举了十八大以来党和国家关于“三全育人”方面的相关文件，这些文件从宏观和微观两个角度对高校“三全育人”的相关内容进行了明确和规范，为高校开展“三全育人”实践提供了实质性的指导，同时也逐渐绘制出了高校“三全育人”实践的路线图和行动目标。在一系列政策的支持下，我国在高校“三全育人”实践方面的顶层设计和详细行动方案逐步形成，新时代高校“三全育人”也逐渐进入成熟阶段。

十八大以来党和国家出台的有关“三全育人”的相关政策文件(部分)如表 1.1 所示。

表 1.1　十八大以来党和国家出台的有关“三全育人”的相关政策文件(部分)

发布时间	文件名称	在“三全育人”实践方面的价值
2015 年 1 月	《关于进一步加强和改进新形势下高校宣传思想工作的意见》	明确高校要立足学生全面发展，努力构建“三全育人”格局，形成育人长效机制
2017 年 2 月	《关于加强和改进新形势下高校思想政治工作的意见》	进一步强调高校要落实“三全育人”要求，打造多方面育人长效机制
2017 年 12 月	《高校思想政治工作质量提升工程实施纲要》	将形成“三全育人”格局明确为高校思想政治工作质量提升工程的总体目标之一；将构建“十大”育人体系确立为高校思想政治工作质量提升工程的基本任务

续表

发布时间	文件名称	在“三全育人”实践方面的价值
2018年5月	《关于开展“三全育人”综合改革试点工作的通知》	从宏观、中观、微观各个层面，着力构建一体化育人体系，打通“三全育人”最后一公里
2019年11月	《新时代爱国主义教育实施纲要》	明确提出高校要将爱国主义教育内容与哲学社会科学相关的专业课程有机结合，加大爱国主义教育内容在课程教育中的比重
2020年4月	《关于加快构建高校思想政治工作体系的意见》	从理论武装、学科教学、日常教育等七个方面，加快构建目标明确、内容完善、标准健全、运行科学、保障有力、成效显著的高校思想政治工作体系，推动形成“三全育人”工作格局
2021年7月	《关于新时代加强和改进思想政治工作的意见》	构建共同推进思想政治工作的大格局

（二）“三全育人”理念的推进与落实

思想政治工作是高校各项工作的生命线，它对于培养德智体美劳全面发展的优秀人才起着至关重要的作用。习近平总书记高度重视教育，十分关心高校思想政治工作，2016年以来，在全国教育大会、全国高校思想政治工作会议、学校思政课教师座谈会上多次发表重要讲话，围绕落实立德树人这一根本任务，坚持社会主义办学方向，加强党对教育工作的全面领导，提高学生思想政治素质，加强教师队伍建设，推动高校思想政治工作改革创新，培养德智体美劳全面发展的社会主义建设者和接班人，提出了一系列高瞻远瞩的新思想新观点。2016年12月，习近平总书记在全国高校思想政治工作会议上强调指出：“要坚持把立德树人作为中心环节，把思想政治工作贯穿教育教学全过程，实现全程育人、全方位育人，努力开创我国高等教育事业发展新局面。”这既肯定了高校思想政治工作的重要地位和作用，也为新时代加强和改进高校思想政治工作提供了基本遵循。

2018年5月，教育部办公厅发布《关于开展“三全育人”综合改革试点工作的通知》，要求各地要分类开展“三全育人”综合改革试点工作，从宏观、中观、微观三个层面，着力构建一体化育人体系。确立试点改革的总体目标是以习近平新时代中国特色社会主义思想为指导，坚持和加强党对高校的全面领导，紧紧围绕立德树人根本任务，充分发挥中国特色社会主义教育的育人优势，以理想信念教育为核心，以社会主义核心价值观为引领，以全面提高人才培养能力为关键，切实提高工作亲和力和针对性，强化基础、突出重点、建立规范、落实责任，一体化构建内容完善、标准健全、运行科学、保障有力、成效显著的高校思想政治工作体系，使思想政治工作体系贯通学科体系、教学体系、教材体系、管理体系，形成全员、全过程、全方位育人格局。以新思政观引领改革，构建一体化育人体系，打通育人“最后一公里”。该项工作的主要任务是强化高校思想政治工作领导体制，完善高校思想政治工作统筹协调落实机制，创新高校思想政治工作实施体系，加大高校思想政治工作保障力度，改进高校思想政治工作评价管理规范。该《通知》以习近平新时代中国特色社会主义思想为指引，全面贯彻落实全国高校思想政治工作会议精神，深入学习贯彻习近平总书记在北京大学师生座谈会上的重要讲话精神，推动实施高校思想政治工作质量提升工程。《通知》要求坚持育人导向和问题导向，分类型开展“三全育人”综合改试点工作，建设“三全育人”综合改革试点区、综合改革试点高校、综合改试点院(系)，按照“重点突破、标准引领、数量从严、质量从优”的原则从工作基础、能力意向、条件保障等角度，通过专家论证和实地考察等方式择优确定一批委托开展试点工作单位。在这一工作的推动下，高校思想政治工作呈现新气象，“三全育人”工作新格局逐步形成。为深入贯彻落实习近平新时代中国特色社会主义思想，贯彻落实党的十九大和十九届二中、三中、四中全会精神，学习贯彻习近平总书记关于教育的重要论述，加快构建高校思想治工作体系，努力培养担当民族复兴大任的时代新人，培养德智体美劳全面发展的社会主义建设者和接班人，2020 年 4 月，教育部等 8 部门印发《关于加快构建高校思想政治工作体系的意见》，从理论武装、学科教学、日常教育、管理服务、安全稳定、队伍建设、评估督导等七个方面，加快构建目标明确、内容完善、标准健全、运行科学、保障有力、成效显著的高校思想政治工作体系，推动形成“三全育人”工作格局。高校思想政治教育工作“三全育人”工作新格局逐步形成。十三五时期，全面实施高校思想政治工作质量提升工程，在 8 个省(自治区、直辖市)、25 所高校、92 个院系开展“三全育人”综合改革试点。各省(自治区、直辖市)、各高校在相关政策的引导下，组织开展“三全育人”改革试点取得了卓越的成绩。

2022年教育部等十部门联合印发《全面推进“大思政课”建设的工作方案》，要求充分调动全社会力量和资源搭建大平台、建设大课堂。2023年中央教育工作领导小组印发《关于在高等学校实施“时代新人铸魂工程”的方案》，“时代新人铸魂工程”是深入贯彻落实党的二十大精神、面向实现第二个百年奋斗目标加快构建落实立德树人根本任务新格局、着力培养担当民族复兴大任的时代新人、着力构建高校思想政治工作新生态而谋划实施的重大战略工程。

上述文件虽非直接就“三全育人”工作进行安排部署，但均就如何构建高校大思政工作体系提供了遵循给予了指导。

第二节　“三全育人”价值意蕴的三重维度

高校“三全育人”价值意蕴有价值生成、价值定位和价值指向三重维度。

一、“三全育人”的价值生成

“三全育人”的价值是在遵循和利用党的思想政治工作的三大规律、围绕和服务社会与人全面发展的现实需要、承继和发展高校思想政治工作的历史经验中生成的。

(一) 遵循和利用高校思想政治工作的三大规律

习近平总书记在全国高校思想政治工作会议上指出:“做好高校思想政治工作，要因事而化、因时而进、因势而新。要遵循思想政治工作规律，遵循教书育人规律，遵循学生成长规律，不断提高工作能力和水平。”这为高校思想政治工作指明了方向，明确了思路。其中一个重要方面就是要在坚定政治意识和政治担当的基础上，更加突出育人的地位和价值。“三全育人”契合高校思想政治工作的发展规律，深化了对高校思想政治工作本质定位的认识，指明了全面立德树人的发展方向，更加突出育人的全局性和优先性；丰富了高校思想政治工作的价值目标，打通了思想政治素质与个人知识增长、道德养成的内在关联，更加注重“社会全面进步”与“人的全面发展”的相互融合。

1. “三全育人”推动思想政治工作的发展性深化

在改革开放和市场经济的时代背景之下，党和国家总结了高校思想政治工作取得的积极经验，分析了新时代大学生的思想特征，全面总结了高校思想政治工作存在的不足和挑战，强调必须针对薄弱环节，将思想政治工作摆在全党和全社会以及高校工作的突出位置，要举社会各方力量，形成育人合力。也正是在全面考察新的时代背景、现实挑战以及高校思想工作发展阶段等多方面因素和条件的情况下，“三全育人”被确立为高校思想政治工作的重要任务，这是其发展完善的内在需要和回应时代发展需求的必然要求。在迈向“强起来”的复兴之路上，日益复杂的发展环境对加快思想政治工作建设提出了更高要求，“三全育人”迎接时代挑战，开展综合试点建设，进入科学实践阶段。高校思想政治工作在新时代围绕国家发展目标和战略，不断强化应用属性，走向纵深发展。

2. “三全育人”促进教书育人工作的系统性发展

教书育人工作不仅要协调好“教”与“育”的关系，更要回答好如何“教”和怎样“育”等关键问题。高校“三全育人”以理想信念教育为核心，以社会主义核心价值观为引领，以促进学生全面发展为导向，在发挥课堂主渠道作用的基础上，整合育人资源，强调加强省级、学校、学院三个层面的统筹规划，整合宏观、中观、微观的育人子系统，力图有效实现育人力量和资源集聚；在育人方位设计上，“三全育人”强调要将育人理念贯穿于高校学科结构、专业设置、培养机制等各方面始终，系统性、整体性、协同性明显增强，有利于带动高校育人理念革新和管理体制变革，为建立起各层面、各部门、各主体协同协作的育人体系凝聚理念共识、激发主体活力、形成实践合力。

3. “三全育人”助益学生成长目标的全面性实现

坚持社会主义办学方向，促进学生成长成才是高校一切工作的出发点，也是高校思想政治工作的出发点和落脚点。“三全育人”落脚点在育人，围绕学生全面发展的目标，关心爱护学生，坚持德育为先的育人理念，协同推进对学生的日常生活关怀、思想观念塑造、实践行为养成、素质能力提升，以十大育人体系为基本抓手，促进思想政治工作更好将知识传授、价值引领、人才培养统一起来，挖掘并浸润育人理念，整合广泛的育人资源，促进学生在成长过程的各个阶段都实现更为全面的发展，突破“唯分数”“唯论文”等痼疾，并以此推进人才培养评价体系革新，为学生全面成长指明了方向。

（二）围绕和服务社会与人全面发展的现实需要

“三全育人”不仅符合社会主义现代化建设的客观需要，也符合人的全面发展的主体诉求，是思想政治教育活动和社会与人的发展互动的产物，其发展的阶段性与社会的物质生产活动、政治系统的运行和发展以及由此积淀而成的文化成果的发展都有着千丝万缕的联系。

新时代下的新形势、改革开放和社会主义现代化建设、促进人的全面发展和社会全面进步对教育和学习提出了新的更高的要求。就高等教育而言，以大数据、人工智能等前沿技术突破为标志的第四次工业革命，正在深刻改变高等教育的格局、人才需求的结构和未来学习的模式。与之相对应，高校人才培养在理念上更加强调全面发展、终身学习与整合协同育人；在目标上，更加突出社会责任感和创新能力培养；在模式上，更加关注多专业跨专业教育，实现通专结合、产学研结合；在方法上，更加注重引入社会力量，运用互联网、大数据、慕课等新兴教育载体和平台，实现全时空、跨领域的有效覆盖，提升教与学的双向自组织能力。

“三全育人”聚焦第四次工业革命与我国经济社会发展的时代特征，顺应高校人才培养的历史变革，指明了我国高等教育的发展方向。一方面，“三全育人”致力于培养拥有健全人格和全面素质的时代新人。新时代的理想人格和素质要求更加侧重心理品质和思想品德，更加聚焦知识、能力和价值观的全面性和整合性。以立德树人为中心环节的“三全育人”，将德性培养和人格锻炼确立为人才培养的核心任务和根本标准，以“立德”的优先性确保“树人”的正当性，突出“立德”对“树人”的价值限定、过程管理与方向引领作用，有效契合了时代发展对健全人格和全面素质的要求。另一方面，“三全育人”致力于建设跨时空、全领域、全要素的人才培养体系。面向未来的人才培养将更加强调多维开放、资源共享和力量整合。“三全育人”在时间上向基础教育、终身教育和学生未来职业发展开放，在空间上向家庭、社会开放，对内调动各级各类育人力量，对外引入整合各种社会资源，进而建立起课内与课外、校内与校外、线上与线下全领域覆盖、全要素融合的立体化育人体系，有力突破了长期以来高校人才培养以学科为依托的知识逻辑和以院系为载体的权力逻辑，开辟出一条跨学科跨院系的人才培养之路。

(三) 承继和发展高校思想政治工作的历史经验

“三全育人”是思想政治工作实践发展的产物，实践是改进“三全育人”工作的根本路径，实践活动积累而来的经验是高校思想政治工作理论形成的基础材料，也是高校思想政治工作不断发展完善的基本经验。高校通过省察思想政治工作的历史发展，汲取其中的经验与教训，承继其中的原则与方法，为“三全育人”实践提供理论支撑。

1. “三全育人”凸显党对思想政治工作重要定位的承继与发展

“三全育人”综合改革试点工作要求把科学认识、把握思想政治工作的定位作为改革试点的基本要求。这个要求体现了党科学认识思想政治工作定位的发展性和社会性。毛泽东同志在新民主主义革命和社会主义改造与建设进程中多次强调了党的思想政治工作的重要地位；邓小平同志在改革开放时代背景下，提出思想政治工作的地位不能变化，围绕经济建设这个中心，思想政治工作只能加强不能削弱；江泽民同志在2000年召开的全国思想政治工作会议上强调深化了“生命线”理论，进一步明确了思想政治工作的地位，并提出了思想政治工作是精神文明和物质文明建设的中心环节的观点；胡锦涛同志对新世纪大学生思想政治工作提出了具体而明确的要求，创设了“三全育人”理念；习近平总书记在2013年8月19日全国宣传工作会议上作出“意识形态工作是党的一项极端重要的工作”的重要论断，并在2016年全国高校思想政治工作会议上明确提出“三全育人”要求。从“生命线”“中心环节”到“极端重要”，我们对思想政治工作重要性的认识随社会实践推进而不断深入。“三全育人”作为进一步提升高校思想政治工作质量的重要举措，其成长与发展是党科学认识高校思想政治工作重要性的必然结果。

2. “三全育人”是高校思想政治工作在时空维度方面的拓展深化

“三全育人”理念的提出以及育人实践是对长期以来高校思想政治工作的得失进行省察和对高校思想政治工作已有经验进行继承的过程，是对高校思想政治工作方式、内容等诸多方面优秀成果的转化。高校“三全育人”综合改革试点建设标准强调要宣传先进典型，而这种富有情感培育功能的思想政治工作方法早在新中国成立初期就广泛应用于爱国主义教育实践活动中，并作为一种重要经验传承至今，发展成为“三全育人”实践开展的重要形式。此外，挖掘革命文化中蕴藏的育人资源也已成为高校文化育人的内容之一。革命文化是党历经长期革命实践凝聚而成的具有鲜明特征的精神资源，能为现代化建设提供精神力量，为“三全育人”工作提供宝贵的精神涵养。

二、“三全育人”的价值定位

理解“三全育人”的价值定位，是深化理解“三全育人”职能的重要维度，对于促进我国高等教育质量提升，增强高校思想政治工作有效性具有一定的现实意义，“三全育人”的价值定位体现在以下三个方面。

（一）“三全育人”是坚持马克思主义意识形态根本制度的重要内容

党的十九届四中全会指出，深入实施马克思主义理论研究和建设工程，把坚持以马克思主义为指导全面落实到思想理论建设、哲学社会科学研究、教育教学各方面。加强和改进学校思想政治教育，建立全员、全程、全方位育人体制机制。党的十九届五中全会提出，坚持马克思主义在意识形态领域的指导地位，坚定文化自信，坚持以社会主义核心价值观引领文化建设，加强社会主义精神文明建设。教育是关乎意识形态的上层建筑，高校思想政治工作是培根铸魂的重要资源。

1.“三全育人”为强化高校思想政治工作领导体制提供了框架路线

坚持马克思主义在意识形态领域的指导地位是坚持社会主义办学方向的根本特征。社会主义性质是我国高等教育的本质属性，我国高等教育必须坚持党对高校的全面领导毫不动摇；思想政治工作的本质属性决定了其承载着马克思主义理论教育和党的路线、方针、政策、理论宣传教育的重要任务。“三全育人”综合改革方案在省级、高校、院系三个层面都对高校思想政治工作领导体制建设提出明确要求，指出三个层面都必须将加强党的政治建设放在首位，省级层面要落实和完善对高校思想政治工作的指导、监督和保障工作制度；高校层面作为综合改革的着力点，致力于思想政治工作的整合发展和统筹安排，致力于高校层面育人体系的科学建构；院系层面则致力于探索育人育才和党建工作模式的创新，发挥高校基层党组织的政治保证功能和组织优势，挖掘育人元素和育人资源。概而观之，“三全育人”为高校思想政治工作领导体制机制建设提供了框架和路线。

2. “三全育人”为创新高校社会主义核心价值观教育提供了方式方法

《“三全育人”综合改革试点工作建设要求和管理办法(试行)》作为“三全育人”综合改革试点工作开展的行动指南，把“从中国特色社会主义教育是坚持知识体系教育同思想政治教育的结合与综合这一基本认识出发，坚持辩证统一”作为引领“三全育人”改革的重要内容之一，并将其定位为“三全育人”改革基本要求的首要内容。相较于通识教育，在思想政治教育活动中，知识传授不是最终目的，知识是价值塑造的载体，知识教育承载着政治导向和价值引领的重要功能。通过价值引导与知识教育的紧密结合，一方面突出知识教育在思想政治教育中培育人的理性和智慧的重要作用，加强对主体价值的发掘；另一方面要凸显思想政治教育在知识教育中的价值导向作用，深化核心价值观念的传导与引领。此外，脱离知识教育的价值观教育也被实践证明是行不通的，处理好二者的辩证关系是“三全育人”的内在要求。居于“十大育人体系”之首的课程育人将思政课程和课程思政建设作为重点，则集中体现了这种辩证思想。此外，资助育人、实践育人、心理育人等育人体系建设也凸显了将知识教育、价值引领、情感培育、实践养成协同推进的系统思维，为社会主义核心价值观融入高校思想政治工作提供了路径和方法。

(二) “三全育人”是贯彻高等教育立德树人根本任务的内在诉求

1. “三全育人”重申了立德树人根本任务的价值指向

党的十八大以来，党和国家进一步明确立德树人是教育的根本任务，并且提出“三全育人”理念，两者都明确围绕“培养什么人，怎样培养人”这个重大问题，强调以更加全面系统的观念和工作方法，增强教育工作合力。进而言之，立德树人与“三全育人”在目标上具有一致性，都以人才培养为目标，且致力于以更加全面系统的工程建设程式展开。但进一步考察可以发现，二者之间存在一个位阶关系。一方面，立德树人是“三全育人”的目标指向和根本任务。立德树人立足我国教育事业全局，道出了我国教育的目标所向和价值归依，即要坚持育人为本、德育为先，其作为一个总的目标和要求统领我国教育事业的建设与发展，重点回答了培养什么人和为谁培养人的问题；另一方面，“三全育人”是立德树人的重要实践方式之一。“三全育人”重点回答了怎么培养人的问题，以育人为出发点和根本落脚点，以全员、全程、全方位构筑育人体系促进育人目标实现，在方法论层面给出了促进目标实现的较为具体的实践方式。

2. “三全育人”促进了立德树人体制机制的建立健全

“三全育人”以构筑全局的系统设计程式，对高校思想政治工作的组织领导方式、具体建设内容、条件保障等给出宏观设计和系统规划，以“大思政”观带动高等教育资源整合，中央 16 号文件仅就高校层面的改革建设，就提出了 12 项一级指标、29 项二级指标、89 项三级指标，几近涵盖了高校工作的各个方面，学术诚信体系建设、社会实践长效机制建设等重难点问题也位列其中。但其并不是对学校各项工作的笼统包办，而是注重在育人全过程中深化思想政治教育元素的挖掘，处处溢显育人理念，全面、协调推进育人活动。比如，其强调资助育人，通过深入开展励志教育和感恩教育，培养学生的奋斗精神、拼搏精神和感恩之心，可以说，“三全育人”将强烈的德育意识渗透到高等教育人才培养目标中，有利于立德树人机制建构完善。

(三) “三全育人”是构建高校思想政治工作体系的关键举措

2020 年 4 月 28 日颁布的《教育部等八部门关于加快构建高校思想政治工作体系的意见》(教思政〔2020〕1 号)纲举目张，把“以建立完善全员、全程、全方位育人体制机制为关键”作为加快构建高校思想政治工作体系指导思想的重要内容，强调要加快高校思想政治工作体系的建设步伐，成为新时代高校思想政治工作体系建设的纲领性、指导性文件。

党的十八大以来，“体系”一词在习近平总书记关于高校思想政治工作的重要讲话中多次出现，有关高校思想政治工作的官方文件中也数次提及，“体系”已经成为高校思想政治工作建设不可忽视的关键词。以坚持系统观念，强化体系思维，推进高校思想政治工作高质量发展，须以总体谋划的思想，从思想政治工作制度建设、协同机制建设、主体性建构等多方面进行推动。例如，“三全育人”要求加强党对高校的全面领导，在制度建设上提供保障，在思想政治理论课程建设、队伍打造等多个方面提供支持，在实施范围上完善圈层设计，不仅从高校内部进行制度设计，在省级、校级、院系层面更加强调制度保障和资源供给，明确了“十大育人体系”建设的目标任务并作出相关具体要求，强调主体作用的发挥。“三全育人”一定程度上体现了党对高校思想政治工作建设的思维变革、方式转变和实践创新，成为高校思想政治工作质量提升的重要依托。

三、“三全育人”的价值指向

“三全育人”的价值指向是其实践发展和理论创新的发展趋向。坚持社会主义育人方向、秉持以人为本的育人理念、贯彻全面协调的育人方法是完成三全育人目标和任务必须遵循的价值方向。

（一）坚持社会主义育人方向

推进“三全育人”，必须坚持以习近平新时代中国特色社会主义思想为指导，坚持培育和践行社会主义核心价值观，源源不断地从21世纪的马克思主义中洞察深邃精神、汲取真理力量、激发创新智慧、凝聚育人共识，切实增强政治自觉、思想自觉和行动自觉。马克思主义是党治国理政的根本思想武器。历史雄辩地证明，只有在作为“人的解放学”的马克思主义旗帜下，中国共产党和中华民族才能冲破重重阻碍，实现中华民族伟大复兴。首先，“三全育人”坚持把以人民为中心的价值追求、实事求是的理论品质和辩证唯物的认识方法作为育人活动开展的根本指南，试点工作开展建设的遴选原则、管理评估方法等方面均充分体现该价值指向。其次，“三全育人”始终将进行马克思主义理论教育作为根本任务，以课程育人为坚强阵地，从课程体系上加强通识教育与专业教育的相互融通，建立与学生知识结构、思维导向、价值取向、责任意识、行为担当等相应或关联的目标体系，依据教育目标凝练实践载体、引领育人成果，实现知识与思想的共进价值，开发出一批高质量、高水平的课程思政“金课”。需要强调的是，“课程思政是方法而不是加法”，不是生硬地在课堂教学中为了思政而“思政”，而是要把立德树人的培养目标真正融入与贯穿在教育内容和环节中，体现其“教育性”价值，使“课程思政”成为一种常识、标准和内在要义。

（二）秉持以人为本的育人理念

以人为本就是重视人，走进人，进而发展人。这是科学发展观的重要内容，是人的全面发展的必然要求，体现了思想政治工作的价值取向。思想政治工作就是围绕人的工作，主要作用于人的思想政治素质。人的思想政治素质的形成发展具有复杂性、隐匿性、长期性等特征，加之社会环境的复杂化发展趋势使得思想整治工作面临越来越严峻的考验，这就要求思想政治工作者要走近人、关心人、了解人，而后才能针对性地引导人、发展人，提升思想政治工作的实效。

“三全育人”以学生为根本，其出发点和落脚点都在培养人。新时代高校思想政治工作要不断调试以满足学生成长需求，体现思想政治教育的民主化、人本化趋势。在过去思想政治教育活动中，教师是主体，学生是客体，学生是思想政治工作实践活动的对象，十分强调教师在思想政治教育中的主导作用，但对发挥学生的主体性关注不够，导致曾存在过于依赖填鸭式灌输，忽视学生的精神建构和主体性功能发挥的现象。但学界也越来越意识到，在现实的思想政治工作实践活动中，教育者和受教育者的互动关系不可完全割裂，思想政治教育活动只能在二者的互构中发挥良好效用，高校在思想政治工作实践中既要注重课堂建设中教师主导作用发挥，又要注重学生主体性发挥。“三全育人”强调在关心人、帮助人、服务人中教育人，不仅在思政课程中教化人，同时充挖掘各类课程的育人元素，激发学生的自主性，以提升学生的思想品质、人文素养和知行能力；也要在日常生活中关心人和引导人，为学生主体性发挥创造更好条件，通过网络育人、心理育人、服务育人、资助育人等方式关心学生物质生活和心理状态，拓宽育人活动的内容范围，传递以人为本的育人理念。

（三）贯彻系统观念的育人方法

坚持系统观念，要求我们必须从客观事物的内在联系出发，联系而非孤立、发展而非静止、全面而非片面、系统而非零散地看待事物，树立整体观念和全局观念，从动态中把握事物发展。系统观念作为马克思主义哲学的重要思想方法和工作方法，在指导推动我国各个历史时期事业发展中，都发挥过重要作用，是我们党长期坚持和发展马克思主义得来的历史经验，是建设中国特色社会主义事业的重要方法。“三全育人”理念，在静态的理论形态层面，强调范围广，即在主体、过程、方位上布局“全面”；在动态的育人工作实施上，即工作方法层面，强调要协调好各方的关系，不管是在“三全育人”试点单位遴选标准及导向，还是在“十大育人体系”实施上，都要强调协调各方，追求有序、和谐的工作状态。

“三全育人”理论坚持两点论与重点论的统一，是唯物辩证法在高校思想政治工作领域的坚持和应用。在育人工作方法上，既要注重整体推进，又要抓好关键工作，不可盲目同等对待，也不可忽视关键问题。“三全育人”体系建构立足于我国社会发展需要和高校思想政治工作发展现实，针对目前高校思想政治工作存在的问题，强调对重难点问题、关键领域进行改革。在具体的实施细则上，各学校在按照教育部公布的基本建设要求的基础上，可以充分考虑本单位情况的特殊性进行针对性治理。同时，也要注重全局谋划，协调“十大育人”整体架构的普遍要求。

在“三全育人”工作中坚持科学统筹全局，有利于持续完善大思政育人格局的构建。从宏观层面，即从社会系统层面考察，思想政治工作属于政治系统与文化系统的交叉复合系统，“三全育人”综合改革需要政治系统和文化系统的相互配合。当然，其作为社会巨系统的组成部分，也离不开社会经济的物质支撑。因此，“三全育人”综合改革需要政治力量保障、经济发展支撑、文化事业推动。在中观层面，“三全育人”需政府、家庭、社会、学校多方参与，共同发力，协同建构育人系统。从微观层面，即从高校层面考虑，“三全育人”改革涉及高校工作的各个方面，围绕“立德树人”根本任务将高校工作的各个方面联动起来，实现学科体系、教学体系、教材体系、管理体系等体系在目标、内容上协调共进，完善科学全面、运行高效的人才培养系统，这意味着高校各部门，如宣传部、教务处、学生处、科研处等都要加强协作协同，共同承担育人职责、统筹育人资源，实现育人机制长效运转，使大思政格局日趋完善。

第二章

高校“三全育人”的理论阐释

“三全育人”作为一种教育思想，有着深厚的理论渊源和丰富的科学内涵。厘清其理论渊源、准确领悟“三全育人”的科学内涵，进而在把握内涵外延的基础上明确其特征，有助于深刻把握教育规律和准确领悟其思想内涵。

第一节 “三全育人”的内涵特征

“三全育人”重心在全，核心在育人，通过育人范围、时间维度、空间维度的扩展和融合，营造立体、全方位的教育格局。厘清“三全育人”理念的内涵、特征，是开展“三全育人”工作的前提。

一、丰富内涵

“三全育人”是指全员育人、全过程育人、全方位育人。“三全育人”内涵丰富，兼具理念引领和实践导向。具体来说，全员育人强调的是育人支持系统，是最具能动性的育人要素，包括学生本人、家庭成员、学校教职员工、社会力量等；全过程育人强调的是育人的时空轨迹，是最具可塑性的，从时间上来看包括从学生入学到毕业，从空间上来说包括对学生进行的教育、管理、资助帮扶等各个环节；全方位育人强调育人成效的全面性，既包括第一课堂、第二课堂、网络空间等立体育人场域，也包括德育、智育、体育、美育、劳育的全面育人指向。

（一）全员育人

全员育人是从育人主体的角度而言的，强调育人主体范围的广延性，也即所有成员。就广义而言，全员指的是包括学校人员、家庭成员以及社会人员在内的全体社会成员；就狭义而言，全员则指的是高校的全部育人主体，即全体教职员工。在现代汉语中，育人一词指的是对教育对象进行德、智、体、美、劳等各个方面的教育和培养。本书的“三全育人”是从狭义角度而言的，特指包括高校教师、管理人员、教辅人员、后勤服务人员等所有高校育人主体。全员育人是从育人队伍层面对高校提出的明确要求，强调育人主体的系统性和育人效果的协同性，打破了长期以来将育人视为高校教师，特别是思政课教师职责的认识局限，认为育人不单单是高校教师的责任，除此之外，还是管理人员、教辅人员、后勤管理及服务人员等的共同责任，所有人员都要目标一致、齐心协力，共同参与到学生的培育工作中，发挥协同育人功效。当然，全员育人并非要求所有的育人主体都走上讲台，而是要求所有高校育人主体都要树立育人意识，并将这种意识贯彻落实到各自的岗位上，体现在言谈举止和工作作风中，在无形中影响人、感染人。概而言之，全员育人就是要求高校全体教职员工共同参与到育人工作中，共同落实立德树人根本任务。

当然，全员育人并不意味着高校全体育人主体占据同等地位，发挥同等功效。尽管高校的所有育人主体都肩负着育人职责，但由于工作岗位、课程性质的差异，因此在发挥协同效应最大化的原则下，不同类型的高校育人主体应有所分工、有所侧重。在众多育人主体中，思政课教师是一支专业化的育人队伍，理应担当育人大任；其他专业课教师是课堂主渠道的重要主体，也要充分挖掘课程育人资源，发挥课程思政的作用；辅导员和班主任与大学生的日常生活接触最为紧密，是做好日常思政教育的重要主体；与辅导员和班主任相比，管理人员、教辅人员虽然与大学生接触没那么直接，但其在贯彻执行文件、工作作风中表现出来的价值观等也会无形中影响到大学生的思想认识和道德认知；此外，后勤管理及服务人员虽然不直接参与育人，但其服务态度和服务理念也会影响大学生的思想道德认知，也发挥着举足轻重的育人作用。

（二）全过程育人

全过程育人是从育人时间的角度而言的，强调育人过程的持续性和连贯性，即将立德树人贯穿到大学生从入校到离校整个过程的各个阶段、各个环节。一方面，全过程育人强调高校思想政治教育工作不能只局限于大学生思政课讲授时段，而应该突破对这一时段的认识局限，从入学之时到离校之日都应持续开展思想政治教育，既包括大学期间的每个学段，也包括每个学段内的课堂内外，以及在校到离校期间的每个时间段。另一方面，全过程育人虽然强调将立德树人贯穿高校整个育人的所有阶段和所有环节，但并不意味着在每个阶段每个环节以相同的内容，采用同样的方式实施育人活动，而是要在遵循大学生成长规律、思想政治教育工作规律、教书育人规律的基础上，借助第一、第二、第三课堂，将育人元素融入大学生学习、生活的各个环节，同时各个时段有所侧重，实现时时育人且各时段各环节协调配合的目标。

从狭义来看，全过程育人突出育人过程的不间断性，强调时时育人，也就是将育人工作贯穿到大学生自入学至离校的整个过程；从广义来看，全过程育人强调的是遵循大学生成长成才规律而构筑的一套科学教育体系。

(三) 全方位育人

全方位育人是从育人空间的角度而言的，强调育人空间的无死角和无真空，即将立德树人元素渗透到大学生学习生活的方方面面，覆盖到网络虚拟空间和现实物理空间的每一处，使学生得到全面发展。从本质意义上讲，空间即环境，换言之，全方位育人就是指营造对大学生思想品德产生积极效果的协同育人环境，也即广义角度的全方位育人。从狭义的角度讲，全方位育人是指形成对大学生开展的思想政治工作活动产生效果及对其思想与行为产生影响的育人环境。按照环境影响范围来划分，思想政治教育工作环境可分为宏观环境和微观环境；按照空间类型来划分，思想政治教育工作环境可分为网络虚拟环境和现实物理环境；按照要素来划分，思想政治教育工作环境可分为社会环境和自然环境。按照全方位育人的要求，就是要做到各种类型环境相互配合，协同发挥育人的作用。

全方位育人要求高校准确把握以下方面：一是育人主体要有环境育人意识，明晰育人环境对教育对象的渗透作用和引导价值；二是育人主体不仅要用好课堂这一主渠道，还要构建校内校外、线上线下、课内课外等多层次、多维度的育人格局；三是充分挖掘各种育人资源、有效借助各种育人载体，发挥显性和隐性教育的作用，构建协调统一的育人机制，推动学生的全面发展。

（四）“三全育人”诸要素之间的关系

全员育人、全过程育人、全方位育人是“三全育人”三大构成要素，但是“三全育人”整体功能的有效发挥不仅需要明确其构成要素及其各自的优势与不足，而且还要厘清各要素之间的相互联系，科学把握各要素的地位及其相互作用机理。

“三全育人”的核心任务是育人，无论是育人的主体要素，还是时间要素，抑或是空间要素，都是围绕而且是服务于育人这一中心。在“三全育人”这一整体结构中，育人主体是最活跃的因素，也就是高校育人工作的承担者，在诸要素中占据主导地位，发挥支配作用。育人的时间要素和空间要素都必须而且也只有经过育人主体的掌控和支配才能发挥作用。在要素关系体系中，作为时间要素的全过程育人和作为空间要素的全方位育人都是育人的重要手段，两者发挥着纽带作用，是育人主客体双向互动的桥梁。三者内在统一于思想政治教育工作实践，实现于教育对象的成长成才过程。在这一统一体中，全员育人是全过程育人和全方位育人的前提基础；全过程育人是全员育人和全方位育人的必要依托；全方位育人则是全员育人和全过程育人的拓展保障。三个要素各有侧重，密不可分，缺一不可，共同构成协同育人统一体。

二、基本特征

“三全育人”的根本是育人，实质则彰显育人的基本规律，外在表征为科学性和价值性相统一、全面性与整体性相统一、系统性与协同性相统一、过程性与结果性相统一。

（一）科学性与价值性相统一

“三全育人”体现科学性与价值性相统一。

(1)“三全育人”的科学性特征主要体现在其遵循三大育人规律。其一，遵循思想政治教育工作规律。思想政治教育工作的基本规律是指在马克思主义指导下，适应社会和人的全面发展的需要，通过社会教育、社会环境影响、社会实践活动、人的自我修养，不断提高人的思想政治素质的循环反复的过程。这就要求高校思想政治教育工作不能单打独斗，必须注重所有对教育对象产生影响的人员、要素和环节，即强调全员育人、全过程育人和全方位育人。其二，遵循教书育人规律。教书和育人是一个有机的整体，教书的最终目的是育人，育人则主要是通过教书来实现的，二者辩证统一于教学实践活动中，这就要求教书与育人密不可分，寓育人于教书之中，高校要努力做到思政课程与课程思政相结合，注重育人的各方面要素，即全方位育人。其三，遵循学生成长规律。大学生的成长过程具有阶段发展、时代发展、个性发展、矛盾发展等规律，这就要求高校思想政治教育工作必须注重全过程性，即全过程育人。

(2) “三全育人”的价值性特征主要表现为，一是能够通过育人力量的扩充整合、育人时间的延伸和多维一体育人格局的构建来推动立德树人根本任务的实现。二是能够通过调动多元育人主体的积极性、保证育人过程的连续性和育人空间的延伸来培育价值观念。三是能够突破传统思想政治教育模式的局限，从育人主体、时间和空间上实现创新。四是能够整合学校、家庭和社会三方力量实现协同育人。

(二) 全面性与整体性相统一

“三全育人”体现全面性与整体性相统一。

(1) “三全育人”的显著特点是全面性，它强调以人的全面发展为目标突出育人的全面性。人的全面发展是教育发展的终极目标，实现该目标势必要将思想政治教育工作融入其他各种育人手段之中，并实现协调发展。对此，“三全育人”打破了传统育人理念，突出强调育人的全面性。一是在育人主体上突破孤立性，强调全员性。长期以来，社会上普遍存在着将育人视为思政课教师主责主业的认识，忽视其他课程教师、管理服务人员等的育人作用。“三全育人”强调育人主体的全员性，要求高校全体教职员工都要树立育人意识，只是育人的功能角色略有差异，一线教师特别是思政课教师要发挥主导作用，专兼职辅导员、班主任发挥基础作用，管理人员、教辅人员和后勤管理及服务人员发挥辅助配合作用，统一在高校党委的领导下分工协作从而实现全员育人效果的最大化。二是在育人过程上突破重点论，强调全程论。传统的思想政治教育比较重视在入学、毕业等关键时间节点开展教育活动，而“三全育人”不仅注重关键时间节点，还关注大学生成长的整个过程，注重教育的连续性和连贯性，包括课内课外、在校期间与校外实习、工作日与节假日等全部时段，突出育人的全过程性。三是在育人空间上突破片面化，强调全面性。与传统的思想政治工作模式不同，三全育人更加强调调动所有资源，运用多渠道、多层面协同育人，打破了育人空间上的片面化，突出全面性。

(2)“三全育人”的整体性蕴含于全面性之中，表征为从人的全面发展出发，以整体性的视角、思维和方法，提出育人的整体性方案，包括育人主体的全员性、育人时间的全过程性和育人空间的全方位性。

(三) 系统性与协同性相统一

“三全育人”体现系统性与协同性相统一。

(1)“三全育人”的系统性特征体现在“三全育人”各要素在系统中的职责和地位，让主体间能够在相应的职责上进行相互统筹和配合。“三全育人”将思想政治工作贯穿于大学教育全过程，不仅强调学生在育人过程中需要得到全面发展，也要求思想政治教育工作体系要积极协调，发挥整体性效应，各育人主体之间要相互配合，全员育人、全过程育人和全方位育人三者各司其职，从三个方面对育人系统的工作任务提出了具体的要求。只有全员育人、全过程育人和全方位育人之间实现了相互联动和沟通，彼此之间优势互补，高校才能更好地承担起立德树人的根本任务，更好地培养能够肩负实现中华民族伟大复兴责任的社会主义接班人。

(2)“三全育人”的协同性特征是指，协同性的构造也是系统中不可缺失的一部分。协同性能够保证各要素之间资源的调动和工作内容的协作，使其步调一致，同向同行。高校各育人主体作为系统中的重要组成要素，应当积极配合，特别是明确顶层设计工作并做好分工；教师本身除了承担起教书育人的职责以外，还要实现与课程思政的相互协调，将思政教育内容贯穿于课堂中；学生工作等部门也要积极反思自身职责所在，坚持以学生为本的基本原则，做好管理统筹工作；后勤部门则要提供充分的人员和物资保障，以便随时应对资源的调配。实现育人主体之间的协调配合，才能保证思想政治教育工作取得切实的成效。“三全育人”理论要求高校能够调动全部的育人资源，贯通教育服务管理体制，让育人工作在主客体间双向展开，同向同行，整体联动，形成良性循环。

(四) 过程性与结果性相统一

“三全育人”体现过程性与结果性相统一。

(1) “三全育人”的过程性特征表现为，教育要求超越受教育者目前的思想品德基础和思想政治素质，但是又存在提高思想品德和思想政治素质的可能。这决定了思想政治教育过程的长期性。人的知情意行的转变是一个长期积累的过程，教育过程需要持续进行，当然并不是简单重复进行，而是要根据工作要求、受教育者的具体情况，持续多次地创新方式和内容等，从而进行全过程教育；教育过程需要循序渐进，较好的思想品德和较高的思想政治素质都不可能由跳跃式发展获得，而要通过分类分层的系统教育，逐步引导受教育者达到教育要求。

(2) “三全育人”的结果性特征表现为，“三全育人”是指全面培养学生的思想政治素质、道德品质和科学文化素质。这一概念强调高校育人工作的全面性和综合性，旨在培养学生成为具有良好思想道德修养、扎实学科知识和科学文化素养的人才。而这一目标的实现，不可能一蹴而就，而是需要通过确定培养目标、创新课程设置、改革教育方法和建立评价体系等过程和环节来实现。

第二节　“三全育人”的方法

“三全育人”的方法，是指“三全育人”的工作主体为完成一定的工作任务，在对教育对象实施教育的过程中所采用的一切方式、办法或手段的总和。人们在长期的实践中创造和总结了许多针对高校“三全育人”工作行之有效的方法，如理论教育法、自我教育法、典型教育法、心理咨询法等，这些方法以认知、情感、体验、行为及其之间的相互协调为具体的作用路径，晓之以理、动之以情、导之以行，共同推进着当代大学生综合素质的提高。

一、理论教育法

理论教育法，亦称理论学习法，是指有目的、有计划地向受教育者进行马克思主义理论教育，或由受教育者系统学习马克思主义理论，逐步树立科学世界观的教育方法。

进入新时代，大学生正处于信息网络化、经济全球化的浪潮之中，面临着大量西方文化思潮和价值观念的冲击和某些腐朽没落生活方式的影响。在这种情况下，大学生要保持清醒的头脑，正确认识和分析复杂的社会现象，不断提高思想道德修养和精神境界，更需要用科学的理论来武装自己的头脑。与此同时，随着人类社会的发展和进步，中国特色社会主义理论体系正在不断发展和完善，因而大学生对科学理论的学习也需要与时俱进，思想政治教育中的理论教育也需要长期坚持、常抓不懈。

(一) 理论教育的地位

理论教育法作为思想政治教育最基本最常用的方法，是中国共产党在长期革命建设实践中形成的正确处理人民内部矛盾和解决人民群众思想认识问题的一种方式方法。正确的思想观念和科学精神不会在人们的头脑中自发地形成，而只能通过学习、教育、宣传等方式进行。1902 年，列宁在《怎么办》一书中系统阐释了灌输理论的思想和原则，列宁指出，“工人运动自身不可能产生社会主义意识，这种意识只能从外面灌输进去”，这是第一次明确提出了科学的、系统的社会主义思想不可能通过自发的方式产生，而只能通过有目的、有意识地灌输到受教育者中的论断。从此也就确定了思想政治教育进行理论教育的必要性。

理论教育是用马克思主义的立场、观点和方法，对人们的思想道德等方面的意识进行有计划的、系统的宣传教育，使之保持正确的政治方向，树立正确的信仰和科学的世界观、人生观和价值观，形成正确的道德认识、养成良好的道德习惯，成为全面发展的具有完善人格的人。

(二) 理论教育法的依据

理论教育法作为高校“三全育人”工作中的一种重要的教育方法，它的提出和实施有着以下科学依据。

1. 理论教育法是由人的思想政治品德形成和发展的基本规律决定的

根据现代思想政治教育学原理，所谓人的思想政治品德形成和发展的规律，是指揭示人们如何吸收、选择外部社会环境的影响，如何把现代社会一定的思想政治品德要求转化为个体自身的思想政治品质的规律，是一种在社会实践的基础上，人的思想内外部因素相互平衡、相互协调和思想矛盾运动、转化的规则。换句话说，现代人思想政治品德的形成和发展既是在现代社会实践基础上主客观因素相互平衡、相互协调的结果，又是主体内在思想矛盾运动、转化的结果。

思想政治教育的对象是人，要解决的是人的思想认识问题。思想认识问题的解决办法只有一个，那就是用思想去解决，用另一种比较先进的思想去改变原有认识，而这另一种思想(在思想政治教育过程中我们称为社会思想政治品德要求)并不是受教育者自身能够认识到或者能够自发产生的。思想一旦形成就有其稳定性，要对其进行改造或者发展，就必须通过教育，只有通过教育才能引起受教育者思想内部的矛盾运动，促使其发生思想的变化与发展。由此可见，外部的理论教育是引起受教育者思想变化的动力。

2. 理论教育法是由思想政治教育过程的基本规律所决定的

思想政治教育过程的基本规律，是指教育者的教育活动既要适应受教育者的思想政治品德基础和发展要求，又要超越受教育者的原有基础，体现社会思想政治品德的客观要求。根据这一规律，我们可以采用理论教育法对受教育者进行思想政治教育。

处于信息全球化、经济一体化浪潮中的大学生们，正在前所未有地改变着思维方式和行为方式，更需要用与时俱进的科学理念武装其头脑。毋庸置疑，当今的世界正前所未有地复杂起来，各种层次的交流、竞争生长、消退在不停地加速进行，个人要适应不断复杂化的社会发展，要保持头脑清醒，明辨是非，正确抉择，就必须要用不断发展的科学理论武装自己。现代社会日新月异，科学理论不断发展，马克思主义特别是当代中国的马克思主义与时俱进、不断创新，需要我们进行不断地学习。科学的、发展的理论思想的获得，必须遵循思想政治教育基本规律，通过教育或通过人们的努力学习而进入人们的头脑。

3. 理论教育法是以尊重和相信人的理论为依据的

马克思主义一贯强调只有对人民群众进行教育，才能发挥他们的积极创造性；但同时也强调要教育群众就必须树立历史唯物主义的群众观点，树立起相信、尊重群众的根本态度。从这一观点出发，高校在开展理论教育时，一方面，要相信学生是通情达理的，要尊重学生的创造精神；另一方面，要通过说理教育的方法引导学生，即对学生的思想和行为加以说理引导，不断提高他们的思想觉悟，从而使他们更好地发挥潜能，提升综合素养。

4. 理论教育法是以正确处理人民内部矛盾理论为依据的

思想政治教育所要解决的主要问题是人们的认识问题，它属于思想性质的问题。思想性质的问题一般是指人民内部思想认识上的各种矛盾。毛泽东同志在《关于正确处理人民内部矛盾的问题》一文中指出："凡属于思想性质的问题，凡属于人民内部的争论问题，只能用民主的方法去解决，只能用讨论的方法、批评的方法、说服教育的方法去解决，而不能用强制的、压服的方法去解决"，"企图用行政命令的方法，用强制的方法解决思想问题、是非问题，不但没有效力，而且是有害的"。毛泽东同志在这里所讲的讨论的方法、批评的方法、说服教育的方法，实质上都是理论教育的方法。

（三）理论教育的具体方式

理论教育不仅包括课堂理论教授，还包括理论学习、理论宣传、理论培训、理论探讨等具体形式，由此构成理论教育的方法系统。理论教育法的方法系统还会随着教育对象的新特点、科学技术的进步以及思想政治理论和实践的创新和发展不断丰富和完善。

1. 讲授讲解法

讲授讲解法是最常见也是最常用的理论教育方法之一。按照教育形式划分，它属于语言教育，是指教育者通过口头语言向受教育者传授理论知识，解释有关概念体系，论证有关原则、原理，阐述有关规律，以使受教育者获得理论知识，从而达到教育目的的教育方法。讲授讲解法最主要的表现形式就是目前我国高校普遍采取的"思想政治理论课"的形式。

2. 理论学习法

理论学习法主要是阅读马克思主义的经典著作，学懂弄通基本原理并结合实际进行运用，掌握马克思主义的立场、观点和方法。理论学习法是人们通过有组织、有计划地集体学习或个人学习来掌握马克思主义理论和党的路线、方针、政策的方法，是一种自我教育的方法，主要是通过阅读书籍、报刊、网络文本进行的，常见的理论学习法有读书活动和开展读报刊用报刊活动。读书活动是引导人们自己学习、思考、运用的一种自我教育方式。在思想政治教育方面，读书的内容是很多的，有政治理论、历史知识、法律知识、伦理道德、人生修养等，这些内容要同思想实际、工作实际相结合。组织读书活动的具体做法是围绕某一专题或某一任务，提示读书范围，开列读书目录；进行必要的辅导，开展评议讨论；交流读书体会，举办知识竞赛；奖励读书优胜者。同时，读书活动不能仅限于自己读，还要交流、讨论、竞赛。

开展读报刊用报刊活动，是组织大学生学习党的路线、方针和政策，提高思想政治觉悟的常用方法。报刊同书籍相比，虽然政策性、时事性强，理论性、系统性有所不足，但它出版周期短，信息含量大，能及时反映情况，干预生活，进行导向，因此读者面广，影响力大，是进行思想政治教育的有效途径。在校大学生通过报刊的学习，可以及时了解党和国家的意图，提高执行党的路线、方针和政策的自觉性，从而有利于明确方向，统一认识，统一行动。开展读报刊用报刊活动，要同思想政治教育的具体要求结合起来，对报刊的内容要有选择，对大学生的阅读要有引导。

3. 理论培训法

理论培训法，就是围绕某一专题，确定理论学习内容，联系实际，以大学生的自学为主，同时对其进行必要的辅导，组织讨论和交流，达到提高和统一思想认识、有效指导实践的目的。理论培训法是通过办培训班来学习理论的一种方法。这种方法适应了高校学科建设和实际工作科学化的需要，受到广泛重视和应用。

理论培训法具有集中、深入和高效的特点。集中，是指人员的集中、时间上的集中和学习内容及学习资料的集中，使研究力量集中到问题的一个点上，从而获得突破；深入，是指人员有限，而占用资源量大，从而可以在讨论的学习中获得比个人或者更大范围的学习活动能够更深入问题的核心；高效，是指在限定时间内集中全部精力进行讨论和研究，比其他理论教育形式更能够在短时间内达到教育目的。

4. 宣传教育法

随着科学技术的进步和传播工具的发展，由大众媒介构成的环境对人们的思想观念具有广泛且深刻的影响，人们时时刻刻处在这样的环境之中。宣传教育法是运用大众传播媒介向大学生传播正确理论和先进思想的方法，既有理论的阐述与辅导，也有典型的学习、运用与示范。因此，利用大众传播工具，主要是广播、电视、录音、录像以及网络等来开办专题节目，宣传正确的理论和思想，引导受教育者学习和思考，具有良好的效果。

宣传教育法主要应用于一定时期内党的中心工作、中心任务、基本路线的宣传教育和特定时期大学生的思想认识问题，以及国际国内重大事件的分析、宣传和教育等。其原则主要有宣传教育所使用的理论要能与当时中国的实际、大学生的实际紧密结合，做到有理有据；宣传教育所使用的形式是多种媒介的组合，而且应当是最佳的媒介组合；宣传教育内容必须是事实，不能凭空讲理论、讲概念。

5. 研究性学习法

研究性学习法是指高校“三全育人”实践中，高校教育者不再仅仅是向大学生传授理论，而是主要教授学习的方法。大学生学习和掌握理论也不再是被动地接收和储存，而是通过自己的思考，再结合实际能动地运用理论、发展理论。芝加哥大学教授施瓦布根据现代学习的特点，提出了学习实际上是“探究的过程和探究的方法”，以此来满足受教育者创造力培养的需要。布鲁纳的发现教学法也体现了受教育者的探究性与自主性，“发现学习就是以培养探究性思维的方法为目标，以基本教材为内容，使学生通过再发现的步骤来进行的学习”。还有问题教学法、程序教学法、学导式教学法等，其过程都是让受教育者通过研究来学习、发现知识，都是为了调动大学生的主动性和创造性，培养其学习和研究能力。

市场竞争的加剧、人主体性的增强、社会信息化的发展，推动学习不断突破时空界限，形成了终身学习、学习型社会、学习型组织格局，也催促人们不断通过学习获得资源与创造能力。高校“三全育人”工作过程中的教育者、受教育者、教育环境之间的关系，再不是传统单向、单一的模式，而是呈现出多边互动、转化、交流的趋向，形成会谈式、合作式、研究式学习模式。

6. 个别谈心法

个别谈心法也叫谈话法，是教育者采用交谈的方式，引导教育对象运用事实、经验和政治理论、道德原则，分析和解决思想问题和现实问题的方法。这种在个别交谈中进行的教育方法，不仅能够彼此沟通思想、交流感情、增强信任，从而解除教育对象的思想顾虑，把思想脉搏搞清楚，而且易于集中教育对象的注意力，启发教育对象开展积极主动的思维活动和思想斗争，增强教育针对性，提升教育效果。

实施个别谈心法需要注意：一是谈话要富有感情，善于同教育对象交朋友；二是根据外界环境的状况和教育对象思想实际，选择合适的谈心时机；三是注意掌握谈心的合理程序，导入、转接、正题和结束，在不同阶段处理好相应任务，从而使谈心顺利有效地进行；四是对于谈心中了解到的情况，如果是对方要求“保密”而又必须在一定组织范围内加以解决的问题，应严格组织纪律，不得任意扩大传播范围。

二、自我教育法

自我教育法是受教育者自己教育自己的方法，它是我国传统思想教育的一种重要方法，也是当代高校“三全育人”实践的重要方法之一。

（一）自我教育法的内涵

1. 自我教育法的定义

自我教育法，是指受教育者按照思想政治教育的目标和要求自己教育自己，自己做自己的思想政治教育工作的方法。通过自我学习、自我反省、自我修养、自我批评、自我改造等方式，主动接受先进思想，主动提高自己的思想政治素质，自觉纠正错误的思想和行为的方法。自我教育法具有自主性的特点，有利于增强受教育者的自我教育能力，也是尊重受教育者主人翁地位的体现。自我教育法是伴随着大学生自我意识的发展而发展的一种教育方法。

2. 自我教育法的特点

1) 主动性与针对性的统一

在思想政治教育过程中，受教育者既是自我教育的主体，也是自我教育的客体。这种主客体合一的教育方式，既使得教育者与受教育者能够有高度的主动性与自觉性，也使得受教育者从自身内在的特点出发，不断提升自己以达到社会道德规范所要求的水准。

2) 目的性与选择性的统一

从自我教育的内涵可以看出，在进行自我教育时，可以带着明确的目的去选择。关于在人生中，走什么样的路，树立什么样的世界观、人生观和价值观，每个人在解决这一问题的时候，虽然受到外部因素的一定影响，但内部因素是起决定作用的。自我教育客观地体现了这种要求，它把个人目的与选择有机地统一起来，使人的主观能动性得到正确而极大的发挥。

3) 社会性与个体性的统一

个人是组成社会的细胞，社会是个人生存和成长的空间。自我教育是一种将个人的社会性与个体性相统一的教育。自我教育既能使个体的综合素质程度得到提高，也能使个体的价值在相应的社会关系中表现出来。

4) 体现了人的自我调节结构

从心理学的角度讲，人的个性心理结构中存在着调节结构——个体调节自己的个性，使之符合社会和环境的要求。这种调节结构包括自我观察与自我批评、自尊与自信、自我检查与自我监督三个方面。正是这种调节结构的存在，使每个人通过自我教育、自我修养而达到自我完善成为可能。

3. 自我教育法的作用

自我教育法的作用体现为：一是有利于充分发挥大学生的主观能动作用，使大学生自觉主动地进行自我学习、自我修养、自我改造；二是有利于增强大学生的自我教育能力。在自我教育过程中，大学生要经常进行自省、自警、自励，从而养成自我监督、自我调节、自我约束的习惯，能够自觉抵制外界的不良影响增强自身免疫力。

(二) 自我教育法的理论依据

自我教育法作为思想政治教育的重要方法之一，它的提出和应用是建立在马克思主义哲学内因与外因的辩证关系理论、人民群众在社会历史发展中的作用理论基础上的。

1. 内因与外因的辩证关系理论

马克思主义关于内因与外因的辩证关系理论，是自我教育方法的理论基础之一。马克思主义辩证唯物主义认为，任何事物的变化，外因是不可或缺的条件，而内因则是决定性的因素，外因只能通过内因才能起作用。在思想政治教育过程中，思想政治教育者只能对受教育者灌输正确的理论，宣传正确的“三观”以及党和国家的路线、方针、政策等；对受教育者的思想认识的问题，只能加以引导和疏通，而不能强迫更不能代他们解决思想问题，真正能够解决问题的还是受教育者自己。他们必须提高思想觉悟，把思想政治教育者输出的正确内容和引导，转化为自身内在的发展动力。

马克思主义关于内因与外因的辩证关系理论，说明了在思想政治教育中实行自我教育的必要性和必然性。

2. 人民群众在社会历史发展中的作用理论

马克思主义关于人民群众在社会历史发展中的作用的理论，是自我教育方法的重要理论基础。马克思认为，人民群众是创造历史的主人，是社会的主人。当前，我国正处于社会转型的关键时期，人民群众仍然是推动我国社会发展的主体力量，人民群众的这种主人翁地位，决定了在思想政治教育中人民群众能够自觉坚持自我教育，主动提高自身的能力和素质。

马克思主义关于人民群众在社会历史发展中的作用的理论，说明了在思想政治教育中实行自我教育的可能性和现实性，从根本上体现了自我教育法的科学性。

（三）自我教育法的具体形式

教育家苏霍姆林斯基十分重视自我教育，他说：“教育这个概念在广义上就是对集体的教育与对个人的教育的统一。而在对个人的教育中，自我教育则是起主导作用的方法之一。”

自我教育法分为群体自我教育和个人自我教育：① 群体自我教育是指一个集体内部的互帮互教，是群众自己教育自己的活动。群体自我教育的形式是多种多样的，有集体讨论、批评和自我批评、开展竞赛活动，以及运用群众中的典型等。② 个人自我教育的主体既是教育者，又是教育对象。个人自我教育有自我修养、自我管理、自我总结、自我鉴定等形式。

一个人在帮助和教育别人的时候，自己也受教育，而且是一种广泛的、经常的自我教育。高校“三全育人”实践中的自我教育法，主要有自我修养和自我管理。

1. 自我修养

修养的内容很广泛，包括政治修养、思想修养、道德修养等。自我修养，是指人们在政治、思想、道德以及知识等方面进行自我教育和自我锻炼，以及由此而达到的一定程度和水平。

在历史上，古代许多思想家倡导自我修养，提出了“修身养性”的一系列方法。但是，他们所谓的自我修养，往往片面夸大主观的作用。马克思主义所说的自我修养，是在社会实践中的自觉学习与自我锻炼，是在改造客观世界的同时改造主观世界。任何人的政治素质、思想认识和道德水平的提高，都不是凭空得来的，只有在长期的社会实践中不断进行锻炼，才能实现。只有在马克思主义指导下，在实践中自觉进行自我修养，才能适应社会的需要，并在推动社会发展的过程中不断完善自己。提升自我修养的方法很多，这里列举几种主要方法。

1) 反省

反省即自我省察，是个人对自己的思想和行为进行检查对照，寻找差距和不足的自我修养方法。反省是通过自我认识、自我剖析、自我评价、自我监督，实现对以往思想和行为的再认识，是一个人思想和道德品质修养自觉性的表现，也是一个人政治思想水平提高的重要条件。

反省也可以称为内省或自省，中国历史上儒家曾倡导这一方法。《论语·里仁》中写道：“见贤思齐焉，见不贤而内自省也。”孔子的弟子曾参提出了“吾日三省吾身”的主张。此外，儒家还提出了与自省、内省、反省相类似的慎独的自我修养方法。刘少奇在《论共产党员的修养》一书中，就引用了自省、反省、慎独等古代自我修养的方法，对古代自我修养的方法进行了必要的继承和改造，并在新的形势下赋予其新的含义和境界。

大学生可以通过以下方面进行反省以更好地提升自身修养。

(1) 正确认识自己的不足。只有正视自己的弱点和不足，才能找到改进的方向。

(2) 全面回顾自己的经历。大学生活中充满了各种经历和情感：有成功的喜悦，也有失败的痛苦。回顾过往经历，哪些事情上做得比较好，哪些事情上还有待提高，通过回顾更好地总结经验教训，提升自身素养。

(3) 修正自己的价值观和目标。大学生都有自己的追求和理想。但有时候，我们可能会迷失方向，不知道自己真正想要的是什么。这时，反思能够及时修正，避免弯路。

(4) 反思不是一次性的行为，而是一种持续不断的过程。通过日常的反思，我们可以不断地修正自己的行为和思想，从而更好地成长和发展。

2) 反思

反思这个概念，在马克思主义以前的哲学著作中使用比较广泛，在不同的哲学流派中有不同的含义，一般是指精神的自我活动和内心反省的修养方法。

英国唯物主义哲学家洛克认为，经验按其来源可分为感觉和反思两种，感觉是外部经验，反思是内部经验，反思就是人的心灵以自己的活动为对象而反观自照，是一种思维活动和心理活动。唯心主义哲学家黑格尔则认为反思是以抽象的方式进行思维。

反思这个概念在思想政治教育中运用较多，它是指人们对以往的思想和行为进行系统的总结和深刻的理性思考。反思、反省都是主体的自我内心活动，但反思所涉及的内容不仅限于主体的主观因素，而且关系到社会、环境等客观因素。反思不仅分析思想和行为的现实状况，而且追溯思想和行为的来龙去脉。同时，反思对某一思想和行为的思考，不是就事论事的，不是简单地肯定或否定，而是要把它上升到理性的高度，运用一定的理论来揭示其实质。

正确进行反思，反思主体首先要加强自我认识，使自己成为自我思想和行为的观察者，并能发现自己的思想和行为同正确的方向、原则之间的差距，开展内心对话，把自我认识转化为自我教育。只有不断提高政治理论和道德水平，处理好主观同客观的关系，依照正确的原则进行判断，才能够正确进行反思。

3) 自我改造

自我改造虽然指的是主观世界的改造，但这种改造不是主体孤立的内心活动，是指在社会实践中，发挥主观能动性，自觉主动地进行自我剖析、自我批评，提高自己政治思想觉悟和道德水平的教育方法。社会实践是进行自我改造的基础，是推动自我改造的动力，也是检查自我改造成效的标准。

自我改造的过程，实际上是一个人自我完善的过程。自我改造的方法，是自我教育最有效的方法，它体现主体自我教育的自觉性与能动性，促进主体按照正确的目标，不断调整自己的思想和行为，逐步实现自我完善。有效进行自我改造，首先要学习马克思主义，在社会实践中掌握改造主观世界和客观世界的思想武器。其次要严格剖析自己，实事求是地认识自己的长处和短处。

2. 自我管理

自我管理，指的是自觉运用法纪、规章制度和道德规范约束自己，调节和控制自己的言行。人们为了不与社会或他人发生冲突，就要用社会共同遵守的法规、制度和规范制约自己，管理自己。严格地说，每个人一生中都离不开自我管理，因为每个人都要受自我意识的支配，指导自己的行动，协调个人同社会及他人的关系。

在社会主义制度下，国家的宪法、各项规章制度以及社会主义的道德规范都是代表和维护人民群众根本利益的，它不是外部强加给人们的硬性规定，而是每个人都应该自觉遵守的准则。

自我管理可分为个体自我管理和群体自我管理。个体自我管理是个人按照一定的规章制度调节和控制自己的言行。群体自我管理是指正式群体和非正式群体中的成员，按照一定的规章制度互相制约、互相督促、共同遵守一定的规范，抵制、批评违反规范的言行。这种调节和控制主要有三种方式。

1) 自律

自律是指个人通过规范自身的行为，对自己的行为负责，形成新的习惯和规则，追求理想的生活方式和身份。

自律包括持续的自我控制、自我意识和对预先确定的标准或原则的坚持——尤其是在面对干扰、障碍或诱惑时。

人们在社会生活中，必须协调自己与社会及他人的关系，这就需要自律。个人自我监督和自我控制的程度主要取决于自觉性和文化道德水平。一个人如果对自己的情绪行为不加控制，就会对社会和自身造成危害。

2) 自制

自制就是自我控制，是指个体在面对冲动、压力和诱惑时，能够自我管理和控制自己的行为、情绪和决策。它是实现自我目标、克服挑战和取得成功的关键能力。

自我控制主要是用理智的力量控制自己的感情冲动，制约越轨言行。不管受到什么样的外界刺激，都能使自己始终坚定正确的信念，指向正确的目标，并保证目标的实现。自我控制与人的目标坚定有关，能够矢志不移地为实现一定目标而努力的人，自我控制能力也很强。自我控制与人的认识水平有关，对客观事物认识越深刻，人的自我意识就越成熟，自我控制能力也就越强。

3）自我调控

自我调控，就是教育者主要通过帮助受教育者自我认识、自我导向、自我控制来解决思想困惑、消除心理障碍的方法。

大学生由于身心发展的不平衡、自我意识的增强与认知能力发展的不协调、情绪的不稳定性以及现代社会激烈的就业压力等因素，产生了一系列的心理危机现象，这就需要自我调控来解决。自我调控，就是大学生要有自我认识的自觉性，能够了解自己，接纳自己，树立必要的自信心，同时大学生要具有自我把握、自我调控的能力，学会正确调整思维方式、心理结构，正确调整与环境的关系。大学生在进行自我调控时，要注意以下方面的内容：

(1) 认知调控，大学生要正确认识现实，悦纳自我，树立坚定的社会主义信念，合理定位自己的学习目标、工作目标，使思维与心理达到平衡。

(2) 高校“三全育人”工作者要积极引导大学新生适应大学生活，帮助部分大学生消除恐慌、焦虑等负性情绪，使大学新生适应大学生活，能够合理安排自己的生活。

(3) 情绪调控，当今社会是一个开放性、多样化、变化快的社会，随着物质生活、社会生活、文化生活的丰富，大学生的精神世界也在不断丰富与变化着。就业、恋爱等问题，对大学生造成了不小的压力，大学生要学会调控自己的情绪，以增强竞争能力与心理承受能力，让自己的大学生活过得充实、愉快。

三、典型教育法

（一）典型教育法的定义及理论依据

典型教育法，是指在思想政治教育中运用具有代表性的人物或事件对教育对象进行引导和教育的方法。从哲学角度看，典型是在一定的时期或一定范围具有相当程度影响的人物和事件，它能代表一类或一般事物的典型特征和本质、发展趋势或发展规律的个人或个案。典型教育法就是通过典型教育使受教育者吸收先进典型的有益成分，并对照自己的不足，吸取经验和教训，消除自己的不良思想和行为，提高自己的思想政治素质。典型教育法是思想政治教育活动中经常使用的一种有效的教育方法，典型教育法的理论依据主要有以下两点。

1. 事物发展的不平衡性

唯物辩证法认为，由于事物内部存在着对立统一的矛盾运动，所以事物总是要不断向前发展的，但由于事物矛盾的特殊性，事物在发展过程中总是不平衡的。人类社会历史的发展也是不平衡的。在人类社会历史发展进程中，人民是推动社会历史发展和进步的根本力量，但每一个人所起的作用又是不一样的，因为每个人的思想和行为存在很大的差距，具体表现在每个人所处的环境、接受的教育、认识能力和水平上的差异。人们的思想境界和道德素养总是存在这样那样的差距，个体的思想政治觉悟总是有先有后的。人们实践的目的是要不断获得真理性的认识，但真理开始并不是握在多数人手里，而是掌握在少数人手里的。随着人们思想观念的转变、科学文化水平和认识能力的提高，真理才逐渐为大多数人所掌握，真理才真正成为广大人民群众认识世界和改造世界的武器。也正是个体进步的差异性，才有思想政治工作的必要性，才需要用先进带后进，以先进典型的示范效应影响后进者。

中国共产党是用马克思主义武装起来的先进政党，最善于用马克思主义的基本原理来指导革命、建设和改革的伟大实践，因而我们党历来都重视典型示范的教育作用。在社会主义建设时期，在各条战线中涌现出无数的优秀人物和事迹，如党的优秀干部焦裕禄、劳动模范王进喜、优秀共产主义战士雷锋、誓死保护国家财产和人民生命财产安全的优秀妇女向秀丽，等等。在改革发展时期，涌现出无数的英雄人物和先进事迹，如党的好干部孔繁森、牛玉儒、任长霞等。在抗击各种严重自然灾害，如抗洪斗争、抗击非典、抗冰雪凝冻灾害、2008 年抗震救灾、2020 年抗击新冠肺炎疫情，涌现出无数可歌可泣的英雄人物。高校通过组织典型人物或者先进事迹报告会，通过各种媒体宣传这些典型人物的感人事迹，通过各种优秀的作品塑造典型人物，以鼓舞广大学生向先进看齐，向典型学习。不管采用什么方式，典型示范教育都具有生动性、直观性，具有鲜明的立场和价值观导向，这种方法最容易说服人、感染人、鼓舞人，最终达到教育人的目的。

2. 人的行为会受模仿心理机制的影响

现代心理学的发展证实，人的行为会受到模仿这种心理机制的影响。人自发地具有互相模仿、重复别人行为的趋向。在看到别人做好事时，常常也会去做好事，这是因为做好事的人的言行给人们一种良好的暗示，引起了模仿意向。同样，做坏事也会引起同样的模仿意向。这表明，人们对别人的行为并不是漠不关心，在感知别人的行为时，人的心理就在准备促使产生类似动作的条件，进而导致模仿行为的产生。在思想政治教育中，利用模仿的社会趋向来影响人的行为不仅是必要的，而且是可能的。

(二) 典型教育法的具体形式

典型是多种多样的，按典型的类型来划分，有单项典型、综合典型、全面典型；按照典型的性质来划分，有正面典型、反面典型；按典型的成来划分，有集体典型、个人典型，等等。因此，典型教育法的具体形式也很多。这里，我们着重介绍正面典型教育法和反面典型教育法。

1. 正面典型教育法

1) 正面典型的概念

正面典型又称先进典型、进步典型，是能体现或代表先进思想，在大学生中起榜样示范作用的典型。正面典型的作用，就是榜样的作用，而榜样的力量是无穷的。正面典型往往有着极强的感召力和说服力，能起到激励和引导大学生奋发向上的作用。一方面，榜样所体现或代表的先进思想，常常寓于具体事例之中，易于学习和理解，具有很强的说服力，能够起到正面引导作用。另一方面，典型的先进事迹或英雄行为形象生动，易引起大学生在思想感情上的共鸣，这种共鸣又潜移默化地促进大学生思想认识的提高，激励大学生效仿榜样的言行去做人做事，自觉控制自己的行为，逐步向着高尚的思想境界迈进。

2) 正面典型教育法的注意事项

运用正面典型教育法时应注意以下几点：一是要善于发现和推广具有时代

感和代表性的典型。正面典型选树可以从身边典型和更广范围典型两方面入手，身边的先进典型产生于大学生之中，需要去发现和识别那些具有广泛的群众基础的身边典型；对于更广范围的典型选树，既要选择全国性的榜样，又要选择不同类型、不同层次、不同行业的榜样，更要善于选择本地区、本行业、本单位的典型。二是对典型事迹的宣传要实事求是。对典型的宣传、推广要实事求是，注意分寸，决不能言过其实、任意拔高。三是要注意对典型的培养和教育，以关心爱护的态度对待典型。四是要教育大学生尊重典型，正确对待典型。任何先进典型都来自群众，尽管他们有超出普通人的一面，但并非也不可能是“完人”。

2. 反面典型教育法

1) 反面典型的概念

反面典型就是落后的或反动的典型，包括反面典型人物(也叫反面教员)和反面典型事例(也叫反面教材)，是在人民群众中产生消极影响和对社会产生破坏作用的典型。利用反面典型人物和反面教材开展思想政治教育就是通过揭露或批评其错误或反动的观点，给人以教训，使人引以为戒或使人认清其实质，与此同时，宣传正确和进步的观点。从我们党思想政治教育的历史来看，注意利用反面教材、反面典型人物开展思想政治教育是我们党思想政治教育的一条基本经验。今天，用社会主义核心价值观引导社会思潮，是思想政治工作的重要任务，正确运用这一方法也会发挥其应有的作用。总之，利用反面教材、反面典型人物开展思想政治教育，目的是把非马克思主义和反马克思主义的东西摆在大学生面前，让大学生认清其本质，增强辨别和选择的能力。

2) 反面典型教育法的注意事项

运用反面典型教育法时应注意以下几点：

(1) 要勇于面对反面教材和反面典型人物，并加以正确的判断和识别。对客观存在的反面典型人物和反面教材，不要避而不谈、有意回避，事实上也回避不了，反面的东西总是要寻找各种机会出现在人们面前，“不要封锁起来，封锁起来反而更危险”。

(2) 要引导大学生分析反面典型产生的根源及其危害，帮助大学生自觉抵制反面典型的消极影响，增强接受正面教育的积极主动性。

(3) 要根据大学生的思想水平，选取适当的内容，“种”上适当的“牛痘”。否则，选取的“牛痘”不合适或过量，则会害多利少，甚至是有害无益的。

应用反面典型进行教育，不仅能有效消除反面典型的消极影响，而且能够通过反面教育强化正面教育，使正面教育更鲜明、更有力；可以使大学生从正反两面的比较中，明确学校所要提倡的、肯定的思想和行为，并对学校所反对的、否定的错误行为和思想有所警惕，进行防范和抵制。

四、心理咨询法

与思想政治教育的其他方法相比，心理咨询是一种比较特殊的方法。

心理咨询虽然产生于西方国家，但从我国社会生活中人们所出现的大量心理问题，以及心理因素所导致的思想意识和行为偏差的现实来看，对人们进行心理疏导，是思想政治工作者的重要责任。

(一) 心理咨询法简介

咨询一词在西方来源于拉丁语，其意为商讨、劝告、质疑等，在我国最早见于《书·舜》中，咨意为商量，询意为询问。

在思想政治教育过程中，心理咨询法是指咨询者运用心理学的专门知识和技术，通过语言、文字等媒体，对来访者的心理、行为施加影响，使其认知、情感、态度发生变化，解决其心理问题，以维护其心理健康的方法。心理咨询的最终目的是帮助教育对象重新认识自我、接纳自我、实现自我的发展。在现代社会，引入、借鉴心理学的知识和方法，进行心理测试和心理分析，开展心理援助和救护，普及心理保健知识，提高心理素质，已经成为思想政治教育的有效途径。为了恰当地运用心理咨询方法，我们可以从以下方面来理解其内涵：

(1) 心理咨询的对象是存在心理困扰、心理冲突无法自我调节而要求得到帮助的正常人，并不是严格意义上的心理疾病患者。理解这一点特别重要，不少人把心理咨询当作是患病的人才去接受的一种治疗方法，这正是心理咨询有关知识普及不够的结果，在一定程度上对人们接受心理咨询起到了阻碍作用。因此，心理咨询遵循的是教育模式而不是医学模式，即心理咨询实际上并不属于心理治疗的范畴，而是属于教育范畴。

(2) 心理咨询是一种受过训练的专业人员为来访者提供帮助，使其行为或情绪发生变化的社会互动过程。这一过程是咨询者与来访者之间通过交谈、启发和指导的平等互动过程，而不是来访者的倾诉，也不是咨询者的灌输，更不是自上而下的告知教育。咨询者只是协助来访者解决问题，而不是代替他们解决问题，这些使心理咨询既不同于一般教育手段，又不同于心理治疗的特点所在。它不仅为保护来访者的身心健康所必需，而且是塑造来访者健全人格、开发来访者潜能的有力手段。

(3) 心理咨询的对象是有需要的大学生，目的是要使来访者的认知、情感、态度或行为发生变化，以维护来访者心理健康为最终目的。这是由现代社会环境和大学生自身特点所决定的。

其一，从大学生所处的社会环境来看，随着社会的飞速发展，人们的生活节奏正在日益加快，竞争越来越强烈，人际关系也变得越来越复杂；“人类进入了情绪负重年代”，人们的观念意识、情感态度复杂善变。作为现代社会组成部分，在大学生活和学习的大学生，对社会心理这块时代的“晴雨表”，十分敏感。因此存在着难以适应大学新的学习和生活环境、处理人际交往问题困难、受情感问题困扰、性格与情绪障碍等心理问题。

其二，从现代大学生的自身发展状况来看，他们刚刚开始面对社会、面对人生选择，相对于他们较浅的阅历和有限的思维水平，尚处于青春期“心理断乳期”，在自我发展过程中很容易产生心理困惑和问题。比如友情与爱情、合作与竞争等人际交往中的困惑是比较突出的心理问题。而社会用人标准和用人制度的变化带来了更加激烈的就业竞争，出国、考研、工作之间的抉择和矛盾同样考验着他们的心理调适能力。

总而言之，将心理咨询有关方法和理论应用于当代高校“三全育人”实践中，是更好地遵循思想政治工作规律、继承和发扬党的思想政治工作优良传统、与时俱进、改革创新的客观要求，也是加强针对性、实效性，不断增强高校“三全育人”实践活力的重要途径。

(二) 心理咨询的作用

心理咨询一般具有调适、激励、预防等作用，主要介绍如下。

1. 调适作用

心理咨询的调适作用是指心理咨询可以通过平等、真诚的相互沟通，帮助来访者调控情绪、调适心理和调整人际关系，从而达到提高其心理承受能力、保持良好心理状态的目的。人的思想和心理是随着客观世界的变化而变化的，这种变化有两种可能：一是朝着正确的、积极的、进步的方向变化，二是朝着错误的、消极的、落后的方向变化。心理咨询的作用就是要使前一种变化合理地进行，而对后一种变化进行有效的抑制。

2. 激励作用

心理咨询的激励作用集中体现在对人的精神鼓励上，就是运用多种手段，充分调动人的积极性和主动性，恢复或增强自信心。心理学研究表明每个人都喜欢被关注、被欣赏。心理咨询过程以积极关注作为必要因素，通过不断发掘和肯定来访者自身所具有的优势和积极方面，调动他们内在的、能动的积极性，鼓励他们在活动过程中显示自己的进取精神，鼓励他们学会欣赏自己、树立自信，从而使心理咨询发挥了思想政治教育的作用。

3. 预防作用

心理咨询的预防作用是指咨询者在了解来访者心理问题的同时，帮助来访者准确地了解自身的心理素质和心理健康状况，及时提醒来访者预防心理问题的加重和可能出现的其他心理困扰或心理障碍，并为来访者提供相应的心理健康知识和预防方法，使其掌握心理调控的主动权。心理咨询的这种预防功能是建立在预测心理发展走向、把握思想发展趋势的基础之上的，通过这种预防，能够防患于未然，将来访者产生心理障碍和发生心理疾病的可能性减少到最低程度。

心理咨询的调适、激励、预防等作用，使心理咨询方法在高校“三全育人”实践中发挥了巨大的教育功能，帮助大学生在面临坎坷或挫折时重新找回力量，使他们不仅消除了心理障碍，重新审视自我，恢复了自信心，同时也提高了分析问题、解决问题的能力。

(三) 大学生心理咨询的形式

心理咨询作为一种专业性极强的方法运用于思想政治教育中，其形式也是多样的。常见的形式有现场咨询、电话咨询、专栏咨询及网上咨询等。

(1) 现场咨询就是咨询者或邀请咨询机构的专业人员深入到广大学生当中，为更多的学生提供多种服务的一种咨询形式。

(2) 电话咨询是通过电话或短信进行交流和咨询。这是一种较为方便而又迅速及时的心理咨询方式，可以及时帮助思想或心理有问题的学生排忧解烦，有效预防因心理危机而酝酿的自杀与犯罪等行为的发生。

(3) 专栏咨询主要是通过报刊、广播、电视等大众传媒形式对群体的典型心理问题进行解答。这种咨询形式通过专家对一些典型心理问题的答复，可以使很多学生受益。

(4) 网上咨询，随着互联网技术的发展和普及，高校均设立了网上心理谈心室或心理咨询坊，由专业的教育者或咨询者主持，广大学生可以随时通过网上咨询宣泄思想情绪、克服心理障碍，促进良好心理素质的培养。网上咨询由于快捷、虚拟，可以使双方更加畅所欲言，达到充分的交流和心理的抚慰，其应用性越来越广。

(四) 应用心理咨询法需要注意的问题

尽管理论上并不存在思想政治教育者不能从事心理咨询的理由，但在具体的心理咨询过程中，有些问题处理不当，也会影响心理咨询的过程和效果。因此，思想政治教育者从事心理咨询时应特别注意以下问题。

1. 准确了解咨询对象

了解咨询对象的基本情况，是进行有效心理咨询的前提。具体来说，一是要客观地了解咨询对象的年龄、学历、政治面貌、家庭情况等有关背景；二是要弄清楚咨询对象心理问题的症结所在，以便有的放矢，切实进行引导与帮助。

2. 避免角色冲突问题

虽然在心理咨询过程中，思想政治教育者和心理咨询人员之间的角色并不存在本质的冲突，一个思想政治教育者可以暂时摆脱自己的思想政治教育者的身份，以心理咨询人员的身份进行心理咨询活动，等到来访者心理层面问题解决了以后，再进行思想政治教育层面的工作，但是如果这两个阶段处理得不好，或者在咨询过程中，没有把心理咨询者和思想政治教育者的角色关系处理好，也会造成一些矛盾和冲突。处理这类问题的最好办法是建立咨询对象利益优先、避免多重关系、明确限定等基本的工作原则和伦理准则。咨询对象利益优先是指在心理咨询过程中，应以咨询对象利益为重，更多地从咨询对象的角度来思考问题，要时常问自己：“我的行为是不是能使咨询对象的利益最大化？”据此来调整自己的角色关系。避免多重关系则是指当自己执教或担任辅导员的学生前来咨询时，应适当转介。因为多重关系有可能会使思想政治教育者造成角色冲突，在咨询过程中丧失处理问题的客观性，妨碍咨询的有效开展。明确限定是指咨询者要能把握自身局限，对不属于或不适合以思想政治教育为背景的心理咨询问题，要及时转介，不在超出自己能力范围的领域工作。

3. 科学把握心理咨询的主要对象

生活在现实社会中的人，都不同程度地存在着心理问题，有的人能够自我调节，有的则要通过外部的心理咨询进行调节，也就是说，现实社会中的不少人都是心理咨询的对象。但从思想政治教育的角度来看，大学生则是主要对象。因为当代社会的环境，对大学生影响很大，使得他们既有适应的一面，也有不适应的一面。一方面他们思想活跃，情感丰富，敢想敢为；另一方面，他们中的不少人缺乏社会生活经验，容易被纷繁复杂的社会现象所迷惑，导致不同程度心理问题的产生。只有在提高他们思想政治素质的同时，增强其心理承受能力，才能适应社会的变化。另外，从人的生理发展来看，青年时期是人生转折的重要阶段。由于改革的深入，许多大学生面临着学习、就业、工作等多重压力，不少人陷入了烦恼、苦闷之中。对这部分大学生如果不进行适当的心理引导，有的可能产生偏激行为，有的可能导致心理扭曲，甚至走向违法犯罪道路。

具体来说，高校在思想政治教育中对大学生的心理咨询，包括心理障碍咨询、心理适应咨询和心理发展咨询等三个方面的内容。

4. 关注思想政治教育者的专业技能问题

心理咨询是一项专业性比较强的工作，思想政治教育者即便掌握了思想政治教育的理论与方法，也不能代替专业的心理咨询人员，而是要接受心理咨询方面的专业。我国劳动与社会保障部颁布的《心理咨询师国家职业标准》规定，任何一级心理咨询人员都必须具有相应的基本文化条件，并接受劳动和社会保障部门认可的培训机构培训，要求掌握的基础知识包括普通心理学、社会心理学、发展心理学、心理健康与心理障碍、心理测验学、咨询心理学、与心理咨询相关的道德与法律知识等；心理咨询人员的晋级培训须满足一定的期限：心理咨询员不少于 720 个标准学时，心理咨询师不少于 520 个标准学时，高级心理咨询师不少于 320 个标准学时。在此前提下，通过理论考试和实际能力考核以后，经过一定时期的专业人员督导才能颁发相应资格。因此，思想政治教育者要想成为一名心理咨询师，应接受系统培训，并在有专业经验的咨询师的督导下进行自我分析和临床实践，逐渐培养起心理咨询的专业基础和工作阅历。

第三节 “三全育人”的理论基础

教育的本质是促进人的发展。培养什么样的人，是教育的首要问题。纵观古今中外，每个国家都是按照自己的政治要求培养人才。培养社会所需要的人，就是培养社会发展、知识积累、文化传承、国家存续、制度运行所要求的人。“三全育人”以人的全面发展理论、人的本质理论为基础，明确了育人目标和指导思想；以系统论和协同论为指导，构建了跨时空、全领域、全要素的人才培养体系。

一、人的本质的理论

世界上的一切事物都在不断地运动、变化和发展着，人也是在历史上逐渐生成、不断发展的。人不仅每时每刻、方方面面都在发展，而且能意识到自己的发展，并对自己提出明确的全面发展的要求。这一切都取决于人是一种特殊的存在物，取决于人的本质即人之所以为人的东西，亦即人区别于其他一切事物的东西。人的全面发展的根据正是人的本质，人的发展说到底是人的本质力量的发展。

（一）马克思主义关于人的本质的理论概述

对人的本质的探讨，一直为古今中外的思想家津津乐道，对此问题的论述有自然主义和唯心主义两大派别，前者将人的本质理解为生物的人的本质或具有感性外观的自然物，而后者将善或恶等一些理念赋予人的本质。在马克思主义产生以前，虽然对人的本质做了大量探索，但是并没有获得科学解决。在人类认识自身的过程中，只有马克思主义第一次达到了科学的水平，得出了人的本质是“一切社会关系的总和”的结论。在人的本质问题上，马克思主义既不同于唯心主义者把人当作一种虚幻的精神性的东西，也不同于旧唯物主义者仅把人当作一种自然存在物。马克思主义在批判、继承以往优秀思想的基础上，立足于人的实践活动，揭示出人们在其中活动和生活的社会关系，从而把握到了人的本质的形成变化发展及其表现的现实基础，对人的本质做了精辟而科学的概括。在《关于费尔巴哈的提纲》中，马克思明确指出：“人的本质不是单个人所固有的抽象物，在其现实性上，它是一切社会关系的总和。”这个论述作为马克思主义关于人的问题的总纲，明确地告诉我们生产劳动决定着人的本质；人的本质是社会关系的总和；人在本质上是自然性、社会性和实践性的统一；人的本质既有共性也有个性，是共性和个性的统一；人的本质又随着历史的发展而发展等。

1. 人的本质是由社会关系决定的

生产劳动使人们建立了社会关系，形成了人的本质属性——社会性。社会关系是多层次、多方面的结构，主要有经济关系、政治关系和伦理道德关系等。经济关系也是生产关系，包括生产资料占有关系、人们在生产中所处的地位和产品分配方式。政治关系包括阶级、政党、国家、民族等关系。伦理道德关系包括家庭、亲属、宗教关系以及师生、同事、邻居、朋友关系等。社会关系的范围十分广泛，内容极为丰富，涉及经济、政治、法律、思想、文化、习惯等各个领域，这一切构成了社会关系的总和。在诸多社会关系中，生产关系占主导地位，对形成人的本质起决定性的作用。这是马克思主义关于人的本质理论的核心。

2. 人的本质的形成受个体特殊性的影响

由于现实的人是在特定的社会关系条件下从事不同性质的劳动，再加上每个人原有的自然特质，所以最终现实生活中的人都是与他人不同的独特个人。这种使个人同他人区别开来、并使个人成为有个性的具体个人之根据，或单个人的本质，在马克思看来，是每个人的独特性或个性。这样，马克思运用上述方法，弄清了人的本质，即人是在特定社会关系条件下从事物质生产，从而能动地表现自己的独特个性的人。

形成个人的本质，社会关系的影响具有决定性的作用，但是不能排除个人主观的作用。在不同的社会条件下，人的本质是不一样的，即使在生活条件大体相同的情况下，人的本质也会有差异。这种差异性是怎样产生的？应当承认，首要的原因在于社会关系的影响，个人的社会经历和具体社会关系决定了他的本质。不承认这一点，便离开了唯物论。但是，也不能看不到个人主观努力和选择对自己本质形成所起的重要作用，有时甚至是决定性作用。不承认这一点，便离开了辩证法。正因为如此，“三全育人”实践一方面要加强教育工作环境的建设和调节，另一方面也要努力调动大学生自我教育和完善的积极性。

马克思指出，人是由于他的特殊性而成为个体，成为单个的、有个性的个人。在他看来，个人是社会关系的承担者，但个人自身并不能完全被溶解在社会关系中，个人的存在不能仅被归结为社会存在。个人由于自身还具有独特的个别性，所以也进行他的个人生活过程，这一过程是不能被他的社会生活所取代的。这样，有个性的个人存在的本质，即在于他的独特个性。马克思从人的基本存在入手，揭示出了人的本质内容，即人是在一定社会关系条件下从事生产活动的、进而能动地表现他的独具个性的人。

要了解和判断人的本质，有两个相互联系的方式。第一，全面分析一个人所处的社会关系总和，找出影响最大的主要社会关系。同时，还要了解和掌握他所处社会关系的发展变化情况，已经产生的社会关系的变化制约着人的本质也发生变化，这是一个相当复杂的情况，必须作具体的、历史的考察和分析。第二，全面、历史地分析一个人的思想和行为。人的思想和行为是人的本质的主要表现形式，考察和分析人所处的社会关系是了解人的本质的重要方式，但不是唯一的方式，还必须同时考察人的思想和行为表现。只有将全面、历史地考察一个人所处社会关系的总和与全面、历史地考察一个人的思想和行为结合起来，才能正确地把握住人的本质和可能的发展趋势，为高校“三全育人”实践提供可靠的依据。

3. 人的本质是历史的、发展的

人的本质不是永恒不变的，而是发展变化的。人类社会的发展，同时也是人性的发展。马克思说，整个历史也无非是人类本性的不断改变而已。在生产力发展的不同阶段，生产关系有着不同形态。人的本质也有不同的表现。就单个人来说，人的本质也是可变的。正因为人的本质有可变性和可塑性，才使高校“三全育人”工作不仅必要，而且成为可能。

马克思主义关于“人的本质是一切社会关系的总和”的科学论断，为高校“三全育人”工作对人的思想的科学认识及其在此基础上开展的活动提供了理论依据。人的本质的自然性要求高校“三全育人”者必须对受教育者的心理实行一种确定的、有目的和系统的感化作用；人的本质的社会性决定高校“三全育人”工作要努力营造良好的社会环境，而高校“三全育人”也是一项社会化的工作，需各方共同进行；人的本质的实践性决定高校“三全育人”工作必须立足实践、注重实效；人的本质的多样性决定高校“三全育人”工作要根据个体差异因材施教；人的本质的历史性决定高校“三全育人”工作需要不断发展和创新。

(二) 马克思关于人的本质的理论对高校“三全育人”实践的要求

1. 全面满足大学生的物质、精神生活需要

马克思曾精辟地指出：“人们奋斗所争取的一切，都同他们的利益有关。”从根本上说，高校“三全育人”就是要用先进的理论去武装大学生的头脑，提高大学生的思想认识，调动大学生的积极性，激发大学生的主体性和创造潜能，教育和引导大学生为实现国家和民族的利益而奋斗。

当前，我国正在进行一场极其深刻的社会变革，必然涉及人们相互关系、利益格局的变化与调整。只有重视人的物质生活需要，贯彻满足物质利益原则，才能从根本上调动人的积极性。在满足人们基本物质生活需要的前提下，还要满足人们多方面的精神需要，如归属感与爱的需要、尊重的需要、自我实现的需要等。在满足人的各种需要的同时，要注意加强马克思主义世界观、人生观、价值观教育，引导人们正确认识自己的利益，正确处理国家、集体和个人利益的关系，引导人们从低级需要向高级需要过渡，要看到个人需要与社会需要的满足是一个问题的两个方面。高校“三全育人”要把尊重个人与服务集体，个人发展与社会发展，坚持原则性与尊重人、理解人结合起来，把统一要求和因人施教结合起来，把灌输正确的思想意识和自我教育结合起来，不断提高大学生的思想道德素质，满足大学生思想道德发展的需要。

2. 调动大学生的积极性，充分发挥实践主体在实践活动中的能动作用

高校“三全育人”是社会发展的要求，也是大学生自我生存、自我发展的要求。高校“三全育人”本质上应当是大学生人格和思想政治品德的构建过程，是大学生个体与社会规范要求的互动过程。然而，现实中高校“三全育人”却在一定程度上成为教育者对大学生人格和思想政治品德的单向作用过程。要改

变这一状况，就应该顺应大学生的接受机理和内在需求，着力贯彻以人为本的精神，调动大学生在接受教育过程中的积极性。

积极性是指人的主观能动性在实践中的外在表现，它从本质上反映了人们在思想政治上的精神状态、劳动工作中的基本态度，以及社会活动中的事业心、责任感。在民主意识、平等意识、自主自强意识、价值意识不断增强的今天，要充分调动人的积极性，首先必须满足人们自我尊重需求。尊重人的思想，尊重人的人格，尊重人的个性，尊重人的创造。

注重学生全面发展的高校“三全育人”理念，要求高校“三全育人”培养的对象，不仅是一个劳动者，而且是具有明确奋斗目标、高尚审美情趣、既能创造又能懂得享受的主体。当前高校“三全育人”普遍存在缺乏实践中介、过于认知化的问题。缺乏实践中介、主体能动性未能得到有效发挥、思想政治品德规范不能内化为个体信念，导致“知而不信”；个体信念又不足以外化、支持、指导个体行为，导致“言而不行”。在这样的状况下，高校“三全育人”获得的只是“关于思想政治品德的知识”，而不是人的内化的精神和德行发展。在大学生主体意识不断增强的今天，只有从大学生自身的实际出发，调动他们的积极性，充分发挥实践主体在实践活动中的能动作用，高校“三全育人”工作才能取得更佳的效果。

3. 教育者要尊重大学生、理解大学生、关心大学生

高校“三全育人”要做到教育者与大学生在民主、平等、和谐、合作中相互作用、相互促进、教学相长、共同提高，这就要求教育者要尊重大学生、理解大学生、关心大学生。

尊重大学生就是要尊重大学生的需求、兴趣、创造和自由，要平等对待大学生，在平等的基础上双向互动，进行思想沟通，求同存异。

理解大学生就是要充分考虑大学生的内在心理需要。大学生的内在心理需求是接受外部教育影响的根本前提。高校“三全育人”的内容只有经由各种教育渠道进入大学生的视野，满足大学生的心理需要，才能促使个体通过各种途径去接受和践行。

关心大学生主要是要关心大学生的生活，关注大学生的现实需求，通过感受、体验、感染，大学生在情感共鸣和潜移默化中会转变思想观念，提高思想认识。

二、人的全面发展理论

人的全面发展是马克思主义基本原理之一。人的全面发展，即指人的德智体美各方面全面的、自由的、充分的、和谐的发展。人的全面发展理论包含丰富、广泛的内容，是我国教育方针的理论基石。思想政治教育工作的根本出发点是人，其最终目标是促进人综合素质的全面发展和提升，促进人际交往融洽，促进社会关系和谐，形成良好的道德风尚。“三全育人”理论坚持以人为本的理念，以育人为核心，全面发展为追求目标，运用系统论原理及可利用的资源和人力，形成“三全育人”的体系，着力运用显性和隐性两种教育手段，让思想政治教育工作能渗透滋润到每个育人环节，全方位地开展育人工作。因此，人的全面发展理论既是“三全育人”理论构建的理论基石，也是最终的落脚点。

（一）历史上的全面发展理论

教育是一种培养人的社会活动，促进人的全面成长是教育的理想之一，古已有之。

1. 文艺复兴时期

以拉伯雷、但丁和达·芬奇等为代表，从人与神的区别入手，针对中世纪宗教神学贬低人性及世俗生活，批判经院主义思想，充分肯定物质欲求的合理性及身心和谐的理想教育，弘扬个性解放，强调人的主体地位、理性和价值。强调人的身体、精神、道德的全面发展，呼吁人的个性解放。但也要看到这一时期的思想尚未摆脱上帝的观念，而且忽视了人的社会性和历史性，使得对人的理解上带有浪漫与唯美的色彩，缺乏现实的可操作性。

2. 18世纪启蒙运动时期

18世纪，卢梭提出自然主义教育，康德提出理性主义教育，裴斯泰洛齐提出要素主义教育等主张。他们都强调人的全面发展、自由发展，培育人的健全人格。启蒙思想家从人性出发肯定人的全面发展的可能性和必然性；从权利平等出发理解人的全面发展的内容；从追求幸福角度来界定人的全面发展的理想目标，为科学社会主义提供了重要资料。但在人的问题上还停留于人的自然生物性，具有一定的时代局限性。

3. 19世纪空想社会主义时期

教育思想的发展与教育实践水平的提高都是构成社会有机整体的不可或缺的要素。人类社会的教育既不是一种自然现象，也不是一种随机行为，它是人类社会为了保证其连续而进行的一种系统性的实践活动。西方教育思想史上出现的空想社会主义教育思想，体现了教育与社会的联系。以圣西门为代表的空想社会主义者从社会现实出发，批判资本主义社会的种种不合理现象，着眼于现存社会的改进和社会的发展，对人的质与量的规定、按才能分级及分配和劳动权的平等等思想注入了深切的关爱，丰富了人的全面发展的内涵。空想社会主义者相比较于文艺复兴时期的人文主义思想是一个极大的进步，关注社会、劳动、教育与人的全面发展之间的关系，不仅提出了“全面发展的人”的理想，而且认识到了资本主义社会的劳动分工对人的全面发展的影响，通过教育与生产劳动相结合，实现人的全面发展。空想社会主义思想是构成马克思主义人的全面发展思想的直接来源。但是由于人的本质问题研究不足，认识不到社会历史进程的规律性，缺乏对未来社会特征的研究，找不到人的全面发展实现的正确途径和方法，因此使得人的全面发展只能成为空想。

(二) 马克思主义关于人的全面发展的内涵

人类认识世界及认识自身是一个循序渐进的过程，任何时代的认知都有一个上限，社会的发展水平和技术条件决定人类的认知程度。马克思生活的时代，人们已经初步完成了工业革命，自然科学也得到了进一步发展，在人的由来问题上，生物学家提出了细胞学说和进化论，对人类自身的由来有了科学的认知。基于整个人类社会认知水平的提高，马克思在学习前人著述的基础上，通过对费尔巴哈观点的批判提出自己的观点。费尔巴哈认为人的本质是“哲学上最高的东西”，马克思发现了费尔巴哈关于人的本质的一个最根本的误区，那就是“费尔巴哈把宗教的本质归结于人的本质”。马克思从人的本质的现实性上给出回应：“人的本质不是单个人所固有的抽象物，在其现实上，它是一切社会关系的总和。”人的本质是由社会关系决定的，不同的人是不同社会关系的不同承担者，不同的社会关系决定了人的发展的不同状况。人和社会关系是在物质生产实践中形成的人与人之间的关系，物质生产实践是决定社会关系的根本。马克思认为：“他们是什么样的，这同他们的生产是一致的——既和他们生产什么一致，又和他们怎样生产一致”。马克思从现实、从分析现实的人和现实的生产关系入手，通过考察现实生活的物质生产实践，进而考察社会关系，把握人的发展状况。在马克思主义关于人的全面发展理论中，“人的发展是指每个人在劳动、社会关系和个体素质诸方面的全面、自由而充分的发展”。

1. 个人全面发展理论是在实践中总结得出的

马克思把人的发展归结为社会物质生产实践的产物，从分工的角度考察人的发展可以看出，分工对人的影响有两个方面：分工使每个人致力于一个方面的工作，有助于劳动者专门化和生产经验的积累；另一方面，使劳动者只关注与自己专业有关的知识和技能，对其他方面的内容漠不关心，知之甚少，甚至无知无能，使人的发展局限在某个方面，越来越片面。恩格斯在《共产主义原理》中也论述了这一观点：“每个人都只隶属于某一个生产部门，受它束缚，听它剥削，在这里，每一个人都只能发展自己才能的一方面而偏废了其他方面，只熟悉整个生产的某一个部门或者某一个部门的一部分。”资本主义工场手工业的分工，使人的片面发展达到极端。但同时工场手工业向大工业的发展，客观上为人的全面发展提出了要求，也提供了可能。机器大工业承认劳动的变换、职能的更替，使劳动分工不断发生变化，造成工人的全面流动，使他们从一个生产部门转移到另一个生产部门，从一种生产职能转变为另外一种生产职能，虽然使工人失去了安宁感和稳定感，但客观上促进了工人的全面发展。因此，人的全面发展是大工业生产的产物，也是大工业生产的内在要求。

大工业生产为消灭旧式分工提供了技术上的可能，也为人的全面发展提出了客观的要求，但大工业的出现并不意味着旧式分工的消灭和人的全面发展的实现。大工业生产要求“工人为生产过程而存在，不是生产过程为工人而存在”。消灭私有制，使劳动为每个人而存在，成为自由的劳动，成为人的一种内在需要，这就是社会主义社会的理想。共产主义社会是“自由人的联合体，联合起来的生产者，将合理地调节他们和自然之间的物质交换，把他置于他们的共同控制之下，而不让他们作为一种盲目的力量来统治自己”。只有消灭资本主义私有制，才能为人的全面发展的实现扫除制度的障碍。

马克思的人的全面发展理论建立在大工业生产的要求的基础上，人的全面发展是指适应大工业的劳动变换、职能更替、工人的全面流动所要求的人的劳动能力或才能的全面发展，这是马克思主义人的全面发展的基本含义。这里的“人”指“每个人”，即“社会上的每个成员”；这里的“能力”，既包括人的体力，也包括人的智力；这里的“发展”，是尽可能多方面的、充分的、自由的发展。因此，马克思主义人的全面发展，是指每个社会成员的体力和智力尽可能多方面、充分、自由发展。从这个意义上讲，马克思所说的“全面发展的人”是指“各方面都有能力的人，即通晓整个生产系统的人”。

2. 个人全面发展要与自由发展相统一

人的发展是劳动能力和社会关系的全面、和谐的发展，也是自由的发展。自由发展是马克思主义人的全面发展的重要方面，马克思经常把全面发展和自由发展联系起来，称之为“每个人的全面而自由的发展”或“自由的全面发展”。“人的自由发展”是人作为主体的自觉、自愿、自主的发展。这种发展不是指人的天性的自由发展，而是指人在社会关系中的自由发展。马克思认为，旧的社会分工不仅造成了人的片面、畸形发展，也使人的发展失去了自由而被奴役，这是“偶然的个人”。没有自由发展，全面发展就可能成为平均发展和整齐划一的同质性发展，自由发展使每个人的才能在基本素质发展中形成自己独特的个性。从这个意义上讲，全面发展是自由发展的基础，全面而自由的发展是马克思期盼的人的发展的最高形态。

3. 个人全面发展与“人类”发展相统一

现实的个人的发展是人类发展的基础。马克思将“人”解读为作为个体存在的人和作为“类”存在的人，他将作为个体存在的人称为“个体”的人，将作为类存在的人称为“类”。“个体”指的是相对他人而言的个人，“类”是由每个人组成的整体。马克思的人的全面发展理论的出发点是“个体”，或者说是“现实中的个人”，而理论的终极目标则是完成现实的个人和整个人类的全面自由发展。马克思注重关怀现实的个人的发展，他认为“全部人类历史的第一个前提无疑是有生命的个人的存在”，在人类历史发展中，现实的个人占核心主体地位。马克思的哲学相对于以往哲学的超越性与科学性体现在，他对人采用“现实的个人”的定义，把人当作鲜活的、生活在社会中的人，而不是当作与社会割裂开的、孤立的人。马克思在文本中对人类的本质的阐述从辨析人与动物的区别出发。他认为，人类本质就是人的自由自觉的劳动，这也是人与动物之间最本质的区别。马克思总结出人的共同性并以此解读生产劳动，认为人自由自觉地生产劳动是人的发展的基础。

马克思指出，劳动首先是人和自然之间的过程，是人以自身的活动为中介，调整和控制人和自然之间物质变换的过程。人自身作为一种自然力与自然物质相对立，为了在对自身生活有用的形式上占有自然物质，人就使他身上的自然力——臂和腿、头和手运动起来。当他通过这种运动作用于他身外的自然并改变自然时，也就同时改变他自身的自然。随着劳动力发展，人类也在自然进化和社会劳动实践中得到了发展。马克思认为，人作为“个体”的人和“类”的人两个方面存在，因此“类”也沿袭“个体”的独特性和普遍性。“个体”的存在是“类”存在的基础，“类”的存在是“个体”存在抽象的概括。两者互为存在的必要条件，不能突兀地分离出来。就人的全面发展而言，它的起点是“个体”的发展，“类”的全面发展则是它的价值归宿，两者有极大的同一性。马克思认为，“只有在共同体中，个人才能获得全面发展，也就是说，只有在共同体中才可能有个人自由”。而在《共产党宣言》中，他以“代替那存在着阶级和阶级对立的资产阶级旧社会的，将是这样一个联合体，在那里，每个人的自由发展是一切人的自由发展的条件”，来论述人类的发展是以“个体”为基础。因此，马克思得出结论：“个体”与人类发展表现出的背道而驰，只是一定历史阶段的特殊现象而已，随着社会的发展，二者必然统一。当生产力发展到某一程度时，它会与其存在、活动的所有制形式不相适应，社会最终会以革命的形式变革私有制形式，公有制取缔私有制，成为社会所有制形式。此时“个体”也自然而然从私有制和旧式分工下的自我异化形式中解救出来，最终“个体”的发展与“类”的发展走向和谐统一。

综上所述，马克思的人的全面发展理论认为人的全面发展要与社会全面发展相统一。人与社会是不可分割的。社会是由人所构成的，同时人也在社会当中进行一切生产生活活动。个人与集体是无法完全分开的，而社会当中所包含的集体是千千万万的，只有在集体当中，个人才能够获得生活所需的各种要素。因此，个人与集体是不可分割的两个要素。在发展的过程中，一个人发展的历史被包含在社会发展的历史中，是一个集体发展的缩影。人同时也是社会的主体构成要素，只有人不断追求自身的突破，才能够带动社会整体进步。可以说，没有人就没有社会，没有人的交流也就没有社会的活动。社会一切活动都离不开人的活动要素，这说明了社会发展与人自身能力发展具有一定程度上的统一性，因此必须要保障社会历史发展不断朝着人与社会相统一的方向进步。

人的全面发展要求与自由发展相统一。如果离开自由发展，那么人的发展也终将失去其本来的意义。就目前来说，人在某些方面的发展受到了严重的阻碍，例如，在部分人的发展过程中，受到分工的影响，其仅仅侧重一个层面发展，这种情况导致个人能力发展不均衡，仅在一个方面能够实现一定的发展而在其他方面极其欠缺。例如，在私有制的条件之下，社会分工产生了极大的差距，部分资本富有者及劳动者之间所产生的差距，不仅包含社会地位，更涵盖了教育、生活等，部分劳动者在劳动过程中无法得到应有的回报，欠缺必要的知识文化教育等，都会造成社会的严重分层。如果外部影响强化了分工活动，那么也终将反作用于这个社会，使社会发展停滞不前。

人的全面发展离不开实践。人的全面发展不能够脱离实践活动，因此在发展与实践结合的过程中体现了人的主观能动性。人的全面发展涵盖多方面，因此造就了人在社会实践中的丰富性及综合性。首先，人的全面发展理论是在实践中归纳总结得出的，如果没有实践的经验和实践的进程，人的全面发展理论也将无迹可寻。同时，人进行全面具体的发展，其最终目的是在实践中得到有效的发展，充分发挥全面发展自身所蕴含的实践意义。社会实践的进步促进对人的全面发展的有效认知与了解，而这种认知的提升也会有效推进人的全面发展能力的提高，进而能够促使其在社会实践中发挥更大的作用，创造出更多的价值。

马克思的人的全面发展理论的提出有着重要意义。首先，理论提出的必要性，即人为什么要全面发展。马克思认为，人是具有思想的个体，在思想的推动下会产生内在的动力，这个动力的具体来源是人的需求，人在有需求时，会采取行动来获取，周而复始，人不停止地采取行动，训练自身以实现需求。其次，人与社会之间的关系要求人全面发展。一个人只是单独的个体，人与人发生联系后形成关系网，通过这个关系网形成人类社会。人的能力得到提升，会在小范围内提升团体能力，进而影响到整个人类社会的发展。人类社会的良好发展，会为其中的个体提供良好的发展环境，使个体有机会获得全面发展。从上述论述中可以看出，人的全面发展理论的内涵主要是突出人与社会的关系，人的全面发展要求源于自身对社会内容的需求，社会在给予人需求的同时提出继续发展的要求，人为了自己的需求不断地提升自己，从而满足社会发展的需求；反之，社会发展会提供一定的发展条件，为个人的发展提供基础。

综上，人的全面发展是个人和社会全体成员以体力和智力的充分协调发展为目标的精神、道德、情感等各方面的全面和谐发展。人的全面发展理论的目标从提出到最终确立经历了一个漫长的历史过程，贯穿于马克思主义发展的全过程，经过历史上的深刻辩论，得出人的发展的终极目标是与生产力的高度发展与人类的彻底解放相适应的。厘清马克思主义的人的全面发展理论的提出过程和深刻理解其内涵非常必要。人的全面发展理论对于指导人才培养，开展思想政治教育，促进社会的和谐发展，具有重要的指导意义。

（三）党和国家领导人对人的全面发展理论的再阐释

1. 毛泽东同志对人的全面发展理论的再阐释

毛泽东同志的人民主体思想，是毛泽东思想活的灵魂和重要的哲学基础。它是在马克思主义关于人的全面发展理论的基础上，结合中国实际，对人的本质、地位的再认识。毛泽东同志认为，人的问题，是一个根本的问题，原则的问题。他对人民的地位和作用做了深刻的论述，“人民、只有人民，才是创造世界历史的动力”，强调了人民作为历史主体的唯一性。他在《论联合政府》中号召：“全心全意地为人民服务，一刻也不脱离群众；一切从人民的利益出发，而不是从个人或小集团的利益出发；向人民负责和向党的领导机关负责的一致性；这些就是我们的出发点。”他要求“共产党人的一切言论行动，必须以合乎最广大人民群众的最大利益，为最广大人民群众所拥护为最高标准”。

2. 邓小平同志对人的全面发展理论的再阐释

邓小平同志认为，“群众路线是我们党的组织工作中的根本问题，是党章中的根本问题，是需要在党内反复进行教育的”。改革开放之后，中国社会面临前所未有之变局，涉及的范围广，关系一大批人的切身利益，一定会出现各种各样的复杂情况和问题，遇到重重障碍。只要我们信任群众，走群众路线，把情况和问题向群众讲明白，任何问题都可以解决，任何障碍都可以排除。邓小平同志将人放在生产力的整体范畴内考察，将提高生产力作为提高人民生活水平、改善生存现状的手段，进而实现“人的解放”，并提出“社会主义的本质就是解放和发展生产力”的基本论断，论述了“人”“人的关系”“生产关系”

之间的联系，认为要想改变人，首先应改变“人的关系”，尤其是生产关系，“要发展就要变，不变就不会发展”，改革就是改革生产关系中不合理的限制人的因素。

3. 江泽民同志对人的全面发展理论的再阐释

江泽民同志提出的“三个代表”重要思想，将“促进人的全面发展”提升到新的高度。他指出，社会进步与人的全面发展互为前提，是相互促进的辩证统一关系，人的全面发展是在社会进步的过程中实现的。我们党要始终代表中国最广大人民的根本利益，就是党的理论、路线、纲领、方针、政策和各项工作，必须坚持把人民的根本利益作为出发点和归宿，充分发挥人民群众的积极性、主动性、创造性，在社会不断发展进步的基础上，使人民群众不断获得切实的经济、政治、文化利益。他指出了人的全面发展与满足人民群众根本利益的关系，结合中国实际，对马克思主义人的全面发展理论与社会发展的思想进行了中国化的论述。

4. 胡锦涛同志对人的全面发展理论的再阐释

胡锦涛同志在十七届中央纪委六次全会上的讲话中指出：“以人为本、执政为民是马克思主义政党的生命根基和本质要求。”坚持以人为本，就是要以实现人的全面发展为目标，从人民群众的根本利益出发谋发展、促发展，不断满足人民群众日益增长的物质文化需要，切实保障人民群众的经济、政治和文化权益，让发展的成果惠及全体人民。以人为本，体现了马克思主义历史唯物论的基本原理，体现了我们党全心全意为人民服务的根本宗旨和我们推动经济社会发展的根本目的。科学发展观核心是以人为本，我们党的一切奋斗和工作都是为了造福人民。上述论断充分体现了胡锦涛同志“以人为本”的“民本位”思想。

5. 十八大以来党和国家对人的全面发展的新论断

人的全面发展是马克思主义的最高价值追求和崇高理想，追求人的全面发展是我们共产党人一以贯之的最高理想目标。党的十八大以来，以习近平同志为核心的党中央掌舵引航，开创了马克思主义中国化的新境界，对人的全面发展思想做出了生动诠释，习近平总书记对马克思主义关于人的全面发展理论的创新和发展主要表现为四个方面：一是准确把握了人的全面发展的主体是现实的人，即个体的中国人、群体的中国人、全世界的人；二是清晰揭示了人的全面发展的内容，即人的多维需求的满足；三是系统阐述了人的全面发展的根本途径，即德智体美劳“五育并举”；四是努力探索了实现人的全面发展的保障条件，即中国特色社会主义的道路、理论、制度和文化。这四个方面分别从发展主体、发展实质、发展途径和保障条件上实现了对马克思主义关于人的全面发展理论的创新和发展，为推动新时代人的全面发展和社会的全面进步提供了根本遵循。

(四) 人的全面发展理论对我国人才培养及思想政治教育的启示

1. 马克思主义思想是开展教育研究和教育实践活动的基本指导原则

(1) 马克思主义作为一种科学世界观，是我们学习和研究教育学最根本的理论基础。马克思主义理论是指导我们认识普遍存在于人类社会之中的教育现象，阐释教育概念和基本理论，揭示人类教育活动基本规律的重要思想原则和理论基础。对教育问题的理论论述，对教育现象的认识，对教育基本概念的建立和阐释，对教育规律的揭示，指导教育实践的思想和方法，都必须从马克思主义基本立场出发。马克思主义学说为教育的研究和发展提供了理论基础，是中国特色马克思主义教育学认识一切教育现象及其内在规律的科学保障。因此，马克思主义是研究和解决教育问题的指导思想和理论基础。

(2) 辩证唯物主义和历史唯物主义是认识教育问题最基本的思想方法。毛泽东同志曾经说过：“马克思主义有几门学问，但基础的东西是马克思主义哲学，他灵活运用了辩证唯物主义世界观和方法论，形成了具有鲜明中国特色的马克思主义哲学思想，为我们党掌握和运用辩证唯物主义树立了光辉典范。”邓小平同志非常善于运用辩证唯物主义解决实际问题。他强调，必须抓住社会主义初级阶段的主要矛盾，坚持以经济建设为中心；必须用实践来检验工作，坚持“三个有利于”标准；坚持“两手抓、两手都要硬”“摸着石头过河”，处理好计划和市场、先富和共富等关系。江泽民同志指出：“如果头脑里没有辩证唯物主义、历史唯物主义的世界观，就不可能以正确的立场和科学的态度来认识纷繁复杂的客观事物，把握事物发展的规律。”胡锦涛同志也说过，“辩证唯物主义和历史唯物主义的世界观和方法论，是马克思主义最根本的理论特征”，要学习掌握马克思主义哲学，努力提高探索解决新时期基本问题的本领。2019 年习近平总书记在《求是》杂志发表理论文章《辩证唯物主义是中国共产党人的世界观和方法论》，文章强调，辩证唯物主义是中国共产党人的世界观和方法论，我们党要团结带领人民实现“两个一百年”奋斗目标、实现中华民族伟大复兴的中国梦，必须不断接受马克思主义哲学智慧的滋养，更加自觉地坚持和运用辩证唯物主义世界观和方法论，增强辩证思维、战略思维能力，努力提高解决我国改革发展基本问题的本领。我国的教育改革和发展实践，是建设中国特色社会主义伟大实践的一部分，因此，辩证唯物主义和历史唯物主义也是阐述教育方针、教育目的、指导教育活动的原则和教育教学方法，是解决教育问题的重要方法论的基础。

(3) 马克思主义理论是在中国教育改革和发展实践中解决实际教育问题，提出教育学理论的重要行动指南。马克思主义原理与中国革命和建设的具体实践相结合，是科学地认识中国特色社会主义建设过程中各种问题的基本途径和重要原则，这一思想在革命和实践过程中得到印证。在教育改革和发展的过程中，将马克思主义理论与社会主义教育实践结合起来，在运用马克思主义科学理论指导教育实践的同时，推动中国特色的马克思主义教育学的发展。

(4) 在具体的教育实践过程中，马克思主义是指导教育者认识学生身心发展规律，正确运用规律开展教育活动，促进学生身心发展的重要指南。马克思主义是马克思和恩格斯等在吸收人类关于自然科学、社会科学和思维科学等一切优秀成果的基础上，结合各国革命和建设的实践，创立起来的科学理论体系。人类思维的产生和发展规律，个体与社会之间的辩证关系，知识与客观世界之间的关系，教育对人类发展的作用，这些都离不开马克思主义理论的科学指导。马克思主义思想对中国教育发展的影响，既表现在教育理论和教育研究过程中，也表现在对教育实践活动的指导中，是开展教育研究和教育实践活动的基本指导原则。

2. 人的全面发展理论对我国人才培养的启示

马克思主义人的全面发展理论对于实现人的全面发展的条件进行了详细的阐述。进入新时代，我们要在马克思主义人的全面发展理论的科学指导下，大力发展生产力、不断完善生产关系、重点发挥教育，尤其是社会主义核心价值观教育的重大作用，不断推进人的全面发展。马克思关于人的全面发展理论的核心是以人为中心。人才培养的主体是人，脱离了人，脱离了学生这一主体，人才培养便没有了根基。在人才培养过程中，要始终将学生置于首位，加强对他们的引导，既要满足学生群体的需要，又要满足学生个体的需要。同时，要发挥人的主体性。马克思认为，人应发挥主体性，反对把人当作工具或手段，尊重人的主体性，尊重每个学生的独立人格。在教育中要体现师生平等，反对教师权威至上，反对一切扼制学生个性发展的教育形式。

理论与实践并重，彰显教育的全面性。人只有在社会中才能凸显自我价值，想要实现自我价值，必须重视实践。理论知识固然重要，但是只重视理论而轻视实践是行不通的。只有将理论与实践结合，才能促进人的全面发展，体现教育的真正意义。现代教育中，全面发展包含德智体美劳多方面的发展，这是一种素质教育，与马克思主义关于人的全面发展理论相契合，尊重人的身心发展规律，对人的创造力和创新性的发挥起到积极作用。学生是有思想，有能动性的个体，简单的知识灌输达不到教育的理想效果，需要理论与实践并重。只有结合社会实践，才能实现人的全面发展。

3. 人的全面发展理论对学生思想政治教育的启示

马克思关于人的全面发展理论的“全面”包括人的需求、人的能力、人的社会关系和人的个性等方面，而马克思认为人生存的前提是满足人的需要，人其他方面的发展的前提也是人的需要的发展。从某种意义上来说，人的需要的满足是人的全面发展和社会历史进步的驱动力。马克思将人的需要按一般内容划分为三个层次，分别是自然需要、社会需要和精神需要。在马克思的思想中，人的精神需要是与自然、社会两大范畴并列的重要内容。

马克思关于人的全面发展理论明确了思想政治教育的目标。马克思指出：任何人的职责、使命、任务就是全面地发展自己的一切能力，其中也包括思维的能力。任何人在这个社会中生存都要尽可能发展自己的能力，包括生产物质资料的能力和创造先进文化的能力。这契合了高校思想政治教育的目标，充分发挥每个学生的能力，实现人生价值，为社会主义建设贡献力量。马克思人的全面发展理论拓展了思想政治教育的核心内容，人的需要的全面实现是衡量人的全面发展的重要标志。马克思肯定了满足人的需要的重要意义，只有人的需要被满足，才能在社会中从事工作，这里的需要既代表物质生活的需要，也代表精神生活的需要。高校思想政治教育工作的核心内容就是满足大学生精神文化的需要，让他们自觉认同马克思主义意识形态，并用这种意识形态指导实践活动，从而更好地为社会主义建设服务。

大学生思想政治教育工作的最终目的是实现人的全面自由发展，引导学生形成正确的价值观和人生观。大学生思想政治教育的终极目的是发展学生各方面的能力，包括专业知识技能、人际交往能力、抗压能力等，帮助每个学生实现自己的理想，最终实现中华民族伟大复兴。

人的全面发展理论是大学生思想政治教育工作的理论来源之一，对大学生思想政治教育具有促进作用，同时，大学生思想政治教育为实现人的全面发展提供了有力支持。大学时期是青年一代人生观、价值观形成的关键时期，教师要想做好大学生的思想政治教育工作，必须深入研究人的全面发展理论，应用理论引导学生的体力和智力发展，帮助学生树立正确的人生观、价值观，使青年一代适应当今复杂的国际环境，为我国社会主义现代化建设注入新的活力。

三、系统论

系统论是在现代自然科学发展的基础上产生的一门综合学科，是20世纪40年代形成的全新概念。

（一）系统概念的起源与发展

系统的概念源于人类的社会实践经验。

1. 古代系统思想

自生产活动出现以来，人类无不在同自然系统打交道。《管子·地员篇》《诗经·七月》等古籍中，都对农事活动与种子、地形、土壤、水分、肥料、季节、气候等诸因素的关系有系统的论述。春秋战国时期的齐国名医扁鹊、古代医学总集《黄帝内经》，都强调人体各器官之间的有机联系，生理现象和心理现象的联系，身体健康与自然环境的联系。战国时期李冰设计修造的都江堰，包括三大主体工程和一百二十个附属渠堰工程，工程之间的联系处理得恰到好处，形成一个协调运转的工程总体。我国古代天文学很早就揭示了天体运行与季节变化的联系，编制出历法和指导农事活动的二十四节气。可见，在古代，农事、工程、医药、天文等领域，都不同程度地反映了朴素的系统概念，那时人们已经具备辩证的系统思维了。正如恩格斯所说，人们远在知道什么是辩证法以前，就已经辩证地思考了。

朴素的系统概念，不仅体现在实践活动中，同样反映在古代中国和古希腊的哲学思想中。古代中国和古希腊唯物主义思想家都承认，世界的本源是物质，把自然作为一个统一体。古希腊赫拉克利特在《论自然界》一书中说，“世界是包括一切的整体”。德谟克利特著有《宇宙大系统》一书。我国思想家老子强调自然界的统一性。南宋陈亮提出“理一分殊”思想，认为“理一”为天地万物的理的整体，“分殊”是整体中每一事物的功能，试图从整体的角度说明部分与整体的关系。可见，古代的辩证唯物的哲学思想已经包含系统思想的萌芽。但是，古代朴素唯物主义哲学思想虽然强调对自然界的整体性、统一性的认识，但缺少对这一整体各个细节的认识能力，对整体性和统一性的认识也是不完全的。

2. 近代的系统思想

15 世纪下半叶，近代自然科学兴起，开始研究自然界这个统一体的各个细节部分，力学、天文学、物理学、化学、生物学等学科逐渐分离和独立出来。近代自然科学通过实验、解剖和观察等方法，将自然界的细节从总的自然联系中抽离出来，分门别类地加以研究。在哲学中，形成了形而上学的思维，形而上学思维在深入的、细节的考察方面相比古代哲学是一个进步，但是它抛开总体的联系考察事物和过程。“以这些障碍堵塞了自己从了解部分到了解整体到洞察普遍联系的道路”。

19 世纪上半叶，自然科学取得了很大成就，特别是能量转化、细胞生物学和进化论的发展，使人类对自然过程的相互联系的认识有了很大提高。恩格斯说：由于这三大发现和自然科学的其他巨大进步，我们现在不仅能够指出自然界中各个领域过程之间的关系，而且我们能够依靠自然科学本身所提供的理论与实践，以近乎系统的形式描绘出一幅自然界联系的清晰图画。19 世纪的自然科学本质上是整理材料的科学，关于过程，关于这些事物的发生、发展及关于把这些自然过程结合为一个伟大整体的联系的科学，为唯物主义自然观建立了更加坚实的基础，为马克思主义哲学提供了丰富的材料。马克思、恩格斯的辩证唯物主义认为，物质世界是由无数相互联系、相互依赖、相互制约、相互作用的事物和过程形成的统一整体。辩证唯物主义体现的物质世界普遍联系及其整体性的思想，也就是系统思想。恩格斯认为，思维既把相互联系的要素联合为一个统一体，同样也把意识的对象分解为他们的要素。没有分析就没有综合。系统思想是进行分析与综合的辩证思维工具，它在辩证唯物主义那里取得了哲学的表达形式，在运筹学和其他系统科学那里取得了定量的表达形式，在系统工程那里获得了丰富的实践内容。

3. 系统论的创立

系统思想源远流长，但科学的系统论，则是美籍奥地利人、理论生物学家L.V.贝塔朗菲(L Von.Bertalany)创立的。他在1932年发表了“抗体系统论”，提出了系统论的思想。1937年，他提出的一般系统论原理奠定了这门科学的理论基础。但是他的论文《关于一般系统论》到1945年才公开发表。1948年，他在美国再次讲授“一般系统论”时，该理论才得到学术界的重视。1968年，贝塔朗菲发表的专著《一般系统论：基础、发展和应用》，确立了这门科学的学术地位，该书也被公认为系统科学的代表作。

(二) 系统论的基本思想

系统论是综合性的学科，它的基本思想和方法就是把所研究和处理的对象当作一个系统，分析系统的结构和功能，研究系统、要素、环境三者的相互关系和变动的规律性，并用优化系统的观点看问题。世界上任何事物都可以看成是一个系统，系统是普遍存在的。无论是大至渺茫的宇宙，抑或小至微观的原子，甚至一粒种子、一群蜜蜂等都是系统，整个世界就是系统的集合。

系统论的内涵是对待所要研究的对象，将其看作一个整体，分析和研究各层次、各要素之间的关联性和互补性。

系统论认为，开放性、自组织性、复杂性、整体性、关联性、等级结构性、动态平衡性、时序性等是所有系统共同的基本特征。这些既是系统所具有的基本思想观点，同时也是系统方法的基本原则，表现了系统论不仅是反映客观规律的科学理论，而且具有科学方法论的含义，体现了系统论这门科学的特点，系统论主要有整体性原理、层次性原理、开放性原理和目的性原理。

1. 系统论的整体性原理

系统论的整体性原理是指，系统是由若干要素组成的，是具有一定新功能的有机整体，各个作为系统子单元的要素一旦组成系统，整体就具有独立要素所不具有的性质和功能，形成了新的系统的规定性，从而表现出整体的性质和功能，不等于各个要素的性质和功能的简单相加。钱学森说：“什么叫系统，系统就是由许多部分所组成的整体，所以系统的概念就是要强调整体，强调整体是由相互关联、相互制约的各个部分所组成的。整体性是系统最为鲜明、最为基本的特征之一。系统之所以成为系统，首先就必须要有整体性。贝塔朗菲说，“当我们讲到系统时，我们指的是整体或统一体”，他强调任何系统都是一个有机的整体，不是各个部分的机械组合或简单相加，系统的整体功能是各要素在孤立状态下所没有的新质。他还用亚里士多德的“整体大于部分之和”的名言来说明系统的整体性，同时认为，系统中各要素不是孤立地存在的，每个要素在系统中都处于一定位置，有特定的作用。要素是整体中的要素，如果将要素从系统整体中割离出来，它将失去要素的作用。“正如手在人体中它是劳动的器官，一旦将手从人体中砍下来，就将不再是劳动的器官了一样。系统功能依赖于要素活动，但任何功能归根到底起源于系统内各要素之间的相互作用。”

2. 系统论的层次性原理

系统论的层次性原理是指由于组成系统的诸要素的种种差异（包括结合方式上的差异），从而使系统组织在地位与作用、结构与功能上表现出等级秩序性，形成了具有质的差异的系统等级，层次概念就反映这种有质的差异的不同的系统等级或系统中的高级差异性。系统的层次性犹如套箱，系统是由要素组成的。一方面，这一系统只是上一级系统的子系统中的要素；另一方面，这一系统又是由低一层次的要素组成。客观世界是无限的，因此系统层次也是无穷尽的。高层次系统是由低层次系统构成的，高层次包含着低层次，低层次属于高层次。高层次和低层次之间的关系，首先是一种整体和部分、系统和要素之间的关系。高层次作为整体制约低层次，又具有低层次所不具有的性质。低层次构成高层次，受制于高层次，但也有自己的相对独立性。一个系统，如果没有整体性，这个系统也就不复存在了。相反的情形，如果一个系统中的要素完全丧失了独立性，那么系统就会变成铁板一块，这时，系统也就不复存在。系统的层次区分是相对的，相对区分的不同层次之间又彼此联系。往往可以看到这样的情况，不仅相邻上下层次之间也存在着相互影响、相互制约，而且多个层次之间也发生相互联系、相互作用，甚至多个层次之间也存在着相互作用。系统发生自组织时，系统中出现了众多要素，多个不同的部分，多个层次的相互行为，全部要素被调动起来，造成整个系统发生相变，进入新的状态。一般而言，低层次系统的要素之间具有较大的结合强度，而高层次系统的要素之间的结合强度则小一些，随着层次的升高结合强度也越来越小，这正如从客观世界最一般物质层次所表现的那样。要素之间结合强度较大的系统，具有更大的确定性；反之，要素之间结合强度较小的系统，则具有较大的灵活性。

3. 系统论的开放性原理

系统论的开放性原理是指系统具有不断地与外界环境进行物质、能量、信息交换的性质和功能，系统向环境开放是系统得以向上发展的前提，也是系统得以稳定存在的条件。事物的发展变化，内因是变化的根据，外因是变化的条件，外因通过内因而起作用。为使外因通过内因起作用，便需要系统与环境之间、内因与外因之间发生相互联系和相互作用。否则，内因就只能滞留于内因之中，而外因则总是处于内因之外，而内因对于外因来说，只是潜在的可能性。同样地，外因对于内因来说，也只是潜在的可能性。一个封闭的系统，系统与环境之间没有任何联系，内因与外因也就不可能发生任何联系，即没有相互作用。现实世界中，现实的系统都是开放系统。系统总是处于与环境的相互联系和相互作用之中，通过系统与环境的交换，潜在的可能性就有可能转化为现实性，转化为现实的东西。因此，通过开放，内因与外因发生相互作用、相互转化，引起系统发生质量互变。最初是系统从环境引入某种量的变化，发生某种量的改变，经过进一步发展，终于发生质的变化，量变转变成质变，进而又开始新的量变。系统的开放，通常说的是向环境的开放，意味着系统的低层次向高一层次的开放。系统的开放，同时也指系统向自己的内部开放。系统向高层次开放，使得系统可以与环境发生相互作用，系统与环境之间既竞争又合作。而系统向低层次开放，使得系统内部可能发生多层次的、多水平的、在差异之中的协同作用，从而更好地发挥系统的整体性功能。

4. 系统论的目的性原理

系统论的目的性原理指的是组织系统在与环境的相互作用中，在一定的范围内，其发展变化不受或少受条件变化或经历的影响，坚持表现出某种趋向预先确定的状态的特性。系统科学的兴起，赋予目的性以全新的科学解释，使之重新成为一个重要的科学概念。控制论的创立者们，从系统的行为角度分析了系统的复杂行为，把行为的概念变成了一个科学概念。维纳等人的一个重要结论是：“一切有目的的行为都可以看作需要负反馈的行为。”因此，按照控制论的观点，目的行为也就成了受到负反馈控制的行为的同义语。这样，“目的”概念就变成了一个科学概念，用来描述一般非生物系统类似人所具有的目的性行为。系统的目的性，在系统的发展变化之中表现出来，因此就必定是与系统的开放性相联系。也就是说，一个稳定的运动的系统，必定是一个开放系统。在这种周而复始的开放、交换之中，系统潜在的发展能力得以表现，所谓目的性也就表现于其中。从系统与环境之间的相互作用类型即线性作用与非线性作用方面，把系统分为单因果系统与目的系统。环境向系统的一定输入必定引起系统向环境的一定输出，即一定的原因必然引起一定的结果。简单的线性系统就是这样的因果系统。与此相反，目的系统则是系统与环境之间存在着复杂的非线性相互作用的系统。这种复杂的非线性相互作用表现为系统的复杂的反馈机制的建立。系统之所以具有目的性，其根本原因在于系统内部及系统与环境的复杂的非线性的相互作用。系统的目的性表现出系统发展方向的确定性。在一定的发展阶段，在一定的范围之内，无论环境条件怎样改变，系统总是要朝着某种确定的方向发展，异因同果。

(三) 系统论对“三全育人”模式的启示

“三全育人”模式充分应用系统论原理，强调在育人的过程中，将各要素充分整合起来，使其互相联系、互相制约、互相作用，优化结构，形成合力发挥整体的最大功效，从而发挥“三全育人”模式的整体性功能，增加育人的实际操作性。

“三全育人”作为社会道德系统的重要组成部分，不是封闭的、与世隔绝的，而是开放的、对外联系的系统。当今，飞速发展的互联网环境下，大学生可以快捷地获得各类信息，这样多元的、未经筛选的信息会对身心发展尚未成熟的大学生产生影响。高校是学生从未成年人到成年人，从校园人到社会人的重要过渡场所，高校培养的各类人才最终都要走入社会，服务社会。为了大学生能在步入社会之后适应急速变化的社会环境，思想政治教育工作者的任务应该是时刻把“三全育人”系统置于一个可控的、动态的社会环境中，这样的育人才能发挥针对性、实效性，才能满足社会的需求，适应社会的变化。

社会是一个大系统，而道德是社会大系统中的一个子系统，相对于社会这个大系统而言，道德仅是社会大系统的一个要素，对于组成道德的诸要素来说，道德又是系统。和社会大系统一样，道德系统是一个复杂的、开放的、动态的系统，是组织的全息系统。因此，德育是一项系统工程，需要方方面面的支持与配合，需要整合各种资源协调各方力量共同参与，协作完成，发挥系统的整体性功能。“三全育人”模式强调在德育系统内，整合各要素，使其相互联系、相互制约、相互作用，形成德育合力优化德育系统结构，发挥德育系统的整体性功能，从而实现德育工作的成效最大化，增强德育的实效性。

“三全育人”作为一个系统设计，它从整体上要求在开展教育活动的过程中思想政治教育要“全”,“全员育人”要求全体教职工都是育人的实施者，从整体上规定了育人的全面性;“全过程育人”要求把握各个时间段，各个部分相互联系，共同促进，达到无时不有;“全方位育人”则是全面育人，更加注重从各个方面，利用不同形式来提升大学生的总体道德素质水平。“三全育人”主要是从三个维度分析问题，强调思想政治教育开展的过程中高度重视全局意识，实现全员、全过程、全方位的有效融合，从而完善教育体系，并达到完善德育系统的效果。从作用来看，发挥德育的效果是实现思想政治功能的体现，还可以强化教学成效，通过与实践的结合提高教学活动的实效性。

四、协同论

协同论也称“协同学”或“协和学”，是20世纪70年代以来在多学科研究的基础上逐渐形成和发展起来的一门新兴学科，是系统科学的重要分支理论。1971年，著名物理学家哈肯(Hermann Haken)提出协同的概念。1976年，他系统地论述了协同论。

(一) 协同论的基本思想

协同论是研究不同事物共同特征及其协同机理的新兴学科，是近几十年来获得发展并被广泛应用的综合性学科。它以系统论、信息论、控制论、突变论等为基础，吸取了结构耗散理论的大量营养，采用统计学和动力学相结合的方法，通过对不同领域的分析，提出了多维相空间理论，建立了一整套的数学模型和处理方案，在微观到宏观的过渡上，描述了各种系统和现象中从无序到有序转变的共同规律。哈肯认为，之所以称为协同论，一方面由于研究的对象是许多子系统的联合作用，以产生宏观尺度上的结构和功能；另一方面由许多不同的学科进行合作，发现自组织系统的一般原理。

客观世界存在着各种各样的系统，社会的或自然界的，有生命或无生命的，宏观的或微观的系统，等等，这些看起来完全不同的系统，却都具有深刻的相似性。千差万别的系统，虽然其属性不同，但在整个环境中，各个系统间存在着相互影响而又相互合作的关系。协同论则是在研究事物从旧结构转变为新结构的机理的共同规律上形成和发展的，它的主要特点是通过类比对从无序到有序的现象建立了一整套数学模型和处理方案，并推广到物理学、化学、生物学、天文学、经济学、社会学及管理科学等许多领域。协同论揭示了物态变化的普遍程式，“旧结构和不稳定性新结构”，即随机“力”和决定论性“力”之间的相互作用把系统从它们的旧状态驱动到新状态，并且确定应实现的那个新状态。协同论成为软科学研究的重要工具和方法。

哈肯提出“功能结构”的概念。他认为，功能和结构是互相依存的，当能流或物质流被切断的时候，所考虑的物理和化学系统要失去自己的结构，但是大多数生物系统的结构却能保持一段相当长的时间，这样生物系统颇像是把无耗散结构和耗散结构组合起来了。他还进一步提出，生物系统是有一定的“目的”的，所以把它看作“功能结构”更为合适。

（二）协同论的特征

1. 协同论具有普适性特征

由于协同论属于自组织理论的范畴，其使命并不仅仅是发现自然界中的一般规律，还在无生命自然界与有生命自然界之间架起了一道桥梁。可见，协同论试图把无生命自然界和有生命自然界统一起来，发现它们存在的共同本质律。协同论正广泛应用于各种不同系统的自组织现象的分析、建模、预测及决策等过程中。如物理学领域中流体动力学模型的形成，大气湍流等问题，化学领域中的各种化学波和螺线的形成，化学钟的振荡及其他化学宏观模式；经济学领域中的城市发展、经济繁荣与衰退，技术革新和经济事态发展等方面的各种协同效应问题；社会学领域中的舆论形成模型，大众传媒的作用，社会体制及社会革命等问题。因此，协同论作为一门以研究完全不同学科中共同存在的本质特征为目的的系统理论，其广泛的适用性或普适性是显而易见的。正是它的这种普适性，将其引入管理研究，必将对管理理论的发展及对解决现实管理领域中的问题具有启迪意义，能够为管理研究提供新的思维模式和理论视角。

2. 序参量是现代管理发展的主导因素

序参量是协同论的核心概念，是指在系统演化过程中从无到有的变化，影响着系统各要素由一种相变状态转化为另一种相变状态的集体协同行为，并能指示出新结构形成的参量。因此，在现代管理中，尽管影响管理系统的因素很多，但只要能够区分本质因素与非本质因素、必然因素与偶然因素、关键因素与次要因素，找出从中起决定作用的序参量，就能把握整个管理系统的发展方向。因为序参量不仅主宰着系统演化的整个进程，而且决定着系统演化的结果。序参量概念为现代管理提供了新的理论视角，解释了系统如何在临界点上发生相变及序参量如何主导系统产生新的时间、空间或功能结构。序参量的特征决定了它是管理系统发展演化的主导因素，只要在管理过程中审时度势，创造条件，通过控制管理系统外部参量和加强内部协同，强化和凸显我们所期望的序参量，就能使管理系统有序、稳定地运行。

3. 自组织是管理系统自我完善的根本途径

协同论的自组织原理旨在解释系统从无序向有序演化的过程，实质上就是系统内部进行自组织的过程，协同是自组织的形式和手段。由此可以认为，现代管理系统要想从无序的不稳定状态向有序的稳定状态发展，实现自我完善和发展，自组织是根本途径。管理系统要实现自组织过程，就必须具备自组织实现的条件。首先，管理系统必须具有开放性。能与外界进行物质、能量和信息的交流，确保系统具有生存和发展的活力；其次，管理系统必须具有非线性相干性，内部各子系统必须协调合作，减少内耗，充分发挥各自的功能效应。

4. 管理系统是一个复杂性开放系统

协同论的自组织原理告诉我们，任何系统如果缺乏与外界环境进行物质、能量和信息的交流，其本身就会处于孤立或封闭状态。在这种封闭状态下，无论系统初始状态如何，最终其内部的任何有序结构都将被破坏，呈现出一片“死寂”的景象。因此，系统只有与外界通过不断地物质、信息和能量交流才能维持其生命，使系统向有序化方向发展。管理系统是一个复杂性的开放系统，说它具有复杂性是因为管理系统一般由人、组织和环境三大要素组成，而每个要素又嵌套多个次级要素，其内部呈现非线性特征。同时，管理系统又是开放系统，因为它通过不断地接收各种信息，并经过加工整理后，将管理对象所需的信息输出。管理系统就是在不断地接收信息和输出信息的过程中向有序化方向完善和发展。

（三）协同论对思想政治教育的启示

2019年，在学校思想政治理论课教师座谈会上，习近平总书记从党和国家事业长远发展的战略目标出发强调指出，思想政治理论课是“落实立德树人根本任务的关键课程”，“我们办中国特色社会主义教育，就是要理直气壮开好思政课”。习近平总书记的重要讲话精神，为做好新时代学校思想政治工作、培养担当民族复兴大任的时代新人提供了重要遵循。思想政治教育是一个系统工程，要注重系统性、整体性和综合性。党的十九届四中全会强调，要加强系统治理、依法治理、综合治理、源头治理。对于思想政治教育而言，要更加注重系统性和综合性。思想政治教育工作是一项复杂的系统工程，既包括思想政治理论课这一主渠道，又包括日常思想政治教育这一主阵地；既包括思想政治教育专职力量，又包括思想政治教育的兼职力量；既包括思想政治教育的实施者，又包括接受思想政治教育的学生对象。思想政治教育致力于人才培养，同时人才培养中的各个环节又都需要加强思想政治教育。大中小学校思想政治教育一体化建设，以及家庭、学校、社会、政府的协同等，都深刻地体现出思想政治教育治理过程中的复杂性、系统性和综合性。

协同论与思想政治教育相契合，首先体现在高校思想政治教育的系统性上，思想政治教育是一个系统工程，同时高校思想政治教育与教学系统、科研系统、后勤系统、管理系统有着密不可分的联系，统一在育人系统之下；其次，高校思想政治教育具有自身独立性，包括主体、目标、内容、方法等要素，各要素之间相互联系、相互配合，决定这一系统的正常运转；最后，高校思想政治教育是一个开放的系统。在高校内，思想政治教育系统与其他系统有交叉和重合，与不同系统之间是不可分割的关系。思想政治教育的主体不仅是思政课教师，还包括学校全体教职工，以及社会力量。思想政治教育的内容、方法和途径具有开放性、整体性和复杂性的特点。只有在开放的状态下，高校思想政治教育才能突破藩篱，最大限度地利用资源，吸取能量，维持其生命，使系统向有序化方向发展。

第三章
高校“三全育人”的基本要素

“三全育人”是为了培养德智体美劳全面发展的社会主义建设者和接班人，是实现立德树人根本任务的有效途径。为实现这一根本任务，本章旨在充分挖掘“三全育人”的基本要素，全面分析“三全育人”的主体和核心内容，深入探索实现“三全育人”目标功能依托的可靠载体。

第一节 “三全育人”的主体

“三全育人”的目标需要通过主体来具体实施，根据“三全育人”综合改革工作的要求，“三全育人”的主体包括政府、学校、家庭和社会，要有效推动“三全育人”工作，就需要从四个主体出发，从宏观、中观、微观三个层面一体化构建育人工作体系。政府全面统筹办学治校各领域、教育教学各环节、人才培养各方面的育人资源和育人力量，从体制机制完善、项目带动引领、队伍配齐建强、组织条件保障等方面进行系统设计，实现各项工作的协同协作、同向同行、互联互通。学校层面以“十大”育人体系为基础，推动将高校思想政治教育工作融入人才培养各环节，构建中观的一体化育人体系。家庭和社会从微观层面发挥着重要的“三全育人”协同教育主体的作用。

一、政府统筹教育资源

政府在人才培养中所起的作用是不可替代的，政府的强大支持是拔尖创新型人才培养的最大底气。政府作为育人主体在“三全育人”中的作用主要表现为以下两点。

1. 政府在“三全育人”实践中的作用和地位

要开展好人才培养工作，将“三全育人”实践落到实处，需要政府切实履行政府的保障作用，加强统筹规划与条件保障。健全教育、发改、工信等部门共同参与和支持教育教学的工作机制，担起协同育人中政府应该尽的责任。构建“党委统筹部署、政府扎实推动、社会广泛参与、高校着力实施”的实践育人协同体系，推动专业课实践教学、社会实践活动、创新创业教育、志愿服务、军事训练等载体有机融合，形成实践育人统筹推进工作格局。

2. 政府在德育工作中的角色

社会道德建设的成功重在凝聚价值共识，文以载道、以德化人，在崇德向善的文明环境中熏陶人、塑造人。在道德建设上，政府应激发人们形成正向的道德认同和道德情感，如通过向道德模范学习，建立社会公益品牌，人人参与环境整治，区域化文明共同体等方式，努力创造处处、时时育人的社会氛围。要在全社会形成浓厚育人氛围，政府必须拥有全局观并制定相应的激励措施。从校外选拔整治素质高、业务能力强的管理干部、业务骨干担任大学生的校外辅导员，指导学生进行社会实践，在劳动生产过程中锻炼学生。此外，协调全社会资源对家庭进行子女教育方法的培训，从城市到农村，逐步覆盖，为青年学生成长成才创造良好的社会和家庭环境。

二、学校搭建主体平台

每所学校都有其特定的发展阶段，应根据实际发展阶段，进行内部组织架构调整，优化业务分工，责任到人，以求学校职能运转体系效率最大化。

(1) 健全党委统一领导、党政齐抓共管、部门协同配合的思政工作格局。

充分发挥党组织在“三全育人”工作中的领导核心和政治核心作用。将“三全育人”作为重要内容纳入学校事业发展规划、年度工作计划和人才培养方案，与教学科研同部署、同落实、同考评。

(2) 考核教师的政治信仰、道德水平。

首先应对育人者的政治信仰、道德水平进行考核，考核方式有教师的集体备课、阶段性考核、学生评价、家长评价等。传统学校对教师的考核方式过于形式化，没有显著的绩效色彩，应采取竞争机制提高教师本身素质。马斯洛(A.Maslow，1954)的需求层次理论把人的需求分为生理需求、安全需求、爱和归属、尊重和自我实现等五个层次。教师属于高知群体，满足其较高层次上的需求，如尊重和自我实现的需求，有利于激发教师工作活力，可通过打造学校品牌，明确学校的发展与个人发展的关系，从学校办学的历史到学校的影响力愿景，激发全体教职员工的使命感、荣誉感，凝聚人心，汇聚力量。

(3) 打造育人场域，不仅育人者要优强选优，场域也要配强配齐，包括硬环境与软环境。应加强学校硬件设施配置，使学生有良好的学习生活体验，全身心投入到学习和实践中。

(4) 依靠朋辈力量，在课程学习、志愿服务、科研竞赛、心理辅导等方面设置朋辈课堂，让榜样的力量在大学生自我教育中产生蝴蝶效应。

(5) 设立学生信息员，掌握特定群体的思想动态，做好舆情监控，及时发现及时处理，担任信息员的学生世界观、人生观、价值观必须端正，并且是热心助人的学生。

三、社会打通育人环节

社会是一个大平台，能够为学生提供更多的机会和实践环境。社会育人可以通过各种途径，如社会实践、志愿服务、创新创业等，让学生更好地融入社会、认识社会、适应社会。社会育人应该注重学生的身心发展和特长培养，注重引导学生发掘自身价值和发挥潜能。社会育人主体在三全育人中的作用主要表现为以下两点。

1. 以企业需求为导向培养人才

在人才使用上，如果说学校是生产者，企业则是消费者，培养的人才好不好，还要消费者说了算。为了使“产品”发挥更大作用，生产者、消费者之间对于这种“产品”——人才的培养方式必须达成共识，进行无缝对接，在生产领域就明确优质“产品”所需要的素质。大学生在学校学习后，须到企业进行实践，再由企业反馈人才培养需要改进的环节，学校论证改进人才培养方案，通过学习—实践—再学习—再实践的闭环，不仅使人才的培养质量得到企业的认可，也节约了国家培养人才的社会成本。

2. 利用校外教育阵地培养学生的社会责任感和公民意识

积极开放利用博物馆、图书馆、科技馆、少年宫、展览馆、红色教育基地等校外教育阵地，强化实践育人，发挥社会大课堂的育人作用，营造校内外协同育人的良好机制。通过校外教育阵地，学生可以接触到更多社会问题和挑战，进而培养他们关心社会、参与社会的意识和能力，使他们具备为社会做出贡献的意识和能力。

四、家庭形成育人氛围

父母是孩子的第一任老师，父母的榜样示范作用将对孩子一生产生影响，家庭是学生的第一所学校，家庭教育是学校教育的基础和补充。可以通过以下途径加强家庭在育人中的作用。

1. 高校要引导家庭树立正确的教育理念

家庭教育必须全面贯彻党的教育方针、落实立德树人根本任务，必须遵循学生成长规律和教育规律，大力发展素质教育。

2. 高校要与家庭保持常态化的密切联系

高校要加强与家庭关于学生情况的沟通。高校要“全面掌握并向家长及时沟通学生在校期间的思想情绪、学业状况、行为表现和身心发展等情况，同时向家长了解学生在家中的有关情况”。

3. 高校要提高家庭教育素养

开展家庭教育指导服务是高校教育的重要职责。高校要开发家庭教育指导资源，每学期至少组织 2 次家庭教育指导活动，针对不同家庭的个性化需要提供具体指导，等等。

4. 推进家庭教育队伍建设

有关高等院校、科研机构、专业团体可以根据实际开展高校家庭社会协同育人理论与实践研究，加强理论建设与专业人才培养，积极推进家庭教育指导专家队伍建设。

第二节 “三全育人”的核心内容

高校“三全育人”的产生和提出过程，实际上也是全面的、系统的育人指导思想和原则的形成和应用过程。“三全育人”覆盖范围广泛，内涵深厚，把促进学生成长作为学校一切工作的出发点，全面整合思想政治教育、道德法纪教育、心理健康教育、专业知识教育和实践技能教育资源，形成科学的“三全育人”内容体系。

一、思想政治教育

习近平总书记在十八大报告中提出“实现高等教育内涵式发展”，在学校思想政治理论课教师座谈会上提出“推动思政课建设内涵式发展”，表明内涵式发展已成为新时代教育发展的新要求。内涵式发展强调的是结构优化、质量提高、实力增强，是一种相对的自然发展过程，发展更多是出自内在需求。大学生思想政治教育内涵式发展以习近平新时代中国特色社会主义思想为指导，旗帜鲜明地坚持党管意识形态，探索“凝魂聚气”与“教书育人”相结合的新途径，着力培养一批理想信念坚定、政治素质过硬、理论知识深厚的社会主义事业建设者和接班人。

(一) 思想政治教育要全面贯彻党的教育方针

党的二十大报告提出，“育人的根本在于立德。全面贯彻党的教育方针，落实立德树人根本任务，培养德智体美劳全面发展的社会主义建设者和接班人”。坚持育人为本、德育为先，牢牢把握正确的政治方向，是中国共产党办教育的优良传统。思想政治教育的教育目标、教育内容、教育任务等都必须从我国的实际出发，不能脱离现实社会的基本情况，思想政治教育必须正确审视当今社会对人才需求的情况，分析社会人才形势，在保证不偏离教育方针的前提下，及时地、合理地、有预见性地制定教育方案，并按照要求实施思想政治教育活动，坚决杜绝思想政治教育和现实社会脱节，甚至相悖离。习近平总书记强调：“社会并没有定于一尊、一成不变的套路，只有把科学社会主义基本原理同本国具体实际、历史文化传统、时代要求紧密结合起来，在实践中不断总结，才能把蓝图变为美好的明天。”就是告诫我们，一切从我国实际出发，而“三全育人”模式的建立，正是从思想政治教育实效性不足和新时代德育发展方向出发提出的一种思想政治教育方式。“三全育人”教育模式立足于现实问题，致力于解决现实问题，符合党的教育方针，也符合当前我国的国情。因此，贯彻好、执行好党的教育方针，坚持立德树人根本任务，是协调控制各种矛盾，形成思想政治教育合力的第一步。

（二）思想政治教育应具有时代精神和价值

思想政治教育内容是在一定社会背景下教育者有目的、有计划、有组织地传递给受教育者的具有时代精神和价值的政治观点、思想观念、道德规范等。思想政治教育内容必须时刻彰显时代精神，突出时代问题，体现时代特征。党的十九大报告从“五位一体”总体布局的高度，正式将“美丽”作为社会主义现代化建设的一个标准，明确提出建成“富强、民主、文明、和谐、美丽”的社会主义现代化强国的奋斗目标。十九届五中全会上明确提出“十四五”期间生态文明建设目标，2035年基本实现社会主义现代化远景目标。在生态环保方面提出“广泛形成绿色生产生活方式，碳排放达峰后稳中有降，生态环境根本好转，美丽中国建设目标基本实现”。在新时代思想政治教育过程中，应加强生态文明教育，将其与物质文明、精神文明等置于同等重要的地位，教育引导广大学生牢固树立“绿水青山就是金山银山”的理念，传承弘扬“右玉精神”，助力美丽中国建设。

（三）思想政治教育要与马克思主义中国化的最新理论成果相结合

思想政治教育是教育者帮助受教育者形成符合一定社会、一定阶级所需要的思想品德的社会实践活动，体现了思想政治教育内容的阶级性和方向性特征。马克思主义，尤其是中国化的马克思主义，不仅是思想政治教育的根本内容，而且是思想政治教育学的根本指导思想和理论基础。在坚持马克思主义在意识形态领域指导地位这一根本制度的同时，围绕“坚持和发展什么样的中国特色社会主义、怎样坚持和发展中国特色社会主义”这个重大时代课题，形成的习近平新时代中国特色社会主义思想是马克思主义中国化的最新理论成果。深入学习贯彻习近平新时代中国特色社会主义思想，是全党全国的首要政治任务。思想政治教育工作者要坚持用习近平新时代中国特色社会主义思想铸魂育人，推进习近平新时代中国特色社会主义思想进课堂、进教材、进头脑，把习近平新时代中国特色社会主义思想转化为高校学生增强“四个意识”、坚定“四个自信”、做到“两个维护”的实际行动。

（四）思想政治教育要利用高校和地方优势

高校思政课教材体现了国家对于人才培养的统一要求，受教材容量限制，很多教育资源不能融入其中，未得到充分利用。依据国家对于人才培养的总要求，高校应结合地方特色、学校特色，在充分利用思想政治教材这一最重要课程资源的同时，师生共同开发地方课程、校本课程作为必修课或选修课，使地方教育资源得到最充分开发，从教育内容入手增强思政课的亲和力。

（五）思想政治教育要把握当代青年特点

大学生思想还未完全成熟，其人生观、价值观、世界观还未完全定型，人格有很强的可塑性，很容易受到社会环境的影响，而当前的社会环境异常复杂和多元，各种观念和思潮铺天盖地向青年一代涌来，这给青年思想政治教育带来严峻的挑战。唯有了解和掌握青年思想的特点，遵循青年思想形成和发展的规律，运用合适的教育方法才能增强青年思想政治教育的针对性。

二、道德法纪教育

道德法纪教育是“三全育人”的重要内容，是立德树人的重要组成部分，也是新形势下高等教育的一项根本任务。加强大学生法纪教育的培养，是全面贯彻党的教育方针，落实立德树人根本任务和深化依法治国实践的根本需要，是全面推进依法治国，加快建设社会主义法治国家，为培养德才兼备的社会主义建设者和接班人奠定坚实的基础。加强大学生的道德法纪教育是培育和践行社会主义核心价值观的基本保证，要以培养担当民族复兴大任的时代新人为着眼点，强化教育引导、实践养成、制度保障，把社会主义核心价值观融入社会发展的各方面，转化为人们的情感认同和行为习惯。加强大学生的法纪教育是加强大学生思想道德建设中的重要任务，大学生是祖国的未来，民族的希望，加强和改进大学生的思想政治道德建设，提高大学生的思想政治素质，把他们培养成为中国特色社会主义的建设者和接班人，对于实现中国梦具有重大而深远的意义。加强大学生道德法纪教育是实现社会全面进步和人的全面发展的前提条件。教育的根本目的就是实现人的全面发展，遵纪守法是人的综合素质不可或缺的构成部分。高校教育不仅要着眼于学生专业技术能力的提升、语言沟通能力的加强、创新创业能力的培养等，也要重视对学生平时的言谈举止、遵守规章制度和遵纪守法的要求，只有实现人的全面发展，才能实现社会的全面进步。

（一）构建四位一体的道德法纪教育平台

大学生的成长成才离不开社会、家庭、学校的培养，如果家庭、学校或者学生本人对于道德法纪教育的重视程度不够，都将会导致大学生缺少道德法纪观念，将会直接造成学生不学法、不懂法、不宣传法的后果。因此，要加强大学生的道德法纪教育，必须构建“社会—家庭—学校—学生”四位一体的道德法纪教育平台。社会要高度重视大学生的道德法纪教育，践行社会主义核心价值观，关爱大学生成长成才全面发展，创建和谐的社会氛围；家庭是道德法纪教育最基本的环节，家长必须履行监护人法纪教育第一责任人的基本职责，既要重视子女的专业技能，又要注重子女的道德培养及法纪教育；高校是人才培养的摇篮，加强大学生的思想政治教育，真正培养德智体美劳全面发展的新时代大学生；学生个人要认识到道德法纪教育使大学生具有法纪观念，形成遵纪守法的思想基础，了解自己的权利与义务，面对问题时将如何保护自己的合法权益。

（二）依法建立健全学校“三全育人”相关规章制度

在三全育人中，加强学校规章制度建设是确保育人工作有序、高效进行的关键环节。在规章制度建设的过程中可以遵循以下原则。

首先，成立规章制度建设领导小组，需要明确规章制度建设的总体目标和任务，确保规章制度能够符合学校的育人理念和发展战略。明确各部门的职责和任务，确保规章制度的制定和执行能够得到有效监督和管理。在制定规章制度时，要充分考虑学校的实际情况，如学生特点、教师构成、教学资源等，确保规章制度具有可操作性和针对性。其次，要注重规章制度的宣传和培训，通过宣传和培训，让全体师生了解和理解规章制度的内容和要求，增强遵守规章制度的意识，提高规章制度的执行力度。

再次，要建立规章制度执行的监督和反馈机制，设立专门的监督机构，对规章制度的执行情况进行监督和检查，及时发现问题并进行整改。同时，建立反馈机制，鼓励师生对规章制度的执行情况进行反馈，以便及时调整和完善规章制度。

最后，要注重规章制度的更新和完善，随着学校的发展和教育环境的变化，规章制度也需要不断更新和完善。因此，要定期对规章制度进行审查和修订，确保其能够适应新的教育环境和育人要求。

（三）拓宽大学生法律教育的渠道

虽然高校都会开设法律基础课程，但是单纯依靠法律基础课是不够的，可以拓宽法律教育的渠道，例如定期邀请法律专业的资深专家，进行专业的法律讲座，可以通过与专家互动的方式，将学生的问题转化成知识点的引申与剖析，易于学生理解与应用；通过新媒体的手段，利用可靠的网络平台、新闻网站，对违法违纪行为进行深刻解析，引导大学生阅读与吸收，增强法律意识；大学校园专门负责安全教育的部门可以将学生中发生的典型案例制作成展板或电子屏幕，时时刻刻提醒学生增强法律意识，善于应用法律手段。

（四）创建高校周边良好的法治环境

高校是培养人才的教育基地，应联合地方政府职能部门齐抓共管，共同建设和谐的校园环境。创建高校周边和谐环境，仅仅靠高校本身是不够的，需要公安、税务、工商等部门的通力合作。另外，为满足构建和谐社会的需要，每所高校目前都安排了专门的警察人员，他们的信息在校园内随处可见，学生一旦发生问题，专职警员第一时间赶到。在大学生当中深入开展网络安全教育，增强他们的网络责任意识，有效防控各种不良信息的散播，大力倡导健康的网络文化，从而能够自觉抵制各种有害信息的侵扰，成为“慎独”的网民。

（五）营造健康向上的校园文化生活

针对社会思潮开展相应的人文素质讲座，使学生能够充分了解各种社会思潮的本质精神和核心价值诉求，不再被其新奇的外表所迷惑。以各种积极健康的经典文化和多样的文化形式充实校园文化生活，满足大学生不断高涨的求知欲。积极培育大学生的人文精神和人文关怀理念。通过开展多样的集体活动，使大学生充分感受到集体的力量和温暖，形成关爱他人、关心集体的良好氛围。

在大学生当中开展传统美德教育，以“己所不欲，勿施于人”的换位思考理念推动大学生构建和谐的人际关系，在提高大学生做事能力的同时，重视大学生做人境界的提升。引导大学生树立合理的消费理念，确立正确的价值观、荣辱观。加大宣传力度，拓展宣传空间，在大学生当中大力倡导理性消费、节俭消费，对存在的不良消费倾向和错误认识给予及时纠正。通过先进人物和反面教材的宣传和学习，使他们充分认识到人生价值和价值评价的真谛，为自己确立起崇高的精神追求。

三、心理健康教育

心理健康教育是“三全育人”环节中不可或缺的内容。2016年，习近平总书记在全国高校思想政治工作会议上强调，要坚持不懈促进高校和谐稳定，培育理性平和的健康心态，加强人文关怀和心理疏导，把高校建设成为安定团结的模范之地。党的十九大报告提出，要“培育自尊自信、理性平和、积极向上的社会心态”。调查显示，当前大学生心理健康教育面临的新挑战主要有大学生心理健康水平逐年降低；各学科之间大学生心理健康水平存在显著差异，文科类大学生较理工科类大学生的心理健康水平要低；人际关系敏感和抑郁、焦虑情绪是大学生面对的较为突出的心理问题；大学生预约心理咨询的频率及危机个案发生的概率呈现上升趋势。社会支持系统的欠缺和心理健康教育知识的匮乏是导致大学生心理健康状况下降的重要原因。

心理健康教育作为思想政治工作的重要组成部分，是推进“三全育人”综合改革落实落地的有效载体。“三全育人”理念作为心理健康教育工作问题观测的科学视阈，系统折射出当前大学生心理健康教育工作还存在教育主体的全员性凸显不足、教育过程的全域性把握不够、教育方法的系统性整合不优等问题。从全员、全过程、全方位视角着力构建多元协同的组织体系、全域监控的实践体系、全方位融合的方法体系，既是解决大学生心理健康教育现存困境的客观需求，也是构建新时代大学生心理健康教育创新模式的有益尝试。

（一）大学生心理健康教育是推进“三全育人”综合改革的有效载体

大学生心理健康教育作为推进“三全育人”(即全员育人、全程育人、全方位育人)综合改革的有效载体，主要体现在以下几个方面：

(1) 心理健康教育是全员育人的重要内容。大学生心理健康教育是针对全体大学生进行的，旨在帮助每一位学生更好地适应大学生活，解决心理困扰，提升心理素质和健康水平。这与全员育人的理念相契合，即教育不仅仅是教师和学校的责任，更是全体社会成员共同承担的任务。

(2) 心理健康教育贯穿学生成长全过程。心理健康教育贯穿于大学生的整个学习生涯，从学生入学到毕业，乃至未来步入职场，都需要关注和维护自身的心理健康。这种全程育人的模式，有助于学生在不同的成长阶段都能够获得及时的心理支持和帮助。

(3) 心理健康教育涉及学生成长的全方位。大学生心理健康教育不仅关注学生的心理健康问题，还涉及学生的情感、态度、价值观等多个方面。通过心理健康教育，可以帮助学生形成积极向上的心态和情感态度，提高自我认知和自我管理的能力，建立良好的人际关系和增强适应能力。这种全方位育人的方式，有助于促进学生的全面发展。

(二) “三全育人”理念为新时代大学生心理健康教育提供理论指导

“三全育人”理念自20世纪50年代开始萌芽，在改革开放初期开始兴起，直到21世纪初成熟完善，切实引领了高校思想政治工作的发展航向，勾勒了高校思想政治工作的蓝图。心理健康教育工作是高校思想政治工作的重要组成部分，“三全育人”对新时代大学生心理健康教育发展同样具有理论指引意义。此外，“三全育人”理念中的全员、全过程、全方位三者之间存在着内在的关联性，全员指向育人的主体构成，全过程指向育人的时空边界，全方位则指向育人的方法路径，三者有机结合、融为一体，形成了一套科学的方法体系，系统回答了“哪些教育主体，运用怎样的育人方法，在何种时空边界里践行立德树人根本任务”这一关键问题。

(三) “三全育人”的全员性增强大学生心理健康教育主体力量

高校心理健康教育需要全体教职工的参与，包括心理健康教育专职教师、辅导员、行政管理人员、后勤服务人员、其他学科教师的共同参与，全员协同，健全一体化育人队伍。为此，首先要发挥心理专职教师的主导作用；其次要强化高校辅导员骨干作用；再次，激活管理、服务人员心理健康教育功能；最后要提升其他学科教师心理健康教育意识。通过全员协同，加强育人队伍建设，更好地提高高校心理健康教育质量。

（四）“三全育人”的全域性强化大学生心理健康教育覆盖面

大学生心理健康教育需全员动员，教师、学生、家庭及社会共同参与；全过程贯穿，从学生入学至毕业各阶段紧密关注；全方位渗透，结合线上线下资源，融合多学科优势，构建全方位心理健康教育体系，强化心理健康教育覆盖面，全面提升大学生心理健康素养。

（五）“三全育人”的系统性完善大学生心理健康教育方法

“三全育人”是一个系统性的教育理念，可以通过全员、全程、全方位的育人方式，来完善大学生的心理健康教育方法。

首先，全员育人意味着大学生心理健康教育不仅是心理健康教师和辅导员的责任，更是全体教职员工和学生的共同任务。我们要营造一个关注心理健康、重视心理健康教育的氛围，让每个人都意识到自己在心理健康教育中的责任和角色。比如，教师可以在课堂上融入心理健康教育的内容，帮助学生建立正确的心理健康观念；学生可以积极参与心理健康活动，提高自我认知和情绪管理能力。

其次，全程育人强调心理健康教育要贯穿大学生成长的整个过程。从新生入学到毕业离校，每个阶段都需要有针对性的心理健康教育措施。比如，在新生入学时，可以开展适应性教育，帮助他们快速融入大学生活；在毕业季，可以开展就业心理指导，帮助他们缓解就业压力，增强自信心。

最后，全方位育人要求我们从多个角度、多个层面来完善大学生心理健康教育方法。这包括教育内容、教育形式、服务方式等方面的全方位考虑。在教育内容上，我们不仅要关注心理健康知识的普及，还要注重心理问题的预防和干预，以及心理素质的培养。在教育形式上，我们可以采用心理健康讲座、心理健康知识的宣传、心理辅导和心理咨询等多种形式，以满足学生的不同需求。在服务方式上，我们要注重个性化的服务，因为每个学生的生长环境、生活经历和性格各异，导致他们有不同的需求。高校在开展教育指导和服务时，需要尊重学生的个体性与差异性，关注学生的个性化需求，实现服务的量身定制。

四、专业知识教育

专业知识教育主要是专业理论课程教育，是“三全育人”重要内容之一。立德树人是高校的根本任务，立德，要重视以德育为先，通过践行社会主义核心价值观引导和激励学生；树人，要坚持以育人为本，通过专业教育培养提高来塑造当代大学生。课堂教学是实施育人的主阵地。习近平总书记指出：“要用好课堂教学这个主渠道，思想政治理论课要坚持在改进中加强，提升思想政治教育亲和力和针对性，满足学生成长发展需求和期待，其他各门课都要守好一段渠、种好责任田，使各类课程与思想政治理论课同向同行，形成协同效应。”专业知识教育通过知识传授与价值引领双轨并行，构建了以专业知识为主体，以提升大学生的家国人文情怀、科学文化素养、科学思维方法为主导的课程教学体系，要开展好专业知识教育，要从加强师资队伍建设、积极倡导教学模式创新、建立科学的综合考核评价体系入手。

（一）加强师资队伍建设

在教育教学中，教师一直起着主导作用，应采取入职培训、系列研修、教学研讨、相互听课等方式，引导教师尊重教学学术、研究教学学术，着力提升教师教学能力。引进和培养高水平的教师团队，并对师资进行合理分配，形成较为合理的师资结构，增强学生对课堂知识的吸收和理解。

（二）积极倡导教学模式创新

传统的教学过程中，教师一直采取的是自说自话的单调的说教式教学模式，很难提高学生的学习兴趣，最终导致学生对课堂教学的参与度大大降低。随着科技的发展，通过互动式教学、多媒体教学及仿真教学等新型教学模式，可以充分激发教师与学生的互动教学关系，充分的互动促使学生高度投入与深度参与教学过程，促进学生高阶思维、团队协作、社会情感能力的发展。

（三）建立科学的综合考核评价体系

在传统的教育模式中，成绩成为每一个学生综合素质的体现，这种考核方式因对学生的评价指标过度重视成绩最终导致学生的自信心下降，综合素质的提升遇到障碍。为了更好地提高学生的综合素质，应将能力的培养作为学生培养过程中的重要环节，通过更加灵活多变的测试考试评价指标，将理论、仿真、设计、实践等多方面指标进行综合考量，形成一套适用于绝大多数学生的成熟考核方案，从而达到促进学生综合能力提高的作用。要突出思想政治教育主线，把思想政治工作作为各项工作的生命线，科学认识并准确把握思想政治工作的定位，建立多元多层、科学有效的思想政治工作测评指标体系，完善过程评价和结果评价相结合的实施机制。

五、实践技能教育

学生的专业理论素质和实践创新能力提升是育人的基石，努力提升专业的理论教育与实践教育相结合的教学模式是全面提高学生理论和实践能力的体现。实践技能教育通过课程知识与实践的有机结合，逐步实现爱国主义、哲学辩证思想、认识发展观、科学素养、品格意志力、社会规则秩序和安全意识等育人内核要求。

（一）改善实践教学工作的建设

建设企业教学基地一直是各高校普遍存在的短板，大量工科学生的实践操作能力仅仅停留在实验课程之中，仅有极少数学生有机会进入工厂、车间，对实际生产中使用到的设备及生产过程中遇到的问题进行研究和学习，大多数学生还无法真正将理论与实际充分结合到一起。企业与高校共创的教学基地建设，是解决这一问题的最佳方案，高校可以将实践教学阶段的课程放在实践教学基地进行，让学生深入企业学习；同时，对于企业存在的技术问题，可以通过高校平台进行解决。这样的培养方式不仅使学生的综合能力得到提升，同时对于学校的培养模式和企业的问题解决、人才招聘均提出了更合理的解决途径。同时，为校企间的技术转化提供了更加完善的合作平台。

（二）提高实验室和实验设备的安全使用率

高校的实验室和大型实验设备，在基础教学过程中存在着资源浪费现象，高校应鼓励学生参与科研活动，并对重要大型设备的使用进行学习，并有专业教师或设备工程师进行系统化讲授，提高设备使用率，加强安全管理。在学习结束后进行考核，通过考核后即可在课外学术科研中使用大型检测设备进行实验，这对学生提升实验和实践操作能力都会有很大的帮助。对于不同类型的实验室，进行规范化管理，实行安全责任制，对实验室可能出现的安全问题进行分析，在学生进入实验室前进行安全规范培训，在实验期间检查学生安全防护工作，对危险设备和危险试剂进行统一管理，确保无安全事故发生。

(三) 积极鼓励科研创新

在实践教学中，将学生的学与研进行多层次的结合，可以将实践与教学部分更好地结合，实现教学与科研的一体化，锻炼学生的实践创新能力。在学生实践过程中，鼓励学生参与教师科研项目，支持学生申报各类项目、参与各项竞赛，可以最大化提高学生的自主创新能力和自主学习能力。通过各项国内实践大赛，鼓励学生在参赛过程中，学习课堂外的多种专业模拟软件的使用，例如：CAD、AspenPlus、3D Max、AIMStudio 等。多种软件的学习使用不仅可以使学生的课余活动更加丰富，同时也可以增加学生的知识储备和提高软件操作能力，对学生的综合能力提高有十分重要的作用。同时，学生在教师科研项目中的实验操作可以让学生更好地理解课堂上学到的知识，在理解的同时增强动手能力，从而使学生在未来的工作中能够快速适应工作岗位的要求。

第三节 “三全育人”的载体

“三全育人”目标的实现和内容的实施必须依托具体载体来完成。2017 年 12 月 6 日，教育部发布《高校思想政治工作质量提升工程实施纲要》，首次提出充分发挥课程、科研、实践、文化、网络、心理、管理、服务、资助、组织等方面工作的育人功能，挖掘育人要素，完善育人机制，优化评价激励，强化实施保障，切实构建“十大”育人体系。这一育人体系成为“三全育人”工作的主要载体。

一、统筹推进课程育人

大力推动以课程思政为目标的课堂教学改革，优化课程设置，修订专业教材，完善教学设计，加强教学管理，梳理各门专业课程蕴含的思想政治教育元素和承载的思想政治教育功能，将其融入课堂教学各环节，实现思想政治教育与知识体系教育的有机统一。

深入推动习近平新时代中国特色社会主义思想进教材、进课堂、进头脑，开展“四史”教育。完善课程设置管理、课程标准和教案评价制度，实施高校课程体系和教育教学创新计划，推动面向全体学生开设提高思想品德、人文素养、认知能力的哲学社会科学课程，创新高校思想政治理论课建设体系。修订各类专业教材，加强课堂教学设计，推进马克思主义理论研究和建设工程教材、思想政治理论课统编教材编写修订，研制课程育人指导意见，充分挖掘和运用各门课程蕴含的思想政治教育元素，作为教材讲义必要章节、课堂讲授重要内容和学生考核关键知识。发挥专业教师课程育人的主体作用，健全课程育人管理、运行体制，将课程育人作为教师思想政治工作的重要环节，作为教学督导和教师绩效考核的重要方面。加强教材使用和课堂教学管理，建立哲学社会科学专业核心课程教材目录，研制引进教材选用管理办法，建立优秀教材评选奖励制度，制定高校课堂教学管理指导意见，明确课堂教学的纪律要求，还要培育选树一批“学科育人示范课程”，建立一批“课程思政研究中心”。

二、着力加强科研育人

发挥科研育人功能，优化科研环节和程序，完善科研评价标准，改进学术评价方法，促进成果转化应用，引导师生树立正确的政治方向、价值取向、学术导向，培养师生至诚报国的理想追求、敢为人先的科学精神、开拓创新的进取意识和严谨求实的科研作风。

改进科研环节和程序，把思想价值引领贯穿选题设计、科研立项、项目研究、成果运用的全过程，把思想政治表现作为组建科研团队的底线要求。完善科研评价标准，改进学术评价方法，健全具有中国特色的学术评价标准和科研成果评价办法，构建集教育、预防、监督、惩治于一体的学术诚信体系，遏制学术研究、科研成果不良倾向，组织编写师生学术规范与学术道德读本，在本科生中开设相关专题讲座，在研究生中开设相应公选课程。健全优秀成果评选推广机制，服务国家和区域经济发展，促进全社会思想文化建设。培养师生科学精神和创新意识，实施科研创新团队培育支持计划、科教协同育人计划、产学研合作协同育人计划等项目，引导师生积极参与科技创新团队和科研创新训练，及时掌握科技前沿动态，培养集体攻关、联合攻坚的团队精神和协作意识。加大学术名家、优秀学术团队先进事迹的宣传教育力度，大力培育全国高校黄大年式教师团队，培养选树一批科研育人示范项目、示范团队。

三、扎实推动实践育人

坚持理论教育与实践养成相结合，整合各类实践资源，强化项目管理，丰富实践内容，创新实践形式，拓展实践平台，完善支持机制，教育引导师生在亲身参与中增强实践能力、树立家国情怀。

整合实践资源，拓展实践平台，依托高新技术开发区、大学科技园、城市社区、农村乡镇、工矿企业、爱国主义教育场所等，建立多种形式的社会实践、创业实习基地。丰富实践内容，创新实践形式，广泛开展社会调查、生产劳动、社会公益、志愿服务、科技发明、勤工助学等社会实践活动，深入开展好大学生暑期“三下乡”“志愿服务西部计划”等传统经典项目，探索开展师生志愿服务评价认证。深入推进实践教学改革，分类制定实践教学标准，适度增加实践教学比重。加强创新创业教育，开发专门课程，健全课程体系，实施“大学生创新创业训练计划”，支持学生成立创新创业类社团。完善支持机制，推动专业课实践教学、社会实践活动、创新创业教育、志愿服务、军事训练等载体有机融合，形成实践育人统筹推进工作格局，构建“党委统筹部署、政府扎实推动、社会广泛参与、高校着力实施”的实践育人协同体系，培育建设一批“实践育人”与“创新创业”示范基地。

四、深入推进文化育人

注重以文化人、以文育人，深入开展中华优秀传统文化、革命文化、社会主义先进文化教育，推动中国特色社会主义文化繁荣兴盛，牢牢掌握高校意识形态工作领导权，践行和弘扬社会主义核心价值观，优化校风学风，培育大学精神，建设优美环境，滋养师生心灵、涵育师生品行、引领社会风尚。

推进中华优秀传统文化教育，开展“礼敬中华优秀传统文化”“戏曲进校园”等文化建设活动，展示一批体育艺术文化成果，建设一批文化传承基地，引导高雅艺术、非物质文化、民族民间优秀文化走近师生。挖掘革命文化的育人内涵，组织编排展演一批以革命先驱为原型的舞台剧、以革命精神为主题的歌舞音乐、以革命文化为内涵的网络作品，有效利用重大纪念日契机和重点文化基础设施开展革命文化教育。开展社会主义先进文化教育，开展高校师生社会主义核心价值观主题教育活动，推广展示一批社会主义核心价值观教育典型案例，选树宣传一批践行社会主义核心价值观的先进典型。大力繁荣校园文化，创新校园文化品牌，挖掘校史校风校训校歌的教育作用，引导高校建设特色校园文化；建设美丽校园，制作发布高校优秀人文景观、自然景观名录，推动实现校园山、水、园、林、路、馆建设达到使用、审美、教育功能的和谐统一。

五、创新推动网络育人

大力推进网络教育，加强校园网络文化建设与管理，拓展网络平台，丰富网络内容，建强网络队伍，净化网络空间，完善成果评价机制，推动思想政治工作传统优势同信息技术高度融合，引导师生强化网络意识，树立网络思维，提升网络文明素养，创作网络文化产品，传播主旋律、弘扬正能量，守护好网络精神家园。

强化网络意识，提高建网、用网、管网能力，加强师生网络素养教育，引导师生增强网络安全意识，遵守网络行为规范，养成文明网络生活方式。拓展网络平台，发挥全国高校校园网站联盟作用，推动“易班”和中国大学生在线全国共建，推选展示一批校园网络名站名栏，引领建设校园网络新媒体矩阵。丰富网络内容，开展“大学生网络文化节”“高校网络育人优秀作品推选展示”“网络文明进校园”等网络文化建设活动，推广展示一批“网络名篇名作”。优化成果评价，建立网络文化成果评价认证体系，推动将优秀网络文化成果纳入高校科研成果统计、列为教师职务职称评聘条件、作为师生评奖评优依据。培养网络力量，建设一支政治强、业务精、作风硬的网络工作队伍。

六、大力促进心理育人

坚持育心与育德相结合，加强人文关怀和心理疏导，深入构建教育教学、实践活动、咨询服务、预防干预、平台保障“五位一体”的心理健康教育工作格局，着力培育师生理性平和、积极向上的健康心态，促进师生心理健康素质与思想道德素质、科学文化素质协调发展。

加强知识教育，把心理健康教育课程纳入学校整体教学计划，组织编写大学生心理健康教育示范教材，开发建设“大学生心理健康”等在线课程，实现心理健康知识教育全覆盖。开展宣传活动，举办“5·25”大学生心理健康节等品牌活动，充分利用网络、广播、微信公众号、App 等媒体，营造心理健康教育良好氛围，提高师生心理保健能力。强化咨询服务，提高心理健康教育咨询与服务中心建设水平，按照师生比不低于 1∶4 000 配备心理健康教育专业教师，且每校至少配备 2 名专业教师。加强预防干预，推广应用“中国大学生心理健康筛查量表”及“中国大学生心理健康网络测评系统”，提高心理健康素质测评覆盖面和科学性；建立学校、院系、班、宿舍“四级”预警防控体系，完善心理危机干预工作预案，建立转介诊疗机制，提升工作前瞻性、针对性。完善工作保障，研制高校师生心理健康教育指导意见，保证生均经费投入和心理咨询辅导专用场地面积，建设校内外心理健康教育素质拓展培养基地，培育建设一批“高校心理健康教育示范中心”。

七、切实强化管理育人

把规范管理的严格要求和春风化雨、润物无声的教育方式结合起来，加强教育立法，遵守大学章程，完善校规校纪，健全自律公约，加强法治教育，全面推进依法治教，促进教育治理能力和治理体系现代化，强化科学管理对道德涵育的保障功能，大力营造治理有方、管理到位、风清气正的育人环境。

完善教育法律法规体系，加快制定(修订)教育规章，保障师生员工合法权益。健全依法治校、管理育人制度体系，结合大学章程、校规校纪、自律公约修订完善，研究梳理高校各管理岗位的育人元素，编制岗位说明书，明确管理育人的内容和路径，丰富完善不同岗位、不同群体公约体系，引导师生培育自觉、强化自律。加强教师队伍管理，严把教师聘用、人才引进的政治考核关，依法依规加大对各类违反师德和学术不端行为的查处力度，及时纠正不良倾向和问题。加强经费使用管理，科学编制经费预算，确保教育经费的合理使用。强化保障功能，健全依法治校评价指标体系，深入开展依法治校创建活动。把育人功能发挥纳入管理岗位考核评价范围，作为评奖评优条件。培育一批“管理育人示范岗”，引导管理干部用良好的管理模式和管理行为影响和培养学生。

八、不断深化服务育人

把解决实际问题与解决思想问题结合起来，围绕师生、关照师生、服务师生，把握师生成长发展需要，提供靶向服务，增强供给能力，积极帮助解决师生工作学习中的合理诉求，在关心人、帮助人、服务人中教育人、引导人。

强化育人要求，研究梳理各类服务岗位所承载的育人功能，并作为工作岗位的职责要求，体现在聘用、培训、考核等各环节。明确育人职能，在后勤保障服务中，推动高校节约型校园建设，大力建设绿色校园，实施后勤员工素质提升计划，切实提高后勤保障水平和服务育人能力。在图书资料服务中，建设文献信息资源体系和服务体系，优化服务空间，注重用户体验，提高馆藏资源利用率和服务效率，开展信息素质教育，引导师生尊重和保护知识产权，维护信息安全。在医疗卫生服务中，制订健康教育教学计划，开展传染病预防、安全应急与急救等专题健康教育活动，培养师生公共卫生意识和卫生行为习惯。在安全保卫服务中，加强人防、物防、技防建设，全面开展安全教育，提高安保效能，培养师生安全意识和法制观念。增强供给能力，建设校园综合信息服务系统，充分满足师生学习、生活、工作中的合理需求。加强监督考核，落实服务目标责任制，把服务质量和育人效果作为评价服务岗位效能的依据和标准。选树一批服务育人先进典型模范，培育一批高校“服务育人示范岗”。

九、全面推进资助育人

把“扶困”与“扶智”结合起来，建立国家资助、学校奖助、社会捐助、学生自助“四位一体”的发展型资助体系，构建物质帮助、道德浸润、能力拓展、精神激励有效融合的资助育人长效机制，实现无偿资助与有偿资助、显性资助与隐性资助的有机融合，形成“解困—育人—成才—回馈”的良性循环，着力培养受资助学生自立自强、诚实守信、知恩感恩、勇于担当的良好品质。

加强资助工作顶层设计，建立资助管理规范，完善勤工助学管理办法，构建资助对象、资助标准、资金分配、资金发放协调联动的精准资助工作体系。精准认定家庭经济困难学生，健全四级资助认定工作机制，采用家访、大数据分析和谈心谈话等方式，合理确定认定标准，建立家庭经济困难学生档案，实施动态管理。坚持资助育人导向，在奖学金评选发放环节，全面考察学生的学习成绩、创新发展、社会实践及道德品质等方面的综合表现，培养学生的奋斗精神和感恩意识。在国家助学金申请发放环节，深入开展励志教育和感恩教育，培养学生的爱党、爱国、爱社会主义意识。在国家助学贷款办理过程中，深入开展诚信教育和金融常识教育，培养学生的法律意识、风险防范意识和契约精神。在勤工助学活动开展环节，着力培养学生自强不息、创新创业的进取精神。在基层就业、应征入伍学费补偿贷款代偿等工作环节中，培育学生树立正确的成才观和就业观。培育建设一批“发展型资助的育人示范项目”，推选展示资助育人优秀案例和先进人物。

十、积极优化组织育人

把组织建设与教育引领结合起来，强化高校各类组织的育人职责，增强工作活力、促进工作创新、扩大工作覆盖面、提高辐射能力，发挥高校党委领导核心作用、院(系)党组织政治核心作用和基层党支部战斗堡垒作用，发挥工会、共青团、学生会、学生社团等组织的联系服务、团结凝聚师生的桥梁纽带作用，把思想政治教育贯穿至各项工作和活动中，促进师生全面发展。

发挥各级党组织的育人保障功能，进一步理顺高校党委的领导体制机制，明确高校党委职责和决策机制，健全和完善高校党委领导下的校长负责制，推动学校各级党组织自觉担负起管党治党、办学治校、育人育才的主体责任。全面推进校、院(系)党组织书记抓基层党建述职评议工作。实施教师党支部书记“双带头人”培育工程。实施“高校基层党建对标争先计划”，遴选培育全国百个院(系)党建工作标杆，培育建设一批先进基层党组织，培养选树一批优秀共产党员、优秀党务工作者，创建示范性网上党建园地，推选展示一批党的建设优秀工作案例。发挥各类群团组织的育人纽带功能，推动工会、共青团、学生会等群团组织创新组织动员、引领教育的载体与形式，更好地代表师生、团结师生、服务师生，支持各类师生社团开展主题鲜明、健康有益、丰富多彩的活动，充分发挥教研室、学术梯队、班级、宿舍在师生成长中的凝聚、引导、服务作用。培育建设一批文明社团、文明班级、文明宿舍。

第四章

高校“三全育人”的现状

“三全育人”理念的提出对高校思想政治教育工作具有深远的意义。2017年，中共中央、国务院印发的《关于加强和改进新形势下高校思想政治工作的意见》中明确提出“三全育人”要求，对新时代高校思想政治教育工作的开展起到积极的指导作用。自2018年5月教育部开展高校“三全育人”综合改革试点工作以来，“三全育人”积累了经验、总结了规律、取得了成效，在育人视野、育人素质、育人范围和育人资源方面取得一定成效。但部分地方及高校在落实“全员育人、全过程育人和全方位育人”具体工作过程中仍存在需要深入思考和着力破解的现实问题。

第一节 “三全育人”的成效

一、育人视野不断拓宽

经济全球化和文化多元化的影响为“三全育人”提供了更广阔开放的发展视野，其成效主要体现在学生个体发展和高校教育理念革新这两个方面。从学生个体的角度来说，“三全育人”无疑为高校学生提供了一个更加开放的教育环境，致力于促进学生多元思维的发展，使大学生的思想表现出与以往不同的开放、独立、活跃等特点，具备全面看待问题、冷静分析问题、探索创新问题的能力，不再墨守成规，能够大胆地表达自己的看法，拥有不同的个性。在“三全育人”的教育理念下，学生能够通过实践育人、科研育人等途径更加密切地关注外部社会环境的变化，表现出更强烈的求知欲，喜欢接触新鲜事物并有较强的动手能力。随着科学技术和网络环境的迅猛发展，高校学生在思想上也不断进步，单一的文化课程学习形式已经不再是他们的主要诉求，他们更容易接受隐性教育模式，同时期望在学校中受到潜移默化的熏陶感染，以提高自己的修养素质和能力水平。“三全育人”将育人理念融入大学生学习生活的方方面面，通过“知识能力+道德品行”的评价方式提高学生的综合素质，使新生代大学生学会做人做事，更具有适应社会的能力，拥有更强的竞争优势。从教育理念角度来说，“三全育人”的育人模式正在逐渐克服传统社会应试教育带来的一系列弊端，取而代之的是以更加全面、更加开放的姿态迎接高等教育改革，强调高等教育要做到以人为本、尊重个性差异，让学生得到全方位、立体化的发展。传统教育模式下的思想政治教育具有鲜明的工具性，教育手段以灌输式为主，教师占据主体地位，在一定程度上限制了学生的自主性、独立性发展。在“三全育人”理念引领下，高校育人模式开始回归“以人为本”，注重育人方式的创新转变，在立德树人根本任务的引导下注入新的活力，激发学生的自主能动性，更新育人理念，消除传统教育模式对学生个性发展的限制，推进育人理念的改革、创新，实现思想政治教育工作的有效渗透。

二、育人素质不断提高

教育部发布的数据显示，我国已建成世界最大规模的高等教育体系，高等教育进入世界公认的普及化阶段。随之而来的主要问题是由数量扩张到内涵质量的转变，尤其是我国进入新时代后，对人才培养的质量要求也越来越高，急需高校引进一批高素质的专业人才。实行“三全育人”后，高校对教师和各部门职工(员)的文化素质要求大幅度提升，对人才引进的需求门槛有所提高，教职员工学历层次有了显著提升，进而使育人队伍的教学、科研、管理能力稳步上升。“人创造环境，环境同样创造了人”，专任教师、辅导员、管理及服务岗位的工作人员等在承担日常教学管理事务过程中起到“活教材”的作用，能够让学生从高学历人才的学术、学业成就中切身感受到榜样的力量，能够使学生在日常生活中感受到学校的关心、关怀和关爱，感受到职业精神，激励学生在良好的育人氛围中学习并成长。育人队伍的科学文化素质的提高为“三全育人”奠定了坚实的人力资源基础，进一步实现“教书育人”，使高校更加容易通过学风建设等载体开展大学生思想政治教育。大学生既是教育对象，也是教育的主体。在“三全育人”模式下，学生占据教育的主体地位，更加配合育人工作开展，更加积极主动地参与教学全过程。在新时代，社会主要矛盾已经由物质文化的一元化层次转向美好生活的多元化层次，参与高等教育人才培养逐渐变成全社会的广泛共识，很大程度上提高了教师、家长的育人意识和育人素质，为学生营造出学校、家庭、社会等多方面共同努力的育人氛围。

三、育人范围不断延伸

“三全育人”贯穿大学生从入学到毕业的始终，在时间上表现出持续性，育人工作覆盖到教育教学的所有环节、所有时段，甚至一些高校将育人范围延展到在校学习范围以外的假期实践，体现了“三全育人”的连续性。新时期立德树人的根本任务对人才培养提出了更全面的要求，提倡育人工作的精细化开展，高校思想政治工作也需要不断扩大教育范围。在传统育人理念下，思想政治教育应该从学生接受入学教育的那一刻开始，但新时期“三全育人”的理念认为这一开端早已超越了开学的界点，众多高校在“三全育人”理念的指导下纷纷展开新的尝试。例如，清华大学在给新生邮寄的录取通知书上写下“要在平凡的世界努力做一个不平凡的人”的寄语，激励学生不忘初心、努力奋斗，规定教师和学生的“开放交流时间”，提倡每位老师都从一周中抽出一小时的时间专门与学生交流互动，教师对学生的各种问题进行解答，搭建一个师生沟通思想、生活、学习的开放平台，体现了时时、处处有育人；南开大学电子信息与光学工程学院自 2014 级学生入学以来，每个寒暑假都会分层分类，为不同年级学生布置“作业”，将思政教育延伸到学期之外，2019 学年的寒假作业采用了网络热门的话题“集五福”，分别对应寒假学业科研、复盘规划、社会实践、人文素养提升及孝老爱亲五个专题等。传统的育人模式一般认为，教育工作的终点到学生毕业离校为止，而在“三全育人”的模式下，大部分高校在毕业生离校后会对其后续就业、升学的情况进行跟踪调研，了解毕业生对母校教学质量的满意程度，一些高校还会定期通过校友会或校园公众号、QQ 号向毕业生推送母校各类消息等，加强校友之间的沟通。“三全育人”使高校育人的起点向前延伸、终点向后延伸，有利于引起全社会对高等教育工作的关注，拓展了立德树人的时间范围。

四、育人资源不断丰富

当前，世界正处于大发展大变革大调整时期，世界多极化、经济全球化、社会信息化、文化多样化深入发展，新一轮科技革命和产业变革与我国发展方式转变、发展动能转换交汇，内外环境和形势变化对高等教育发展提出新挑战。

对于新出现的高等教育难题，我们到底采用何种方式、何种方法予以解决，如何实现培养社会主义建设者和接班人的任务，成为“三全育人”亟待回答的难题。一方面，随着科技和网络环境的飞速发展，“三全育人”逐渐填补了育人资源上的部分空缺，拓展出了“网络育人”的途径，借助网络载体开展大学生思想政治教育是新兴的育人模式。如慕课的出现对传统课堂教学形式提出了新的挑战，高校纷纷反思传统课堂教学形式带来的问题，结合慕课的新手段对大学生进行思想政治教育；基于我国“大数据”战略实施开展，高校开始利用精准便捷的科技优势对学生进行高效便捷的教育、管理等。这些现实问题成为新的研究课题，使“三全育人”的意蕴更加丰富，给立德树人带来了更多机遇与挑战。另一方面，“三全育人”利用丰富的网络资源，使教师可以从海量资源中查找相关资料来丰富教学内容，学生在任何时间、任何地点都可以与老师沟通交流学习和生活上的问题，课堂教育教学不再刻板枯燥，进一步提高了思想政治教育的实效性。同时，“三全育人”将家庭、社会与学校教育融合为一体，形成强大的教育合力，为获取更多教育资源、开展更大范围的立德树人工作提供了更广阔的空间，高校学生吸收各种先进思想和优秀文化，强化了自身修养，提升了道德品质，形成现代化的价值观念。“三全育人”的教育机制使教育者和受教育者在学习、生活的沟通交流中保持相对平等的状态，教师的教和学生的学是双向互动的，利用更多的交流平台减轻学生的负担，更加尊重学生的隐私，能够在一个相对轻松的环境中，更加自在地畅谈自己的想法、发表自己的观点，解决生活、学习中遇到的困难和问题，有利于形成融洽的思想政治教育氛围。

第二节 “三全育人”的现实困境

一、全员育人的孤岛化问题

高校“三全育人”实践需要多元主体共同参与，形成育人的协同效应，全体教职员工在育人工作中应充分发挥出个体与全员的育人功能。但在现实的育人实践中，高校却普遍存在“重教学、轻教育”“重知识、轻能力”“重智育、轻德育”的问题，这影响了全员协同育人的效果，最终导致育人工作开展呈现出“孤岛化”的现象。究其原因，在于各育人主体在教育理念上存在“育人”意识不足，缺乏传授知识与价值引领相融合的认知，部分教师自身在育人意识方面存在德育意识与德育能力不匹配，对课程思政认识不到位、设计不科学等问题；还存在教书的不育人，育人的不教书等教书与育人脱节等现象。此外在横向协同上存在着管理不足，各个部门之间存在“职责”划分的意识。上述这些问题直接削弱了育人主体间的默契与配合，使全员育人仍然停留在各自为政的状态，各育人主体虽然较以往个体、岗位上承担的育人内容和意识有所增加，但最终的育人效果却未能达到“全员育人”目标的预期。

（一）部门上下级“线性衔接”与“责任下沉”

高校管理是典型的上下层级组织模式，上级与下级之间属于单向指令性的交流模式。在全员育人的机制下，高校的各个部门本应形成上下级的合力，纵向上开展有序的教育机制整合，从校—院层级开始逐一落实到基层职能部门再到师生；横向上则是校级各类组织和院级各类组织之间的联动，并辅以外部环境的家庭、社会乃至国家层级，这样就构成了全员育人的总体框架以及合作机制。但实际上，高校的组织属性和全员育人的机制存在一定的矛盾，这样的矛盾在管理衔接以及责任下沉方面表现得较为明显。

1. 各层级沟通交流不畅

高校各层级间的沟通交流不畅主要表现为：

(1) 信息传递不畅。高校的信息传递通常需要经过多个层级和环节，如果沟通不畅，就会导致信息在传递过程中衰减、扭曲或遗漏，使得信息的准确性和完整性受到影响。

(2) 反馈机制不畅。有效的沟通应该是一个双向的过程，包括信息的传递和反馈。如果高校各层级之间的沟通不畅，就会使得反馈机制受阻，无法及时获取到下层级的意见和建议，也无法对上层级的决策进行及时有效的反馈。

(3) 决策效率低下。沟通不畅会导致高校在决策过程中需要花费更多的时间和精力去协调各方意见，使得决策效率低下。同时，由于信息传递的不畅，还可能导致决策失误或偏差。

(4) 团队协作困难。高校各层级之间的沟通不畅会影响到团队协作的效率和效果。如果各层级之间无法有效沟通和协作，就会使得团队工作难以顺利开展，甚至可能出现工作重复、资源浪费等问题。

2. 各个部门之间存在育人理念和意识不合拍的情况

全员育人是创新性的育人理念，在实际的高校管理中，各层级划分明显，育人的理念和意识在上层和下层中容易出现异化的情况，校级管理主张的育人理念或者育人思想传递往往是线性衔接，某个职能部门直接针对下一层级的部门进行“上支下派”，全员育人仅仅停留在部门内部，并没有形成校、院全体人员的资源整合。育人责任也被下放到基层，承担责任或者工作的往往是基层的教师、服务和管理人员，虽然以往教师承担的育人责任没有改变，基层服务、管理人员所承担的育人责任、思想政治教育职能有所增加，但这仅仅是工作内容或者理念上的改变，并没有形成全员的实际效果。全员育人需要的是纵向、横向上的育人合力。但是，在目前的高校育人主体间仍缺乏有效的力量凝聚保障措施，全员育人合力不强。在纵向上，高校各层级管理部门缺乏强烈的责任意识，以管理职能为主线的责任制度或者目标分解落实，不能保障育人的各项措施在全校顺利开展。在横向上，各教育、管理、科研等部门的协作意识不足，缺乏有效的保障措施来推动各部门、各群体组织之间的联动，导致校内的学习、生活缺乏有效衔接，科研、教学、管理体系之间没有形成良好的协调机制。虽然高校内部普遍在强调部门、个体间的全员协作，但全员育人并没有实现真正的全员参与。例如，高校后勤部门的相关责任明确和育人联动就明显存在不足，后勤服务人员的相关责任往往是做好服务保障工作，但在育人意识树立以及工作开展中却不知从何下手，更为突出的问题是服务人员的素质提升和规范化管理需要高校内部进行线性衔接、责任下沉，但这些工作往往是被动地开展，缺乏及时性和主动性，导致服务工作很难融入全员育人体系之中，也很难发挥实效。

3. 全员育人落实缺乏制度先导

全员育人落实缺乏制度先导主要表现为：

(1) 责任不明确。在缺乏制度先导的情况下，全员育人的责任往往不够明确。教师、行政人员、学生以及家长等各方在育人过程中的具体职责可能模糊不清，导致无人负责或责任推诿的现象。

(2) 缺乏统一标准与沟通机制。没有明确的制度指导，全员育人的实施往往缺乏统一的标准和规范。这可能导致育人工作的随意性和主观性过强，影响育人的效果和质量。缺乏制度化的沟通机制，可能导致各层级、各部门之间的沟通不畅。这会影响信息的传递和反馈，使得育人工作的进展受阻。

(3) 资源分配不均。在缺乏制度先导的情况下，育人资源的分配可能不够均衡。一些重要的育人工作可能得不到足够的资源支持，而一些相对次要的工作却可能占据过多的资源。

(4) 激励不足，评估困难。没有明确的制度激励，可能会导致教职工参与全员育人的积极性不高。他们可能将更多的精力投入到与教学和科研相关的工作中，而忽视育人工作的重要性。缺乏制度化的评估机制，使得对全员育人工作的评估变得困难。这会影响对育人工作效果的客观评价，也不利于及时发现问题和解决问题。

(二) 教师队伍内“各自为政”与“本领恐慌”

新时代，高校的教育以及管理工作开展逐步趋于专业化，各职能部门和学科教师的分工日趋专业化，教师队伍内部也呈现出细化分工的情况。由于专业认知方面的差异，教师队伍内部对育人的理解表现出“学术槽浅、解释力不强、说服力不够”和“各自为政”的问题，大大降低了全员育人的落实和效果。

1. 思政课缺乏均衡性

从思政课教师的视角看，长期的理论宣导，导致思政课教师的育人视角变窄，在实际的思想政治教育课程讲授中出现了课程教学不均衡的问题：

(1) 重理论，轻实际。思政课教师的日常工作是传授思想政治理论知识，其承担的重要职责是强化学生的政治素养、道德素养、法治素养，借助知识带动学生素养的提升。这使得思政课教师更愿意借助理论来引导学生形成正确的政治立场、道德观念，塑造学生良好的人格。但是，新时代的大学生个性化特征更加突出，其在理论知识的接受能力、认知能力等方面都存在明显的差异，并且不同阶段、不同专业的学生对思政课的重视程度、理论接受程度也都存在差异。教师单纯地借助理论讲解、知识传授显然难以促使学生形成良好的意识形态认知，反而可能引起学生对思政课的反感抵触。在日常教学中，思政课教师借助课堂开展理论知识内容的传授，其教学的系统性以及专业性毋庸置疑，但却普遍存在教学内容与学生的实际生活关联性不强的问题，不能帮助大学生正确理解和处理日常学习、生活中遇到的政治问题、法治问题、观念问题。

(2) 重智育，轻德育。思政课教师承担的教学任务是传授学生基本的思想政治理论知识，使其掌握相关的政治、社会、哲学理论，这使教师在日常的课程教学中相对侧重学生的智育培养，过多地关注学生对理论知识的掌握情况。但是，单纯的理论知识掌握并不能保证学生能够形成良好的思想认知和价值观念，并且也很难全面提升学生的道德素养。毕竟理论知识是既有成果，学生的学习只是对知识的系统性了解、记忆，将所学知识与自身的思想认知和价值观念对应的自觉意识和能力较弱，难以完全形成良好的思想意识、政治立场和道德品质。

(3) 重内容，轻方法。当代大学生普遍具有个性张扬、思维活跃的特点。在学习中，已经不再局限于“老师讲”的范畴，更喜欢通过网络浏览、书籍阅读等方式拓展自己的知识范围，在思想上也容易接受新鲜事物，对书本上既有的理论知识和观点则会或多或少地产生怀疑。而在真正的思政课教学中，往往存在理论知识讲解枯燥、课程内容单一的问题，教师对学生提出的疑问的回答也是蜻蜓点水，未能深入，很容易引起学生的厌学心理。同时，教师在教学方面普遍采取的就是将内容作为教学重点，忽视寓教于乐的教学方法，容易引起学生学习环境的单一呆板，思想自然也容易“开小差”，难以完全保障思政课预期教学目标以及育人效果的实现。

2. 思政课及专业课的育人精细度不够

如今，高校的一些思政课教师往往专注于学生的技能培养、就业能力提高，对思想的引导缺乏深入的关注。在课程教学中，教师缺乏追求极致的课程教学定位，在思想政治教育方面缺乏探究意识，所开展的课程教学活动的方法和内容等往往过于粗糙。同时，教师队伍内部存在的“各自为政”的思想，导致思政课教师的育人能力提升受到限制，部分教师存在“思政本领恐慌”的焦虑情况。

在全员育人理念下，专业课教师的思想政治教育的“说服力”不强。在实际的教学中，仅仅有一部分专业课教师愿意在专业教学中融入思想政治教育的元素，且认为有一定的教学价值，大多数专业课教师认为在专业教学中进行思想政治教育的效果一般，而有一些教师则认为在课程中融入这些元素的价值不大。从思想意识上看，专业课教师对于思想政治教育的理解和定位往往是从专业课的角度，偏离了从思想政治教育视角审视专业课中的思想政治教育。

3. 课程思政意识有待进一步深化

课程思政是高校“三全育人”的内在要求和实践趋势。“两个大局”背景下，要解决好各类课程和思政课相互配合的问题，大学生只有具备良好的综合素质，才能胜任“接班人”的要求。在育人实践中，虽然大部分教师形成了思政育人的意识，但在实际的育人工作中，专业课教师的思想政治教育功能并没有切实发挥出来，课堂上的思想政治教育往往停留在下课之前，课后专业课教师则缺乏与学生关于思想政治教育方面的充分沟通。在课外，无论是思政课教师还是专业课教师，均没有对学生进行持续性的思想认知和价值观念引导，这说明教师在思想政治教育尤其是课外的思想政治教育中仍然缺乏强大的课程思政责任意识，没有将课程思政理念吃透，缺乏课后进行思想政治教育的意识和能力，而是仅仅完成了课堂上的课程思政任务，没有打通课堂和课外在课程思政方面的衔接。本质上，专业课教师的育人意识仍停留在“各司其职”方面，这最终导致更多专业课教师的课程思政落实能力不足，缺乏课外持续言传身教的意识和能力，育人的本领也只是停留在专业上，不能起到为人师表的作用，不能充分发挥自己的育人能力，这自然也就不能在课程思政中实现良好的育人效果。

4. 辅导员的思想政治教育能力有限

学生管理需要一专多能。辅导员是大学生学习和生活的直接管理者，大学生遇到问题时往往会向辅导员求助，辅导员成为高校管理的“多面手”，很多的直接针对学生开展的思政工作是由辅导员完成的。日常的学生管理、职业规划、心理辅导等工作都在一边倒地转移到了辅导员身上，这显然不是全员育人的目标。辅导员所承担的工作应当是在日常的学习和生活中辅助完成高校的各项管理工作，并引导学生树立正确的思想认知和价值观念。然而，繁重的事务性工作使得辅导员在思想政治工作中应接不暇。辅导员工作的多样性，不能说明辅导员自身的“一专多能”，造成的反而是其他职能部门、服务部门能力的缺失，将职能责任下放到辅导员岗位上显然不是全员而是专员，这背离了全员育人的初衷，很容易导致高校职能部门与辅导员作为管理者在能力和育人效果方面的不均衡，使更多事务性工作落实到基层或者直接集中在辅导员身上，这不利于全员育人方面的责任明确和联动。并且，这种情况变相地暴露了部门各自为政的错误思想，在本质上反映的是高校缺乏全员育人的责任认识和担当，是本领恐慌下的责任推卸。

5. 服务人员、管理人员育人自觉度不够

服务人员、管理人员大部分都是在职能部门范围内完成“分内”的工作，使得管理人员、服务人员容易将工作和育人区分开来，认为育人是教师、辅导员的事情，专业教师、学科教师、辅导员是育人工作的主力。高校在育人方面的这种传统思维，使部分教师认为思想政治教育只能由专业人士负责，服务人员、管理人员只要做好自己的本职工作就“万事大吉”。但在全员育人视角下，管理人员、服务人员也是“教师”，其负责开展的各种活动也是在潜移默化地影响学生的思想认知和价值观念，如果这些人缺乏“行为示范”“德行引导”，就不会具备良好的思想政治教育本领，也就不能很好地发挥服务和管理方面的育人功能。

(三) 育人格局中“联动僵化”与“效能不足”

全员育人视角下，育人工作的开展需要发挥高校内部各个体系的联动作用。全员不是简单地要求高校全体人员参与到育人工作落实中，而是全体人员在思想政治教育主体层面的联动和协同。换而言之，全员育人不是简单地从数学角

度的“1 + 1 = 2”，而是需要全体人员有效地联动和叠加，并从理念方法与机制上进行融合和互动，实现“1 + 1＞2”的效果。当前高校的育人措施相对僵化，缺乏能效。全员育人的联动更像是鱼缸中“景观”的布置，虽然诸如水草、摆件、树根、泥沙、石子等各种能够在鱼缸里生存、摆放的物件都被填充到了鱼缸里，但“鱼”的生存却出现了问题，空间、养分的缺乏，使得鱼缸并没有达到“养鱼”的标准，“养鱼”的目标也就很难持续实现。这里，所忽视的是“生态”与“鱼”之间的互动，没有将育人的本质诉求和育人的力量与作用的联动对接好，笼统地叠加内容，使得思想政治教育缺乏了“生态”。联动是全员育人的根本思路，应当将高校育人的各个环节有效地贯穿起来，而不是简单地堆砌。高校应关注关心关爱每名在校学生的成长发展，持续推进各部门思想政治工作协调发展，取长补短，补齐短板，互相配合，既完成思政课和日常思想政治教育的理论和实践教学任务，又结合学生实际制定相应的政策安排，只有这样，才能更好地实现“养鱼”的目标。

1. 全员育人认知有偏差

(1) 部分教师仍有只教书不育人的现象。部分教师错误地认为只要自己不出错、不犯错，完成教学任务，全员育人与自己无关。对于教师来说，学校既然不会因为全员育人出现问题处罚或限制自己的发展，那么履不履行全员育人的责任和义务也就无关紧要，这样的思想就导致部分教师形成了诸如“重教书、轻育人”“只教书、不育人”的不作为现象。纵观学校的思想政治教育工作，这种行为并不是个案，而是具有普遍性。

(2) 部分教师对育人的理解和实施较为狭隘。在实际的教育教学中，教师即使参与到学生的思想政治教育活动中，也往往停留在本专业、本课程的“责任田”中，更多地是以自身的课程诉求出发，即使在课程中融入了思政元素，也不能起到兼容并蓄的效果。同时，部分专业课教师把育人的责任转嫁给思政课教师。在一些老师看来，育人是思政课教师的职责，与专业课教师的关系并不大，只要在专业课教学中做出一些样子就可以了，这导致专业课老师只管教书，不管育人。这样的思想意识直接导致高校在全员育人过程中缺少了专业课程的支持，学生的学习与成长环境中缺少了联动，即使落实了课程思政，也呈现出简单、僵化的情况。

(3) 管理、服务等岗位的工作人员缺乏育人意识和能力。在管理、服务等岗位工作的人员认为自己的岗位职责就是处理好日常的文字、交流、协调工作，面向的服务主体主要是教师，对于学生不是接触少就是根本接触不到，所以在育人意识方面也就没有正确的认识。

2. 全员育人的制度和激励机制缺失

虽然在育人实践中，教师和管理者对全员育人有了一定的认知，但普遍缺乏相应的能力和环境支持。在实施“三全育人”工作的过程中，相关制度不能实现激励和监督的有效联动，使全员育人的能效下降。

(1) 制度的细化有待进一步提升。虽然高校在“三全育人”中建立了相关的制度体系，但在实际落实中，仍然对分工、人员调配、工作经费、工作量等内容缺乏必要的明确和细化，育人工作的联动和监督机制缺失，使得全员联动存在流于形式的情况。

(2) 育人支撑和保障要素的制度性规定还不完善。高校在育人方面没有形成完善的制度体系，联动方案、实施细则、考评机制等育人支撑和保障要素的缺失，导致思想政治工作缺乏可以有效实施的制度体系、细则，使面向大学生的全员育人体系容易出现随意、松散的状况，责任也就不能通过制度协调获得联动效果。例如，党政团组织和干部对于学生管理工作虽然十分熟悉，但关于在管理中如何融入思政元素却不能掌握要领，在工作中融入思政元素方面常常出现力不从心的情况，使得管理中的思想政治教育过于刻板，不伦不类。相关育人要素的缺失，还导致监督制度和激励机制的配合不力，高校建立的制度不能保障主渠道、主阵地与其他育人渠道的有效配合，主渠道中的教职工在逐步提升思政意识和联动意识，但其他岗位人员的相互配合状态和效果未能达到预期的效果。

(3) 制度约束的联动性、指导性还差强人意。制度约束对其他渠道以及工作人员的激励和联动职责的指导性作用不佳，这使得全员在思想政治教育方面的配合仍然存在壁垒。在工作考核中，管理类工作的思想政治工作内容无法加以量化，毕竟管理质量容易“看到、摸到”，而思想政治工作的质量却无法进行有效的量化，使得考核的结果不够明确，这也在较大程度上限制了育人联动的效果。

3. 全员育人的协同和融入机制不能有效地实现横向联动

(1) 缺乏明确的育人责任分工。高校内部的部门、职能划分都已经相对成熟，人员各司其职的工作模式相对固定，且运转有序。要在这样相对完备的工作职责和体系中引入育人的任务和目标，就面临较大的惯性思维，在全员育人的过程中，如果各方没有明确自己的育人责任和任务，就难以形成有效的联动。这可能导致工作重叠、资源浪费甚至育人工作的遗漏。

(2) 信息沟通不畅，资源共享不充分。思政课教学的任务多由马克思主义学院的专业教师承担。日常的学生思想政治教育工作则由学生处、院系学生办、心理辅导中心、团委等部门或者组织承担，其中，辅导员、班主任隶属学生处、院系，而心理辅导教师、就业指导教师、团委老师等则以兼职居多，也隶属于不同的部门。如果以上各方之间缺乏有效的信息沟通渠道，就无法及时了解学生的成长状况和需求，也难以形成协同育人的合力。此外，全员育人需要各方共同提供资源支持，但如果资源共享不充分，就会导致资源浪费和育人效果不佳。

(3) 育人理念不统一。如果学校各育人主体在育人理念上存在分歧，就难以形成一致的育人目标和方法。这可能导致学生在不同的教育环境中受到不同的教育影响，产生困惑和冲突。

(4) 合作机制不完善。如果全员育人的合作机制不完善，就难以形成长期、稳定的合作关系。例如，在高校党委、行政、教学体系之间要建立高效的协同机制并非易事，很容易形成各自为政、相互推诿、职能重叠等问题，最终导致“联动僵化”，实际的育人工作则出现能效不足。

二、全程育人的中梗阻问题

全程育人是涵盖大学生整个生涯的育人理念。虽然全程育人理念主张大学生在高校生活、学习过程中的每个阶段都不能脱离思想政治教育，但在具体的实践中，全过程中仍存在三种中梗阻的典型问题。一些高校教师不善于把习近平新时代中国特色社会主义思想等党的新思想、新理论与高校教育教学工作实际结合起来，导致思想政治教育内容偏离学生群体的现实思想，不接地气。同时，高校并没有根据阶段性的教育教学情况，设定专门的思想政治教育内容，思想政治教育缺乏全过程的连贯性和阶段性重点。在育人过程中，高校缺乏有效的、总体的和具体的规划与串联，虽然思想政治教育的内容、形式多，但没有形成叠加累积的效果，思想意识教育的层次性不强，对大学生思想认知和价值观念的影响缺乏系统性的效果。高校在思想政治教育内容和方法的设计与选择过程中，没有根据大学生的学习、成长经历与实际，形成拓展性的效果，没有突出大学生成长的“过程”内涵，这也就导致思想政治教育难以符合大学生发展的诉求，阶段性的思想政治教育实效性不佳。可见，在育人理念和实践中，全过程的主题仍然没有被完全理解和应用，虽然高校按照党和国家的要求有序开展全程育人工作，但是在“中间层”却出现了阻碍，直接影响了全程育人的实际效果。

(一) 课堂到课后：主体自觉意识不足

思想政治教育是对学生进行价值观的引导和规范的意识形态教育。这种教育定位决定了思想政治教育的功能主要表现在学生接受、认同和践行正确的思想认知和价值观念的状况上。然而，在实际的全程育人实践中，多数学生对思想政治课程教学内容并没有达到高度认同和充分接受，这说明高校在课堂到课后对学生的教育实践方面出现了问题，其中，最为典型的问题就是主体自觉意识不足。

1. 部分大学生对思想政治教育存在误解

思政课是落实立德树人根本任务的关键课程，是高校思想政治工作的主要方式之一，通常采取课堂教学的方式进行，其理论性很强，传统思政课采用说理式的课堂教学方式，在一定程度上容易引起学生的枯燥感和乏味感。“办好思政课关键在教师。”虽然近年来党和国家不断强调思想政治教育要贴近实际、贴近生活、贴近学生(简称“三贴近”)，但在实际的授课、引导中，一些教师存在意识或者能力欠缺的情况，导致“三贴近”原则落实的效果不佳。“三贴近”所强调的是思政理论课程教学要与学生生活、社会发展相符合，这就要求思政课教师必须对社会、学生的思想状态进行全面的了解。但是，在实际的思想政治教育中，思政课教师在课堂教学中往往会过度强调理论知识的传授，导致课堂上的理论教学与学生实际的生活以及社会发展的情况缺乏有效的融合，使得思想观念的宣导与社会、学生发展之间存在割裂的状况。这种情况也会引起部分大学生的自我判断和个性主导意识出现问题，弱化思想政治理论课教学的效果。同时，一些思政教师对于新思想、新理论的学习掌握程度不足，在教学中很难将与学生日常生活和学习中接触较多的内容融入课程中，进行深入浅出的讲解，这种过于枯燥的内容宣读和填鸭式的教育显然不利于思想政治教育教育效果的提升。

2. 学科教师、辅导员、管理服务人员的思想政治教育认知存在偏差

立德树人不是简单的说教，而应落实到各个环节和岗位上，这样才能实现时间维度的全面覆盖。但在实践中，学科教师、辅导员，以及其他教职工对于思想政治教育的理论和方法认知过于浅显，不能满足思想政治教育工作开展的实际要求。并且尽管高校教学、科研等工作日益精细化，各部门、各单位之间虽然自成体系，但由于管理体系、运行机制、人员结构、考核目标、评价指标都不尽相同，很容易出现各自为政的情况，导致系统之间的行为协作存在问题。在思想政治教育工作开展中，各个部门内部的岗位之间也普遍存在职责受限的问题，部门的职责使得教职工不能将本部门的工作与思想政治教育进行深度的结合，部门之间、教师之间无法形成有效的衔接。上述这些情况就导致高校在开展思想政治教育活动过程中出现中梗阻的状况。在平时的思想政治教育中，承担思想政治教育任务的主体主要是思政课教师和辅导员，专业课教师和管理人员主动参与学生思想政治教育工作的有限，造成思政课教师出现“单兵作战”的局面，课上与课后还没有形成长效有序的衔接机制，出现短板或者中断的情况，无法完全做到全程育人。此外，高校部分职能部门把思想政治工作任务直接安排部署给各学院的辅导员，这在加重了辅导员的工作负担和压力的同时，使辅导员无法对学生的管理、服务以及学生的发展诉求的响应做到面面俱到，从而影响了大学生思想政治工作的整体性和全面性。

此外，在课堂到课后的过程衔接中，各相关主体缺乏对于课堂、课后衔接的主动关注和教育意识的提高，尤其是思政课教师、专业课教师仍然没有将课后活动纳入到立德树人的范畴内，缺乏对学生课后思想政治教育的持续关注和落实，使得课堂教学成果薄弱，不能在大学生的课后生活中持续发挥思想政治教育的延续性，全程育人也在课堂与课后之间出现过程上的割裂。

（二）学习到生活：现实支撑理论不足

理论联系实际，是任何学科教学都不能脱离的宗旨，思政课教学自然也要将现实生活作为基础。思想政治教育要加强中国特色社会主义理论和实践的研究和教育，脱离生活、学习、社会实践的思想政治教育工作显然是“空中楼阁”，不能达到育人的基本目标。全程育人的总体目标是在大学生整个学习生涯中融入思想认知和价值观念内容的引导，但是在实际的教学中，学习到生活中的理论贯穿明显不足，在现实支撑理论上缺乏说服力，自然也就削弱了全程育人的效果。例如，理论教学与现实生活联系偏少，思想政治教育中多数是通过理念、理论、政治观点、道德规范等宣讲教化学生，使学生逐步具备良好的价值观和道德意识。但是，“00后”大学生具有个性鲜明、思维敏捷、思想敏感等特点，加之年龄小、社会经验少，受外部环境影响概率大，容易造成道德滑坡、诚信缺失、信念淡化、方向偏离、个人主义、艰苦奋斗意识淡薄、吃苦耐劳精神淡化等问题。从全程育人的角度看，思想政治教育应当积极地面对上述问题，从生活视角融入相关理论的宣讲，积极引导学生看待现实中的困难、挑战。但在全程育人中，虽然有着明确的教育目标、教育评价、教育队伍等多方面内容的保障，但过于规范且刻板的思想政治教育模式却使得思想政治教育的实际与相应的行为要求存在不足，即高校目标性、完成度、范式化的育人，阻碍了理论联系实际的育人路径的实施。

1. 课堂课余不衔接

学生的在校时间既包括上课时间，也包括课余生活时间。全程育人既要求教师高质量教课，也要求教师积极引导大学生运用课余时间进行思考和体验，提升价值观劝说和引导的强度。虽然思政课普遍被视为高校的公共课，但该类课程在高校课程体系中的占比要明显小于专业课教学的课时量。从学生在校的实际来看，每周的课余生活时间约占总在校时间的42%，如果可以在日常的生活中开展有序的思想政治教育，自然可以实现全程育人的目标。但是，多数高校存在学习到生活中的思想政治教育延续性不足的问题，大学生在校的课余生活中接受思想政治教育的时间要明确偏少，课余思想政治教育的作用欠佳。课堂教学中，学生可以接受课程思政的持续影响，但在课余生活中，大学生则没有了“约束”和“引导”，学生多会按照自己的主观想法和行为活动，可能不会主动选择学习和践行思想政治教育的内容，自然也不会在潜意识中运用思想政治理论知识解决学习和生活中遇到的问题，无法透过现象看到本质，使得思想政治工作的育人功能在课余时间被“搁置”“忽视”，削弱了全程育人的长久性和持续性。

2. 假期存在思想政治教育空白

假期存在思想政治教育空白的情况，影响了从学习到生活的育人过程的持续性，生活化理论支撑不足，思政教育在家庭、社会生活中出现中断。大学生多数是按照学年在校进行学习的，完成规定的授课时间后进入假期，寒暑假累计有将近三个月的时间，而这几个月就成为思想政治教育的空窗期。寒假和暑假时，大多数大学生选择回家休息、兼职、旅行、学习，少数学生选择留校，寒暑假期间学生们所从事的活动与思想政治教育的关联性也不强。假期中，学生回归家庭、社会，放松与休闲成为主题，此时，学生自然就会将学习放在脑后，思想政治教育自然也就出现停滞的情况。在假期，社会、生活、朋辈之间的交流使得大学生自然会受到外部思想政治内容的影响，如果不能具备较为坚定、正确的价值观，那么必然会受到不良思想的影响，这使得在校的思想政治教育成果被淡化。

3. 理论知识在解决实际问题方面的效果欠佳

思想政治教育中断问题集中体现在思想政治教育过程中现实支撑理论方面的不足，即学生在选择怎样的思维方式和价值取向应对家庭、社会、社交等过程中出现的“是非”问题时，缺乏科学、有效的理论指导。在实际的思想政治教育中，如果教师不能为学生提供具体的应对方向、方法指导，则学生就会失去理论联系实际的思想和行为指引。虽然在平时的学习和生活中，学生可以通过自己的实践活动掌握一些明辨是非的知识和技能，但在如何将日常学习中获得的这些“成果”全部融入日常的生活中，并在遇到问题时可以做出正确的选择，则存在心有余而力不足的情况。

（三）入学到毕业：重形式轻内容

大学生从入学到毕业是一个自我蜕变的过程，如今的大学生群体以“00后”为主，这些学生接触的事物以及接受的教育普遍较为多样，这也就塑造了学生个性化的特征。一方面，大学生的独立性增强，喜欢自我尝试与冒险，对于思想认知、价值观念方面的自由发展更加渴望，希望自身得到普遍的认可，并有机会发挥自己的价值。另一方面，大学生舒适的学习成长环境容易使其形成强烈的自我意识，缺乏与人交际和沟通的耐心，团队、公益意识也不足。相关研究表明，很多大学生在日常的生活和学习中喜欢以自我为中心，即便学习成绩较好，但缺乏坚强的意志力，认知水平与言行举止不匹配，这就要求高校在日常的思想政治教育过程中，要着重培育大学生的集体意识、大局意识，关注大学生成长过程中的身心健康问题。因此，高校和教师要对学生在入学到毕业的不同阶段的身心发展状况进行差异化的感知和处理，避免学生过多地承担学业、就业、家庭、情感方面的压力。

大学生的整个学习生涯可以划分为三个阶段。不同阶段存在的全程育人方面的问题也不同。

1. 认知和融入阶段

从大一开始，学生进入新的环境学习并开始独立生活，此时，周遭的人、事以及学习环境都发生了明显的变化，多数学生有着较高的目标与奋斗热情，拥有自己的憧憬与渴望。而在后续的学习生活中，相对宽松的学习环境以及淡化的家庭约束，使得大学生容易产生懈怠心理，这容易导致其学习能力、奋斗意识出现下降，如果学生的学业成绩出现下滑，则很容易产生负面情绪。在生活角色改变中，如果学生没有接受很好的思想意识引导，则很容易失去发展的目标。相关调查显示，焦虑心理普遍存在于大学新生阶段，如果这一阶段的学生不能很好地适应新的自我学习模式，则很容易出现心理落差，影响其持续性的思想认知和价值观念发展。而这就需要高校和教师用思想政治教育加以引导，即为新生提供必要的目标指引和价值观引导，适当引入心理健康课程，帮助学生了解、分析和解决心理问题，使学生逐步树立正确的理想信念。但是，在实际的思想政治教育中，高校开设的关于心理、理想、信念乃至职业规划等方面的课程多数流于形式，课程教学讲究的是课程设置的形式和数量，而非内容上的现实诉求，缺乏针对学生个性特征、专业特征的专门性的思想政治课程，这种情况下的课程往往停留在简单的说教上，对学生心理健康的关注、理想信念的引导、人生发展和职业的规划都仅限于宏观的层面，缺乏对学生基本心理状况的研究和思想认知与价值观念的分析，导致多数新生的思想政治教育缺乏针对性的内容支持，不能起到预期的育人作用。

2. 积累与发展阶段

按照高校教育学年的划分，大二和大三是学生成长发展的关键阶段，此时大学生已经适应了高校的学习和生活环境，并且在学习中积累了丰富的知识，也在逐步形成自己的思想认知和价值观念，对政治、道德、法治等方面也有了相应的自我意识。此阶段，高校的思想政治教育应当着眼于对大学生的意识形态教育、价值取向引导，即提升学生认知社会、认识政治、认识自我发展的能力。思想政治教育应当更多地与专业课程的教学融合，即发挥课程思政的作用。而思想政治课程的开展应当契合大学生的发展诉求、社交诉求、政治诉求，在引导学生提升理论能力的同时，使其明辨社会现象和国家政策，这样做一方面可以为价值观、政治素养服务，另一方面可以为大学生的就业和融入社会打下基础。但是，在实际的教育实践中，高校思想政治教育在大二、大三阶段，往往缺少对学生“意识”教育的充分重视，不论是思政课，还是学科专业课，都缺少大学生所需的“意识”内容，不能与大学生成长发展阶段的“意识”诉求相配合，从而丧失了最佳的引导、教化时机。

3. 脱离与择业阶段

进入到毕业学年后，大学生已经开始有意识地脱离学校的束缚。学生专业知识的学习任务也基本完成，大学生开始选择寻求进入社会的机遇和途径。此时，大学生已经开始脱离学校的约束，自发地开始参与实习、就业活动。高校对于毕业学生的约束和教育能力逐渐弱化，高校开始借助职业规划、就业推介等来帮助学生实现从学生到社会人的过渡。而高校对于即将毕业的学生往往缺乏思想教育和方法指导，不能起到切实的育人效果，这导致毕业时期的学生的思想政治工作存在分散、割裂及形式化、浅层化倾向的问题。虽然高校普遍开展了心理辅导、就业指导、职业素养教育等课程和工作，但是，从实际的工作开展情况来看，多数活动停留在形式上，缺乏对学生需求的具体研究和指导。毕业阶段，大学生的压力主要集中在择业上，如何选择适合自身的职业规划和职业入口，是学生最为重视的内容。在实际的择业教育和职业规划中，往往都是按照专业来设定，缺乏对大学生思想意识的基本融入，也没有因人而异地开展适应该阶段大学生诉求的思想政治教育和就业指导工作，而是采取“一刀切”的择业教育，这对于大学生的发展而言是不利的，也不利于毕业阶段的思想政治教育，毕竟大学生的发展与其思想认知和价值观念的发展是紧密关联的，适应自身发展的思想教育和择业指导，可以让大学生在社会生活中养成更好的“行为意识”。

（四）学业到就业：社会需求导向偏差

邓小平在 1978 年全国教育工作会议上便指出：“从事教育工作的同志，各个有关部门的同志，整个社会的家家户户，都来关心青少年思想政治的进步。”思想政治教育不仅仅局限在高校领域，也应体现在社会环境中，高校的思想政治教育也应与社会发展中的思想认知和价值观念要求接轨。全程育人需要的是学业、就业之间的高效对接和协同。高等教育是为国家和社会发展输送合格的社会主义建设者和接班人。目前，多数高校已经开始重视对学生职业生涯规划以及相关职业道德的培育，但在实际的人才培育中，很容易忽视社会需求的导向性作用，即高校和教师对社会发展、社会主义现代化事业发展、中华民族伟大复兴战略与学习学业、就业之间的内在关联性的认识不够充分，导致在学生的学业和就业之间缺乏必要的“思想意识”纽带，不能将学业和就业过程中的思想政治教育内容贯穿起来，学业过程和就业发展之间出现了中梗阻的状况。例如，学业期间，思想政治教育缺乏与就业、社会生活的有效关联。从大学生入学开始，思想政治教育中关于职业道德、职业操守的教育内容就不足，学业、就业之间的思想政治教育工作脱节。学业中，高校和教师更加重视学生的专业技术和专业能力的培养，虽然也在教育中强化思想政治教育，但是多数活动只是属于“普适性”的思想政治教育，缺乏对专业特征认知以及就业方向的考量，最终在就业时，无法形成持续性的思想政治教育过程和结果。更多的是，高校和教师忽视对学生学习、就业相关的专业数据、就业信息、求职技巧、企业对口等信息的调查与分析，无法为大学生提供科学的择业观、就业观、职业观等内容引导。多数高校认为就业指导仅仅需要在学生临近毕业时开展，忽视了思想政治工作要贯穿于教育、教学全过程的这一理念。大部分高校没有将思想政治教育贯穿到学业、就业教育的全过程，只是在学生临近毕业时召开就业动员大会或者就业讲座、就业指导课。思想政治教育在就业阶段仅仅是停留在讲座和指导上，且占比很小。教育教学过程中，缺乏对不同年级阶段和学生成长的每个环节的职业意识渗透，缺乏针对“学业 + 就业”的思想政治教育，使得大学生进入社会后在各种诱惑和落差之中，逐渐出现职业道德、诚信意识的缺失，最终犯错“栽跟头”。

社会需求导向是思想政治教育的重要导向，高校思想政治教育的理念中，应当明确学业开始时大学生就面临就业的问题，应积极地将学业到就业过程中的思想政治教育与社会需求相挂钩。习近平总书记在全国高校思想政治工作会议上强调，高校要提升思想政治教育的亲和力和针对性，满足学生成长发展需求和期待。但是，在实际的思想政治教育中，高校仍存在学业、就业脱离的状况，症结就是缺乏对社会需求的基本判断和必要引入，社会需求对于高校思想政治教育的引导性不足，这也就导致高校和教师无法针对性地开展学业到就业的思想政治引导。多数高校开展的思想政治教育强调的是理论而忽视了理论知识的应用，没有将社会对人才的诉求真正融入思想政治教育中，对于大学生应当具备的社会素养、政治素养、道德素养的教育缺乏系统性的规划和落实，造成思想政治教育的育人效果欠佳。

三、全方位育人的两张皮问题

（一）各种育人体系间的思政内容边界模糊

1. 各育人主体的思政教育内容划分不详细

思想政治教育是各育人主体间围绕育人目标相互配合产生合力并起效的教育活动。从理论上说，高校各育人主体之间应有明确的分工与合作，其中，最为重要的是思想政治教育内容上的分工。在长期的思想政治教育实践中，高校各育人主体围绕教育任务进行了职责划分，如课程划分、管理划分、服务划分等，各项思想政治教育职责都由不同的主体负责完成。但是，在实际的思想政治教育工作开展中，各育人主体之间缺乏教育、育人、德育等相关内容的有效分工，即没有清晰地界定各自应当承担的思想政治教育内容，也没有从自身的关键点出发形成思想政治教育的有效开展思路。各育人主体中，多数都是按照实际的工作内容或者任务开展工作的，缺乏对自身岗位以及相关的思想政治教育内容的深入分析和把握，导致多数思想政治教育内容只是被硬性地植入到工作中，主体的自我适应性欠佳。此时，包括思政课教师、专业课程教师、管理部门、服务部门、辅导员等在内的育人主体，在宏观目标下，虽然有明确的思想政治教育责任，但对这些责任如何在实际的教育教学活动中落实则缺乏足够的认识，使得思想政治教育内容的边界性比较模糊，导致多数育人主体不能有的放矢地开展相关工作，育人内容与相关主体开展的工作的契合度偏低，过于刻板的思政教育让大学生很难接受。

2. 育人主体对育人内容的理解不深入

思想政治教育应当从心灵出发，借助显性和隐性的方式和内容来感染大学生，在潜移默化中传播社会主义核心价值观等相关内容，逐步获得预期的教育效果。但是，在实际的育人过程中，多数育人主体缺乏对思想政治教育内容的深度认识，简单依靠政令完成相应的工作。显然，这种方式很难达到相应的育人目标。例如，在文化育人过程中，多数主体并没有从育人的角度挖掘和整合文化资源，使得文化育人的相关内容和内涵不能完全与育人主题和工作内容对接，这体现在实际的育人工作中就是不能在正常的教书中体现文化育人的内容，停留在照本宣科的文化教育模式中。显然，这不能有效地达到“纠正认知错误”的目标。此时，文化虽然出现在思政课、主题活动或者专题讲座中，但这种文化育人过于刻板和形式，盲目的文化灌输是不能被个性化突出的学生所完全接纳的，最终也不利于大学生接受文化的熏陶并获得启迪。

3. 育人环境氛围的营造不合理

高校育人环境重点突出的是开放且包容的特征。各种育人主体在大学生学习、生活的各个环节都有着隐性的育人作用，这使得打造思想政治教育的良好环境就成为育人的重要目标之一。如果各育人主体在思想政治教育的内容设定与选择方面不能清晰地把握，不能认清自身工作与思想政治教育的契合点，那么就无法在工作中真正融入思政元素，也就不能获得全方位育人的效果，以及全方位育人的氛围营造能力。思政回归到刻板且教条的思路、内容上，直接导致虽然在育人上强调了全方位，但在内容上却并没有加以区分和细化，仍然在借助宏观的思政宣讲来教化大学生，育人的任务虽然下达到各个部门、各岗位人员身上，但这些任务内容却仍然集中在思政课层面，自然不能发挥各育人主体的育人功能和能力，最终导致全方位育人流于形式，过于刻板。

（二）各种育人体系间的思政方法选择不明

1. 思想政治教育方法缺乏有效创新

思想政治工作开展强调的全方位所关注的不仅仅是课堂，更是育人的环境。

如今，大学生的心理和生理特征已经发生改变，更多的大学生具备了自己的个性和人格特征。在科技、社会进步的影响下，大学生从网络、朋辈、社会中所接受到的思想意识影响较以往大学生接触的更加多样且复杂。大学生在接受各种新鲜事物、外部思想时，更愿意从自我认知的角度出发加以理解、分析和判断，过于刻板的思想政治教育显然不能适应大学生的这种“认知”特征。因此，在思想政治教育中，育人主体需要重视育人方法的创新，借助更加契合大学生思想政治发展的情况来引导学生的思想认知和价值观念。映射到全方位育人上，各种育人主体必须选择适合自身的思想政治方法，以形成潜意识的育人效果。从实际情况看，高校各育人主体的思想政治教育方法仍然没有做到适应、适合育人要求的标准。各育人主体选择和使用的思想政治方法更多的是形式化的宣教，缺乏契合自身的方法引入或者创新。虽然在育人过程中，高校强调各育人主体应当将思想政治与工作相结合，但创新上仍然没有找到适合的角度，仍然缺乏适合的路径，仍然不能做到切实有效，这导致育人的效果不佳。

2. 思想政治教育方法缺乏深刻内涵

在全方位育人的指引下，各育人主体虽然愈加重视开展适应自身工作的思想政治教育活动，但多数活动只是借助管理、主题活动、特殊纪念日等形式或者契机开展，此类方式和方法没有将思想政治教育与自身的工作、主题加以深度契合，育人主体在全方位育人工作中缺乏对自身工作特征的认识以及方法创新。在课程、实践、生活的总体环境中依靠的只是上述这些特殊的活动或者主题，育人方法也过于简单且苍白、短视。同时，在育人中，行政性的育人理念仍然存在，这导致部分育人主体在方法选择上不能将工作、服务与育人进行深度结合。尤其是非课程教师类主体，在思想政治教育中更容易迷失自身的育人目标和方法，不能将自身的工作与思想政治教育有效联系起来，并选择有效的方法达到育人目标。从当前的高校全方位育人状况看，各育人主体在方法选择方面缺乏特色，不能突出院校特征、部门特征、学生特征在思想政治教育方法创新上的客观影响，没有将大学生的学习特征和生活特征相结合，缺乏利用多元方法促进学生主动学习的意识，这使得各育人主体所选择的方法趋同，出现重复做功，最终可能引起大学生产生厌倦心理，失去全方位育人应有的作用和价值。

（三）各种育人体系间的思政互助力度不够

大学生需要的是全面发展的平台和空间，而这就要求高校的育人主体要围绕大学生全面发展进行学生的意识培养。所以，从育人的视角看，高校的育人主体也必须形成互助力，才能满足大学生全面发展的诉求。但是，在实际的育人实践中，多数大学生在学习目标、个性、心理、认知等方面都存在偏差，单纯地依靠各司其职的育人模式显然不能满足每个大学生培育的需要。因此，高校各育人主体的互助就显得尤为重要。但是，就目前高校内部各育人体系间的思政互助力度来看，大学生日常思想政治教育者队伍与社会、家庭的联动性不强。

1. 各育人主体之间的思政主动协调状况偏差

全方位育人的基本理念是借助各育人主体的能动性和协调性发挥育人体系的育人效应，最终形成一个完整的囊括全部育人部门、人员的思政大环境，让大学生置身于这一环境中获得无时无刻的思想认知和价值观念的教化与熏陶。在全方位育人中，高校必须强调的是各育人主体间的互助，只有这样，才能形成有效的协调与合力。高校应突出的是大学生的学习与生活环境的开放性，要实现全方位就必须依靠各育人主体自身的积极参与，并在参与中形成互助的状态，有效达成育人目标。在以往的育人范式中，高校各育人主体普遍已经形成了各司其职的思想意识和工作格局。尤其是在高校规范化管理的过程中，各主体之间的分工日趋细化，这导致工作与育人之间也自然出现分离，教育工作、管理工作、服务工作都由不同部门和人员分担，使得各育人主体之间产生了屏障。此类屏障是工作形式、工作内容、工作性质所致，很容易造成各育人主体间的思想分工，反映到实际的思想政治教育工作中就是不容易形成互助，也就不能激发主体全方位育人的能动性。例如，承担育人主导的教师队伍中就存在互助力度不佳的情况，思政课教师以及专业课程教师、辅导员之间存在分工明确但互助不足的情况。思政课教师以及专业课程教师、辅导员在本职工作内有着明确的育人分工，各司其职的育人突出了专业效果，但从思政课的视角看，作为教师主体的分工状况直接影响了思想政治教育在学习过程中的渗透。思政课教师独立于教学体系之外，没有获得专业课教师、辅导员的有效帮助，而专业课教师、辅导员在思政领域的传道意识和能力也出现逐步弱化的情况，立德树人的根本任务也就无从说起，归其原因，就是不同育人主体内部的互助力度匮乏，导致不同育人主体“孤军”奋战。

2. 高校各职能部门之间缺乏对“育人”互助的认知和实施

长期以来，高校各职能部门虽然制定和实施了相应的育人责任制度，划分了相应的育人责任，在个别重点工作中也出现相互的配合与合作，但多数工作仅仅是停留在工作层面，从思政角度的合作少之又少。客观的工作责任分工，导致育人责任的落实出现屏障，各育人主体更多的是在自身的责任、目标下选择思政内容或者方法，如果本部门或者本岗位的工作尚未做好，对其他部门需要协助的工作就会动力不足，从而限制思想政治工作的互助性开展。思想政治教育不是某个主体的责任和义务，而是高校全体教职工共同承担的责任，更是党和国家赋予高校全体教职工的责任。

（四）各种育人体系间的思政意识参差不齐

高校思想政治教育要实现全方位的效果，就必须突出全局性的主体意识统一，即各种育人主体必须就思想政治教育形成统一的认识。在现实的育人中，大学生生活和学习的核心环境是高校，如果承担育人责任的高校可以形成统一的育人意识，则可以形成良好的育人环境，进而达到事半功倍的效果。但实际的情况是，高校各种育人主体间的思政意识存在明显的参差不齐的状况，育人主体之间力量分散、教育资源整合不力的现象仍然比较突出。

1. 各育人主体之间仍有意识短板

在育人实践中，教育队伍、管理队伍、服务队伍等不同育人主体之间存在育人意识上的不统一，尤其是与教书、育人相关度不大的部门或者主体内部，仍有“事不关己，高高挂起”的思想意识，缺乏对全方位育人的深刻理解和落实，不能将育人思想与自身的工作责任挂钩，导致思想意识上出现参差不齐的情况，由此形成了高校育人环境中的短板。思想政治教育中的主要渠道和非主要渠道之间存在主导和非主导的意识差异，主渠道对应的育人主体对自身的思想政治教育责任认识较为清晰，并可以很快地承担责任，并履行义务，容易形成包括课堂育人、培训育人、主题活动育人等在内的相对完整的育人模式和体系。但在非主渠道中的各育人主体缺乏相对明确的认识和意识，多数主体不能理顺自身承担的育人责任、思想政治教育责任，使得自身的思想政治教育意识不强，缺乏积极的工作融入。例如，在组织相关文化活动、社会实践活动的过程中，部分育人主体更多追求的是形式上、内容上的新颖，而不关注活动的思想政治教育功能。

2. 各育人主体之间的思想意识不统一

新时代，大学生的思想意识容易受到外部各种环境的影响，环境中那些有利于学生成长的思想自然可以获得正向引导和鼓励，但不可否认的是，一些西方意识形态和价值观的渗透则会对大学生的成长产生明显的误导影响，更容易导致学生的思想意识出现扭曲，行为上出现偏差。负面影响往往是有形和无形并存的，并且会融入大学生的日常学习和生活中，如果单纯地依靠思政课教师以及专业课教师队伍的引导，是不能让大学生完全形成思想屏障，过滤掉有害思想的。显然，在育人环境中存在意识短板，将会影响到大学生的思想认知和价值观念形成与发展的效果。同时，实践表明，在思想意识上存在的差异，会直接导致教书、管理、服务领域的育人功能减弱。例如，在教书环节，教师需要具备较强的思想政治教育意识，才能让各种育人元素、资源在课程中发挥应有的作用，如果教师出现育人意识方面的偏差，则会导致自身缺乏对人生观、价值观的充分认识和改善，缺乏自我修养的提升意识，最终造成教学、教育过程中，自身的行为表现没有达到应有的思想境界和行为水平，也就无法在育人过程中达到言传身教的目标。

3. 管理育人意识缺失

在实际的育人过程中，仅仅依靠传统的照本宣科来完成思政任务，缺乏灵活多样的育人方法，会导致学生被动地学习，这显然不能让大学生在学习中获得良好思想意识的教化。管理层面的意识缺失，导致学生学习和生活环境中思想政治教育元素的不对称，教学中思想政治教育引导所产生的效果在其他“环境”中没有存续，则会导致思想政治教育效果弱化，课堂和课外、学习和生活中的思政教育割裂，很容易导致效果下降，自然也就无法形成全方位的效果。虽然教育改革已经促进核心素质目标的落实，但是，很多高校的管理层仍然存在滞后的情况，诸多管理制度中都将学生作为被动的管理对象，缺乏借助管理助力育人的理念。同时，管理主体育人意识不足，负责管理工作的部门通常将学生作为管理对象，制定对应的规范和标准约束学生的思想和行为，忽视了大学生的个性特征，学生真正参与管理、参与实践的情况少之又少，这显然没有将管理作为育人的重要工具。

4. 服务育人意识不足

高校在服务领域的育人意识也存在不足。例如，后勤服务人员尚未将自身放在育人主体的地位上。随着社会分工的细化，高校的服务团队也随之发生了改变，在宿舍、餐厅等服务环节都出现了专业的服务团队。这种专业性的操作可以帮助高校提高服务水平，但是也弱化了服务主体的思想政治教育意识和能力。从现实来看，个别人员工作中缺乏育人意识，无法将服务与育人挂钩，导致服务育人的作用无法真正发挥出来。例如，吉林省某高校在2022年疫情防控期间防疫和后勤保障工作不力，造成网络重大舆情，该校党委书记被免职。而同省另一所高校在疫情防控期间及时做好了学生的防疫物资储备和后勤保障，学生自发在寝室合唱爱国主义歌曲，还通过互联网向外界报平安、秀盒饭，被央视报道。两所高校截然相反的背后一方面是防疫工作的差距，另一方面是思想政治工作的差距和高校服务育人的差距。当前一些高校思想政治工作存在着“滞后于大学生思想实际和形势发展，缺少预见性与前瞻性”“教育工作者只能充当‘救火队员’的角色”“只等事情出现后，才能做一些亡羊补牢的工作，不能在出事之前就制定一套预备方案，所以属于粗放、被动型的思想政治教育”，甚至“对学生进行人文关怀微乎其微”等问题，这些都折射出高校在服务育人工作的短板和不足，亟待解决。

(五) 各种育人体系间的思政育人制度缺位

高校要形成全方位育人机制，还需要从制度上加以规范和指导，以保证各种育人体系之间必须有规范的实施和对接。然而，在实际的育人实践中，高校各种育人体系之间存在思政育人制度方面的缺位，即高校缺乏有效的参与制度、协调制度、考核激励制度等三种制度的支持。

1. 从参与制度看

高校思想政治教育中缺乏对参与主体责任和义务的约束，尤其是管理服务主体的参与，缺乏相关的制度保障，管理领域和服务领域所形成的制度，往往是规范行为的硬性指标，缺乏引导其参与思想政治教育活动的制度内涵，这使得高校管理、服务主体参与思想政治教育的目标、任务、责任、权利等没有形成明确的规定，不能与教学环节中的思政教育进行有效衔接，高校的各育人主体之间的资源难以有效整合，这自然也就不能与之形成一个完整的全方位育人体系。

2. 从协调制度看

虽然高校各种育人主体之间存在明确的制度化分工，但却没有有效的协调制度将各主体的分工进行科学的连接，各自为政的管理模式显然不利于形成全方位育人的合力。例如，教师队伍中思政课教师和专业课教师之间缺乏良性互动机制，高校也没有通过明确的制度要求思政课教师与专业课教师之间进行有效的交流和互动，这导致思政课教师所拥有的思政教育能力发挥的空间范围较窄。虽然专业课教师具备扎实的专业技术和能力，但缺乏思想政治意识和与思政课教师的有效交流，自身的专业实力与思想政治教育的融入性不佳。此外一些高校专兼职思政课教师集体备课数量极为有限，沟通频率低，相互交流少，造成教师队伍的思政协作效果不畅，难以实现思想政治教育高度的融合。再者，教育、管理、党政、行政、服务等部门之间也缺乏有效的协调制度，在思想政治教育中，各种主体缺乏有效的联系，相关行为也缺少衔接性、规范性方面的制度要求，多主体之间虽然在宏观要求下有着全方位的思想，但是缺乏相互之间的合作、协调、联动基础。各主体在各项工作中仅仅是按照职责划分，开展相互之间的合作，例如，组织主体活动、各种社会实践等，在其中，更多的是资源上的共享或者调度，而在思想意识上的协调和统一却始终没有制度作为保障，交互的信息多数为材料、设备等粗浅的内容，在相关活动的主题、内涵、思想教育效果等方面很难进行有效的交流和协调。

3. 从考核激励制度看

高校在育人绩效考核和激励方面的制度创新力度不够，如何以客观公正的评价态度、科学严谨的测评方法、高效动态的评价机制对思想政治教育的质量、实效性进行分析与评价，并着力构建科学全面的评价模式，是高校思想政治教育工作的一个重点和难点问题。适度的考核以及激励是必要的手段和措施，是保障全方位育人获得成效的重要保障。在多数情况下，考核是激发育人主体能动性的重要方式。但高校思想政治教育的主体及目标不易被量化，给考核和激励工作的开展造成了困难。这样的状况，是教育特征使然，当然也存在制度创新不足的问题，多数高校没有积极地对思想政治教育的结果进行分析，也就无法获得量化的标准。高校在落实全方位育人要求中，没有将育人工作绩效与相关的考核制度落实联系在一起。高校一旦缺乏相关的考核制度，就难以通过绩效评估来提升工作效率。思想政治教育的隐性特征，使得高校思想政治教育的考核难度增加，各种育人主体所制定和实施的考核标准、结果等都存在差异，且各种育人要素在不同的岗位和领域内会出现不同的目标和结果，导致高校思想政治教育在实践中无法用硬性的指标来限定和裁量结果或者成果，自然也就不能很好地实现绩效的考核和育人的激励。

第三节　“三全育人”的影响因素

在新的历史条件下，高校的责任与使命就是要坚持“立德树人”根本任务，落实“三全育人”综合改革，切实推动学生思想政治工作创新发展，为高校事业的发展和党与国家的各项工作提供强大的人力资源和全方位的智力支撑。

影响高校“三全育人”工作的因素众多，主要包括制度保障因素、育人主体参与度、育人模式创新以及校园文化育人环境等。高校在客观形势下应以“三全育人”的主要影响因素作为谋划工作、制定战略策略和方针政策的基本出发点，构建“三全育人”的领导、协同和保障机制。

一、制度保障因素

制度保障是影响“三全育人”的重要因素。学校要制定“三全育人”建设规划，在此基础上要不断建立、健全“三全育人”的工作标准、规划指标体系，建立“三全育人”的评价体系，重新构建学生综合素质的评价体系，在学校要建立教学、科研、管理、服务各类岗位的育人工作规范，要形成层层抓落实，一级抓一级的工作格局，让规章制度去管人、管事。

首先是建立以“三全育人”为核心包括教学、科研、管理及服务等一系列活动的监控制度，对整个“三全育人”系统实行全面、有力的监控，掌握

“三全育人”系统的发展动态，从而使其更好地发展。成立监控机构，明确各自的任务和职责及其相互之间的权限关系与联系方法。由于监控制度涉及教学、管理、科研、服务等各方面，因而可以分门别类地依据各个管理机构，实行监控制度。比如教学，教务处是高校教学工作的主管机构，因此，负责对教学活动的全过程进行调度、控制、监督和协调。而学工部和团委是主要负责学生工作的，因而他们主要是对学生的教育和管理过程实行监督和控制。

其次要建立以“三全育人”目标作为基础和前提的考评制度。过去，学校的考评主要是对学生的考评，而“三全育人”是以学生为本，以育人为核心的全员育人的模式，考评也应注重全面性，因此在设置考评制度时，应对考评目标、考评对象及考评内容有明确、具体的规定，如既要包括对学生思想政治品德的考评，又要包括对教职员工教书育人、管理育人和服务育人的考评。

最后，还要构建“三全育人”激励制度。“三全育人”模式调动全部人员参与育人工作，以形成育人合力，而激励制度是形成育人合力的催化剂，因而激励的对象不能仅仅局限于学生，还应包括全体教职员工。激励对象包括全体师生，这样有利于调动教职员工从事育人工作的积极性，同时也有利于引导学生形成正确的思想道德观念和行为方式。激励制度应当将奖惩、鞭策机制相结合，激励可以采取物质激励和精神激励相结合的方法。

二、育人主体参与度

学校的每一位教职员工都应承担起育人的重要责任。学校工作是一个整体，教学岗、教学辅助岗、党政管理岗、后勤服务岗及接受教育者——学生共同组成一个整体，缺一不可。立德树人需要学校全体教职员工的参与，即全员参与，才能达到好的育人效果。传统的观念认为，育人是教师的职责，相应的育人工作是思政教师的职责。而随着全员育人视野的扩展，育人的主体范围已是全体教职员工，育人的要求进一步提高，不仅是对学生传授文化知识，更重要的是对学生价值观的培养与锻造，也就是注重对学生思想道德品质的培养。“三全育人”强调育人主体的参与度，要求全体教职员工都要成为教育者，不论哪一个工作岗位都要肩负育人职责。

因此，学校首先要按照上级要求的师生比例配好思想政治理论课教师队伍；其次，配好辅导员、专职心理教师，以及学校层面、各二级学院层面党政专职工作人员队伍；最后，鼓励教师担任学生班导师，辅导员担任学生党团支部理论学习方面的导师、学业指导方面的导师、创新创业方面的导师、社会实践方面的导师，进一步拓展育人渠道，发挥学校内部不同岗位人员育人的重要作用。

三、育人模式创新

党的二十大擘画了我国发展的宏伟蓝图，对人力资源和社会保障事业发展提出了新的奋斗目标和要求。新时代提倡创新育人模式，通过深化课堂教学变革，优化育人方法，营造育人环境，建设育人生态，加强双创教育、健全产学研融合的育人模式，并积极运用先进技术手段，开展个性化教学，进一步拓展教育渠道和空间，进而让高校在不断探索和创新中逐步提升，真正形成全员、全程、全方位的协同育人格局。高校应创新育人模式，加强学思结合、知行合一、个性化教学，重点培养学生强烈的社会责任感、双创精神与实践能力。诸如，开展“扣好人生第一粒扣子”“感恩节”等主题教育，开展“读书、评书、荐书”活动，开展“社团文化月”活动，以及利用信息化技术手段和大数据分析平台开展诸如创作“青春与信仰学习在路上”的文化产品活动等，营造旨在引导学生保持健康的生活情趣、积极的人生态度、良好的道德品行的文化氛围，以减少学生对社会主义核心价值体系的距离感，提高其对社会主义核心价值观的认知水平与认同度。也可以通过开辟校史馆、博物馆、科学家塑像、校史长廊等育人载体，对师生进行浸润式教育，努力把高等院校中的校史文化与育才理念融入人才培养的全过程。

四、校园文化育人环境

习近平总书记强调，“要更加注重以文化人以文育人，广泛开展文明校园创建，开展形式多样、健康向上、格调高雅的校园文化活动，广泛开展各类社会实践”。高校文化育人环境是在高校内部所形成的一种有利于学生全面发展和素质提升的文化氛围和教育环境。它包括高校的教育理念、价值观念、学术氛围、教育方式、师生关系等方面的因素。

高校文化育人环境对学生的思想、品德、知识、能力等方面产生重要影响。一个积极健康的文化育人环境能够促进学生全面发展，提高他们的综合素质；有助于培养学生正确的价值观念和道德观念，引导他们形成正确的人生观、世界观和价值取向；一个积极向上的学术氛围和创新环境能够激发学生的学术兴趣，培养他们的创新思维和实践能力；有助于建立良好的师生关系，增强师生之间的互信和合作；也能够提供学生发展的支持系统，包括学业指导、职业规划、心理健康等方面的支持，帮助学生克服困难，实现个人成长和发展；通过良好的文化育人环境，学生能够了解和尊重自己的文化传统，增强文化自觉和文化自信。

高校要加大校园建筑设施、环境布局和基础建设的开发利用，不断深化优秀传统文化和红色资源开发。从校园道路、建筑、文化长廊、文艺活动和竞赛活动等物质和精神资源入手，创建校园文化育人的氛围。首先，打造文化长廊，为学生提供展示创作的平台。通过鼓励学生参与书法、绘画、音乐、舞蹈等文化创作，激发学生的创造力和艺术才华。通过举办诗歌朗诵、书法比赛、音乐会等各种文化活动，让学生在艺术交流中感受到传统文化的魅力。其次，开设“文化讲堂”，定期邀请专家学者来校园举办讲座，分享传统文化的精髓和价值。通过讲座的形式，学生可以更加深入地了解传统文化的内涵，增强文化自信心。同时，举办“经典”歌曲传唱活动，让学生通过唱歌的方式传承经典文化，感受到音乐的力量。最后，组织“历史记忆”故事分享活动，让老一辈的革命先辈亲自讲述他们的亲身经历，让学生深入了解革命历史，感受到革命精神的力量。同时，举办文化大比拼竞赛，通过比赛的形式，让学生在竞争中学习、进步，并在比赛中展现自己的才华和能力。通过这些举措，营造一种积极向上、健康文明的氛围，激发学生的学习热情和创造力，培养学生的审美情趣和文化修养。在这样的文化氛围中，学生可以更好地理解和传承中华优秀传统文化，感受到社会主义先进文化的魅力。

随着互联网技术的日益普及，其带来的信息渠道的复杂化、价值文化的多元化等严重冲击着高校主流文化的主导地位。国家确立的社会主义核心价值观体系，是指导新时期高校进行校园文化建设的根本。面对一群富有想象力和创造力、精力旺盛、活力四射、求知欲望强、接受新事物、新信息能力强的当代大学生，高校要根据其年龄特征及思想动态，迎合大学生的心理需求，不失时机地开展丰富、健康而又有实效性的涵盖着精神文化、物质文化、制度文化、网络文化等内容的各种各样的校园文化教育活动，以建构有利于大学生成长的育人环境。

第五章

高校“三全育人”的教育策略

中华民族伟大复兴战略全局和世界百年未有之大变局给高等教育带来了新的前景、新的机遇和新的挑战，大力推进高校“三全育人”综合改革是高等教育内涵式发展的应有之义。“三全育人”教育理念是符合时代发展的、科学的、先进的教育理念，是当今高校进行育人活动所应遵循的基本理论和指导高校开展思想政治教育的指导思想。当前高校“三全育人”工作虽然取得了一定的成效，但在主客观因素的双重影响下，问题也较为突出。这就要求高校针对“三全育人”实践中存在的典型问题，加强顶层设计，探求“三全育人”工作的教育策略。

第一节　更新高校思想政治教育工作理念

一、树立“大思政”理念

（一）树立“大思政”理念的时代背景

1. 我国进入新发展阶段

党的十九届五中全会审议通过的《中共中央关于制定国民经济和社会发展第十四个五年规划和二〇三五年远景目标的建议》(下称《建议》)指出“十四五”我国将进入高质量发展的新发展阶段。所谓新发展阶段就是指我国进入了新的历史方位。这一历史方位的内涵包括：

(1) 向着第二个百年奋斗目标进军。党的十九大对实现第二个百年奋斗目标作出分两个阶段推进的战略安排。作为这一战略安排的具体落实，《建议》通过9个方面的具体描绘，勾勒出一幅到2035年基本实现社会主义现代化的美好画卷——我国经济实力、科技实力、综合国力将大幅跃升；建成现代化经济体系；基本实现国家治理体系和治理能力现代化；国家文化软实力显著增强；美丽中国建设目标基本实现；形成对外开放新格局；人均国内生产总值达到中等发达国家水平；平安中国建设达到更高水平；全体人民共同富裕取得更为明显的实质性进展……

(2) 我国经济发展迈上新台阶。我国已经建立了全世界最完整的现代工业体系，发展成为世界第二大经济体、制造业第一大国。随着综合国力的日益增强，我国经济发展也进入了新时代，基本特征就是我国经济已由高速增长阶段转向高质量发展阶段。

(3) 人民对美好生活的要求不断提高。中国特色社会主义进入了新时代，我国社会主要矛盾已经转化为人民日益增长的美好生活需要和不平衡不充分的发展之间的矛盾。这一变化表明我国虽然仍处于社会主义初级阶段，但是初级阶段本身已经发生了历史性的飞跃，这一变化是关系党和国家工作全局的重大变化，是我们各项工作的着力点和指挥棒。为了适应新时代推进高质量发展的要求，党的十九届五中全会提出贯彻创新、协调、绿色、开放、共享的新发展理念，加快构建以国内大循环为主体、国内国际双循环相互促进的新发展格局。经济的新发展格局需要强大的智力支撑，需要统一思想、凝聚人心，迫切要求高校思想政治教育充分发挥助力新格局的作用。

2. 新发展阶段对高校思想政治教育工作提出了新要求

进入新发展阶段，构建新发展格局对高校思想政治教育提出了新要求，要求整体构建、系统推进，形成合力。2016年中共中央、国务院印发的《关于加强和改进新形势下高校思政工作的意见》要求坚持全员全过程全方位育人，把思想价值引领贯穿教育教学全过程和各环节，形成教书育人、科研育人、实践育人、管理育人、服务育人、文化育人、组织育人长效机制。习近平总书记指出：“切实加强思想政治教育工作，必须将其贯穿教育教学全过程，实现全员育人、全程育人、全方位育人。”并特别强调，要“努力构建德、智、体、美、劳全面培养的教育体系，形成高水平的人才培养体系。”2020 年，教育部印发的《高等学校课程思政建设指导纲要》(教高〔2020〕3 号)中指出：“要紧紧抓住教师队伍‘主力军’、课程建设‘主战场’、课堂教学‘主渠道’，让所有高校、所有教师、所有课程都承担好育人责任，守好一段渠、种好责任田，使各类课程与思政课程同向同行，将显性教育和隐性教育相统一，形成协同效应，构建全员全过程全方位育人大格局。”这也昭示了新时代我国思想政治教育进入了构建大思政格局时代。大思政格局要求高校着力贯彻大思政理念。理念是对现实需要的反映，但是理念的反映不是机械、被动、直观的反映，理念的反映本身是对现实的构造和创造的过程，因此只有当现实的存在转变为理念和思维的存在时，大思政格局才能成为思维方式、行为方式和生活方式。

(二) 大思政理念的核心内涵

高校大思政理念不是一种称谓，而是一种定位，是回答思想政治教育是其所是以及如何是的问题。高校大思政理念，关键在于“大”，以实践观点的思维方式认识高校大思政理念，要对大思政理念之“大”的价值内涵实现从“抽象的统一”到“具体的统一”内涵逻辑的理解。思想政治教育之“大”主要体现在三个方面。

1. 大系统

从根本上来说，思想政治教育之“大”的特性，主要体现在思想政治教育是一项复杂的系统工程，是“一盘棋”的有机存在。大系统的定位是从思想政治教育的基本特质对大思政之“大”作出的理论反映。思想政治教育是由各个子系统有机结合而形成的系统整体。

(1) 从管理学的角度来讲，思想政治教育是一项有机的组织结构，其本身就是整体性、广泛性、有机性的存在，思想政治教育功能的发挥就是各要素按照一定的规律相互作用，各个系统通过功能耦合、结构协调，实现系统整体的生成与运行。

(2) 从实体构成来看，思想政治教育由教育主体、教育客体、教育环体、教育介体四要素组成，这些元素之间并不是孤立的，而是按照一定的规律和逻辑相互作用，共同推动大思政的整体发展。

(3) 从学科建设来看，需要加强对思想政治教育学科的规划、实施和管理，提高其学术水平和社会影响力。同时，也需要加强与其他学科的交叉融合，将思想政治教育贯穿于各个学科的建设中，形成育人协同效应。

(4) 从体制建构来看，思想政治教育不仅涵盖了教育教学的各个方面，而且是管理体制、工作体制、服务体制的协同运行，在全员、全过程、全方位育人中，各部门和单位需要密切配合，形成合力。

(5) 从教育影响来看，思想政治教育是学校教育、家庭教育、社会教育、自我教育的工作合力，这种合力能够引导学生树立正确的世界观、人生观和价值观，培养良好的思想道德素质和社会责任感。这种影响是深远的，不仅作用于学生的精神世界，还影响着他们的行为方式和社会责任感。

(6) 从教育过程来看，思想政治教育是大、中、小学的衔接系统，也是贯穿学生整个大学教育历程的、连贯且多维度的思政教育体系，这个体系从大学生入学开始，一直延伸到毕业后的社会生活中。

(7) 从课程建设来看，思想政治教育是课程思政与思政课程、主渠道与主阵地的合力育人，等等。

思想政治教育作为整体性的大系统，其功能的发挥离不开各个系统的正常运行，在这个意义上，大系统凸显的是思想政治教育各要素的机能关系，是一种关系性范畴。各系统相互联系、相互影响、相互制约统一作用于思想政治教育的系统整体，发挥着“1＋1＞2”的教育效果，只有它们有序运行、协同发力，才能实现大系统的有效性。

2. 大格局

“格”是对认知范围内事物认知的程度，指向大思政理念的概念框架；“局”是指认知范围内所做事情以及事情的结果，指向大思政理念的意义框架。因此，大格局蕴含着思想与行为两个维度，是解释原则与方法论原则的统一，理解大思政之大格局需要从认知和建构两个方面展开：

(1) 从认知方面来看，除了对思想政治教育是一项大系统的基本认知以外，还应从时代发展的角度去理解高校大思政理念之“大”的特点。在现代性发展背景下，历史已经演变成世界历史，经济全球化也已经成为基本事实，新时代建设人类命运共同体的理论背景、人们对美好生活的整体性追求、社会矛盾的重大转变、意识形态极端重要的战略认识、科学技术的迅速发展、现代性社会的一体化进程等无不彰显着这个时代所具有的“大”的特性。当一切发展都被裹挟于现代化进程中，思想流变、文化多样、价值多元为人们带来了更为复杂的思想问题，世界政治、经济、文化的交流交融交锋也为思想政治教育带来了更艰巨的挑战。面临着如此“大”的环境，思想政治教育工作者迫切需要树立国际性视野、整体性思维、人类性情怀，在“大”时代中树立“大”视野，在“大”视野中建构“大格局”。

(2) 从建构方面来讲，在树立整体性思维的前提下，实现思想政治教育的大格局，需要对课程思政、日常思政、网络思政、文化思政、学科思政等多个领域进行统一建构，统筹家庭、学校、社会的教育力量，将思想政治教育各个系统要素组织起来，形成教育合力，如此才能实现大思政之大格局的意义框架。

3. 大学科

以马克思主义基础理论的思想地平为基本站位、以大学科观念为思想指导，是建设与发展思想政治教育该有的学科意识。列宁指出：“马克思主义理论体系是一个整体，犹如一整块钢铁，是肢解不了的。”马克思主义理论作为相对独立的一级学科具有系统性和整体性特点，它不是几个学科的简单组合，也不是“分学科”的概念系统，而是“超学科”的“一整块钢铁”，不能将其肢解开来去理解。思想政治教育作为位属于马克思主义理论下的二级学科，与其他学科的发展息息相关，如果离开了其他二级学科的支撑而独自发展，注定是片面且难以可持续发展的。因此，思想政治教育应打破学科壁垒，在马克思主义理论一级学科上贯通学科基础，扩展学科界限，开拓学科视野，树立马克思主义理论研究的整体性意识，在大学科视域下广纳博取，实现思想政治教育的可持续发展。此外，思想政治教育还应树立学术思维、提升学问修养，进而实现思想政治教育的内涵式发展。思想政治教育的学科在经历了专业化、体系化建设以后，理论框架基本建立，理论内容不断丰富，基本上形成了成熟的学科体系。但是也出现了一些问题，比如理论框架的教材化、理论内容的公理化、理论方法的模式化等，思想政治教育面临着新的发展瓶颈期。这个时候就需要发扬学术思维，以自觉的问题意识、致思的学者立场以及研究的学术品格，去发现新问题、切准真问题、聚焦大问题、阐释老问题，不断开拓思想政治教育基础理论新的生长点。概言之，树立大学科观念，不仅要葆有学科意识，站位于马克思主义基础理论的思想地平上，实现思想政治教育学科与旁系学科的齐头并进，还要树立学术思维，促进学科与学术的统一发展，推进思想政治教育的可持续发展和内涵式发展。

(三)“大思政”与“三全育人”的内在关联

“大思政”倡导的是建立广义和广泛的思想政治教育格局，即主张在人员、时间、空间范围内建立最广泛的思想政治教育体系，多方面、多层次开展有序的思想政治教育，其内涵是通过“全员、全方位、全过程”育人，最终实现合力育人、落实立德树人根本任务，这本质上与“三全育人”是相同的。高校“三全育人”实践所契合的正是“大思政”的育人格局。从实施内容和目标、方法看，“三全育人”也是围绕全部“育人”要素开展育人工作的科学理念。

(1) 全员育人为“大思政”提供了“人”的基础，是最为广泛的育人队伍建设目标。“大思政”格局在数量上的扩大主要体现在思想政治教育工作队伍的规模上，在质量上主要体现在思想政治教育工作的形式上。“大思政”格局中，人员的参与是基础条件，高校的全员参与推动的是全体施教者的思想意识提升，以及思想政治工作内容的泛化。全体教职工的参与所体现的就是“大思政”理念，所形成的教育格局自然也契合“大思政”格局的需求。并且，这种育人方式将思想政治教育工作的影响扩展到了社会和家庭领域。全员育人涵盖所有施教者，这其中就包括社会中的同事、领导，家庭中父母、亲人等。高校建立的“大思政”育人格局，将高校作为大学生培养的核心，动员全体教职工参与到思想政治教育中，形成核心动力，将高校作为大学生培养的中心，并辐射到影响社会、家庭等的诸多因素，使之形成向心力，最终完成育人的目标。

(2) 全程育人为“大思政”格局构建提供了体系框架支持。任何系统都需要主干和框架的支持，才能实现系统性地构建。“大思政”格局构建的中心是育人，必须面对人的发展和人的自我意识的塑造。全程育人在时间视域下为“大思政”格局的构建提供了育人的时间主干和框架，着眼于人的成长过程，主张积极拓展思想政治教育的范围。同时，全程育人从受教者角度充分认识到了人的发展特征，主张育人必须从人的本质出发，将人的发展过程、诉求，以及发展特征作为基础，针对不同的发展节点，进行思想政治教育的理念、目标、内容的调整。从直观的时间节点看，不同年级的大学生、研究生、博士生，其思想意识显然存在差异，且发展目标也存在不同，所以，思想意识培育对应的外部的育人手段自然也表现出差异。如果不能遵循发展规律，切实地改变育人手段，则思想政治教育工作将无的放矢。因此“大思政”格局的形成，必须面对大学生成长中的需求，以时间为抓手，抓住学生发展和思想意识改变的关键矛盾，真正构建完整的“大思政”格局。

(3) 全方位育人为“大思政”拓展了空间范围。思想政治教育的基础性地位和作用，决定了其在高等教育发展和高校教育教学实践中必须形成综合性的育人体系。育人体系的构建，不仅仅是学科界限的消融，更是育人空间的拓展。随着高校思想政治教育研究和实践的深入，其关乎学生心理、精神、生活、学习层面的研究内容会得以深度融合，环境对人的影响价值自然也就被逐渐认同，环境中隐性的思想政治教育元素就会成为学科关注的重要方向。“大思政”格局构建所需要打造的育人格局必然是最广泛的、最深入的，手段也必然呈现出隐性的趋势。例如，以人的全面而自由发展为目标，加强人文关怀与心理疏导，促进大学生身心和人格健康发展。大学生的身心发展自然不能离开环境的影响，高校是知识育人、道德育人、课程育人等育人的主要平台和载体，同时也是吸收社会、家庭的育人因素的综合性环境。要推动构建“大思政”格局，高校就必须重视隐性教育、环境教育的价值，将显性教育和隐性教育有机结合起来。从全方位的视角看，高校内部通过思想政治理论课教学活动实施思想政治教育，其施教的时长相对固定，而课程思政、实践活动等思想政治教育方式的施教时长是在任何有意识的行为活动时间范围之内的，思政课与课程思政、实践活动等其他思想政治教育方式相结合，可以营造最佳也是最广泛的“大思政”教育格局。所以，全方位育人可以推动“大思政”格局的科学构建和持续完善。

(四) 构建全员、全过程、全方位高校思想政治教育共同体

高校“大思政”理念不是一个认识论问题，而是实践性问题。理解“大思政”的理论内涵，最终落脚点是要回归到“解决什么问题”以及“怎么解决问题”这一方法论问题。高校“大思政”理念的实践路径是指在“大思政”理念的指导下，遵循着发现问题——解决问题的理论逻辑，通过人员聚合、资源整合、体制融合，构建全员、全过程、全方位高校思想政治教育共同体，对“大思政”理念展开现实的具体化、统合化研究，进而构建高校“大思政”格局的

实践过程。

构建全员、全过程、全方位高校思想政治教育共同体，是分别以教育主体、教育时间、教育空间为切入点，通过聚合教育主体力量，整合学校、家庭、社会教育资源，融合领导机制、教学机制、学工机制等对高校“大思政”理念展开的应用型、综合性研究，通过高校思想政治教育的人员聚合、资源整合和体制融合，对高校“大思政”格局进行整体性构建的实践过程。

1. 主渠道与主阵地齐抓共管

主渠道与主阵地是对高校思想政治教育教书工作和管理工作的功能性描述，其中主渠道是指思想政治理论课，主阵地是指日常思想政治教育，前者侧重于理论教育，后者侧重于日常实践。目前高校思想政治教育主渠道与主阵地还存在着合力不足的现象，主要体现在理论与实践脱节以及教师队伍的有效性融合问题。主渠道与主阵地的有机融合需要处理好教育主体与教育客体、思想与行为、教育与管理等矛盾关系。

(1) 教育主体与教育客体是思想政治教育最常见的矛盾体，二者的矛盾关系主要是受到长期的二元对立思维的影响，进而产生教学分离、师生疏离、高校思政课教师与学生合力不足的问题。长期以来，高校思政课受到固化的课程教学功能定位以及“主客体”思维方式和极端伦理化取向的影响，往往采取自上而下的“经院式”教学模式。即思政课教师往往采取传统的理论灌输、政治宣传等教学方法，忽视了学生的多元价值需求以及社会发展的迅速性和复杂性，尤其是网络文化所带来的对学生价值观念、审美意识、思维方式、思想行为等的多重影响，教师与学生之间的知识背景、生活方式、人生阅历差距较大而又缺乏交流与互动，难以捕捉和引起学生的兴趣与关注，进而产生了“教学冷漠”“师生疏离”等现象。在这种“教学间距”的现实困境下，高校思政课教师应加强自身理论修养，提升人格魅力，在学生心目中树立的美好形象，实现以情感人、以文化人、以理服人；深入学生生活实际，了解学生的成长需求以及日常学习生活的关注点和兴趣点，始终关心学生、爱护学生，比如关注学生思想动态、未来发展意向、恋爱状况、学习困惑等，采取谈话、微信、邮件等生活化的方式进行思想政治教育，建立起亲密、积极、互动的师生关系；积极实现人文教育理念的转变以及教育方式方法的创新，比如采用辩论、演讲、观影、慕课等学生乐于接受的方式，提升高校思政课的吸引力和感染力；积极学习现代网络信息技术，拓展网络教学平台，扩大教育的影响力和辐射力，在交流与互动中统筹师生合力，创造教育载体，落实教学效果，实现高校思想政治教育的全员、全过程、全方位育人。

(2) 思想与行为是贯穿高校思想政治教育始终的矛盾关系。实现高校主渠道与主阵地的融合，从根本上说就是在思想政治教育过程中处理好理论与实践、思想活动与行为表现的辩证关系，通过思想政治理论课与日常思想政治教育的协同育人，实现学生思想与行为的内在统一。实现主渠道与主阵地的融合共进，首先需要思政课教师在思想上树立协同育人的理念和意识，将高校思政课融入学生事务管理全过程，将思想认识统一到大学生思想政治教育实践中来，自觉走出理论与实践“两张皮”的认识误区。高校思政课教师既要理论彻底，有理讲理；又要观照现实，求实务实。此外，思想政治教育过程是知、情、意、信、行有效衔接、逐层递进的整体性连贯过程，思想与行为是这一过程的起点和终点，贯穿于思想政治教育的行为实践过程中。因此，促进学生思想政治素质形成和发展关键在于解决学生思想与行为的矛盾关系：一方面要关注学生思想实际，发挥主阵地的育人功能，通过讲道理、摆事实促进在主体思想层面学生的认可和接受，将大学生的课程教育、科研教育、文化教育、网络教育、心理健康教育等统一到学生思想形成、内化和发展这一育人目标上来；另一方面，要深入学生生活实践，发挥主阵地的育人功能，通过解决实际问题、观照行为实践，将管理育人、服务育人、资助育人、组织育人等统一到大学生行为养成、外化、完善这一育人目标上来，这种统一性是由思想政治教育的实践本性以及人的实践本性所决定的，从这种统一性出发，高校思想政治教育主渠道与主阵地的融合，是破解学生思想与行为矛盾关系，实现学生知、情、意、信、行内在统一的重要路径。

(3) 教育与管理是反映思想政治教育功能的矛盾关系。教育强调教育者对受教育者施加有目的、有计划、有组织的影响，主要依据说服教育，启发人的思想自觉；管理强调组织运用行政、纪律、法规对被管理者进行指挥、协调和控制，主要依据规范约束，引导人的行为活动。教育与管理的统一是破解两者融合不够紧密，形成思想政治教育合力的重要保障。目前高校与行政分管的普遍做法容易产生封闭的本位观念和结构化差异，主渠道重教学，主阵地重管理，各部门以自身职权属性为藩篱，割裂了思想政治教育的完整性。因此，实现教育与管理的统一是实现日常思想政治教育管理的重要教育课题。教育功能与管理功能的统一主要体现在目标建设、队伍建设和制度建设的有机融合层面，首先，在思想政治教育教学、管理、决策、服务、运行等过程中坚持党的全面领导，以习近平新时代中国特色社会主义思想为指导，全面贯彻党的教育方针，确保教育工作和管理工作方向的一致性。同时，教育者和管理者要实现思想观念与管理行为的统一，要求二者在思想政治教育目标和任务上达成共识，为主渠道与主阵地协同育人提供思想保障。其次，要聚合主体力量，将学校党委人员、辅导员、后勤人员等所有思想政治教育参与者纳入到思想政治工作建设中来，共同发挥协同育人功能。最重要的是要解决好思政课教师和辅导员这两支队伍的协同问题，破解二者职能分化、教管分离、各自为政的现象。最后，要加强制度建设和顶层设计，为主渠道与主阵地的融合提供制度保障，建立教师评聘机制、监督机制、评价机制、职称评聘机制、交流协作机制等促进思政课教师与辅导员的人员聚合、教育工作和管理工作的协调配合以及“主渠道”与“主阵地”的交互融合。

2. 学校—家庭—社会协同育人

思想政治教育是学校教育、家庭教育、社会教育相互影响、相互制约、相互作用的社会性、人民性、综合性的系统工程。思想政治教育作为一项关于人的教育的社会实践活动，影响其教育效果的因素也是多样的，如何协调各方面影响因素，形成一股教育合力，从而发挥思想政治教育系统的最大功能，这是提升思想政治教育实效性面临的现实课题。为此，要深入人的全部生活过程，了解影响人的存在的多样性社会关系以及影响思想政治教育实效性的不同教育因素，整合各场域思想政治教育资源，比如推进学校、家庭、社会协同育人，实现思想政治教育空间上的全域性和时间上的全时性，进而突破思想政治教育的时空界限，实现思想政治教育“全员，全方位，全过程”育人，是实现高校“大思政”的重要路径。

学校、家庭、社会是进行思想政治教育的重要场域，其中，学校是集学者、学生和学问的学术共同体，是学生社会化的主要场所，主要承担着对学生进行系统化、专业化、知识性的理论教育，学校思想政治教育主要培养学生的马克思主义理论基础、引导学生形成正确的世界观、人生观和价值观，发挥着教书育人的专门化功能；家庭是集家风、家教和家庭关系的伦理共同体，是学生成长的直接环境。家庭的稳定性，家风的榜样性以及父母的行为举止、文化修养、生活作风等都会对学生的成长发展产生直接的影响。家庭思想政治教育是学校教育和社会教育的基础，主要以隐性的形态，存在于家庭的日常生活中，通过家庭成员的身体力行、言传身教等培养学生良好的道德品质和行为习惯；社会是规范、秩序和法纪的道德共同体，是学生成长的实践基地。主要通过道德规范、法律法规、社会风气、人际交往等对学生进行协控、规范与引导，对学生的思想观念、行为规范产生潜移默化的影响，发挥着实践育人和社会整合的双重功能。学校教育、家庭教育、社会教育承担着不同的教育内容和教育职能，对学生的成长具有全面性、普遍性、渗透性、长久性影响。但是三者的影响作用既可以互促共进，也可以相互抵消；既可以强化教育功能，也可以弱化教育效果。学校、家庭、社会的联系密度、教育方向是否一致、教育目标的一体化程度等都直接影响着学生思想政治教育的效果，如若一方出现负面影响，便消解了思想政治教育的实效性。认识到学校教育、家庭教育和社会教育在学生成长过程所承担的教育功能以及存在特点，是构建学校、家庭、社会“三位一体”式教育的前提。

“人创造环境，同样，环境也创造人。”大学生生活在多元复杂的社会环境中，随着社会的逐渐开放和网络信息的不断发展，学生越来越早地进入了社会化的过程，受到了来自学校、家庭、社会的复合影响。从宏观环境来看，受到来自社会政治、经济、文化发展态势以及社会思潮、社会心理、大众传播媒介等的影响；从微观环境来看，受到家庭、学校、社区、社会组织等的影响。教育者与受教育者在多元教育环境中交互作用，以形成符合社会发展要求的思想品德和行为实践。在此基础上，高校“大思政”理念应该强调以下几个方面：其一，整合思想政治教育资源，形成学校教育、家庭教育、社会教育的协同育人局面。比如吸纳社会教育资源，将工厂、企业、养老院、博物馆、革命烈士陵园、红色革命根据地、爱国主义教育基地、国防教育基地等作为开展思想政治教育的素材，发挥教育合力。其二，理论观照现实，强调教育功能与社会功能的和谐统一、理论育人与实践育人的协同配合。比如积极参加社会实践活动，向社区、公共单位建设提供人力支持，通过访谈、问卷等形式深入社会调研，了解社会现实问题，广泛听取群众意见，开展深入社区、企业体验基层生活等活动。其三，完善管理制度，建立一体化保障机制，建立校外实践基地、社区教育组织、家长委员会等，形成多主体参与、多场域运作、多渠道融合的学校、家庭、社会一体化育人模式。

3. 领导机制—教学机制—学工机制上下联动

机制是一个系统概念，是指一个工作系统的各构成要素相互制约、相互作用的运作过程和功能关系。高校思想政治教育机制作为一个有机系统，其作用的发挥与功能的耦合主要依靠体制和制度来保证。在这里，体制是指承担思想政治教育合力育人功能的组织机构和组织规范的统一体，指向组织职能和岗位权责调配；制度是指思想政治教育合力育人功能实现的组织内部的规章制度，指向保障职能和行为约束规范。高校思想政治教育机制的有效运转是在体制内落实制度、在制度下运行体制的辩证过程。

高校思想政治教育机制融合是领导机制、教学机制、学工机制齐抓共管的有机整体。学校领导重视是做好思想政治教育工作的关键，对思想政治教育发挥着顶层设计、制度制定的战略任务。因此，各级党委要把思想政治工作摆在重要位置，加强领导和指导，形成党委统一领导、各部门各方面齐抓共管的工作格局。应统筹落实地方党委和学校党委的主体力量与主体责任，将领导机制纳入到思想政治教育机制的整体运行过程。此外，教学机制的建立不仅强调教学育人这一环节，而且注重教学监督、绩效评价等内容，主要包括教学激励机制、教学评聘机制、教学评价机制、教学监督机制等，各个步骤环环相扣、紧密衔接，为高校思想政治理论教学提供了完整的、有序的机制保障。最后，学工机制主要由学生工作处、团委、党团组织、共青团、学生会、研会、学生社团等为学生工作和服务的实体组织构成，这些组织使学生松散的自我学习活动与学校教育活动联系起来，架设起与领导机制、教学机制共同营造一体化教育的桥梁。学工机制作为以学生为主体力量的组织机构，是开展思想政治教育的重要工作平台。将学工机制纳入思想政治教育整体机制中，不仅是对学生主体力量的关照，也是实现高校“大思政”格局的保障。总的来说，应在制度保障与体制融合的交互作用下，实现思想政治教育工作的上下联动、齐抓共管、协同育人，切实构建高校“大思政”格局。

二、正确认识显性教育与隐性教育的辩证关系

2019年3月，习近平总书记在学校思想政治理论课教师座谈会上提出坚持“显性教育和隐性教育相统一”的要求。这一要求不仅是思想政治理论课改革创新的一种方法，也为当前思想政治教育实践发展指明了方向。实际上，显性教育和隐性教育几乎同时存在于思想政治教育实践中，只是受多方面因素影响一般会存在主次之分。长期以来，显性教育一直是我国思想政治教育的主要方式，特别是课堂教学作为思想政治教育的主渠道，为提升青少年思想道德素质，培养社会主义建设者和接班人作出了重要贡献。改革开放以来经济繁荣发展带来思想文化之间的交流与碰撞更加激烈，时代发展与国情世情的改变使得原有的显性教育面临新的挑战。隐性思想政治教育因为潜隐性等特点有着独特的优势，但到目前为止，我们还没有形成较为系统的研究和应用，特别是没能与已有的显性教育实现良好的优势互补。

（一）加强隐性教育，思想政治教育创新需要系统提升隐性教育的作用

思想政治教育在显性教育为主导的背景下面临着如何进一步提高教育质量和提升效果的问题，隐性教育因其在润物无声中使人们受到教育而得到了进一步的重视。但实际上，隐性教育并不是一个陌生的词汇，我们在理论上和实践上都已经开始有意识地进行隐性教育的尝试，只是相对于显性教育而言还较为薄弱。因此，实现二者的统一首先就是要系统加强隐性教育，利用好隐性教育的优势。

1. 我国思想政治教育中过度依赖显性方式面临新挑战

事物的发展总是在问题和矛盾中推进的。隐性教育方式的提出，首先是因为显性教育已经不能完全满足思想政治教育的需求。教育需要在一定的时空之中进行，国际国内局势的发展促使教育环境发生改变，环境的改变使个体思想认知产生变化，也对教育效果提出新的要求。

首先，社会环境的改变使教育面临多元思想观念冲击。改革开放以前，思想政治教育环境相对单一。改革开放以来，在经济持续增长，综合国力不断提升，人民生活水平越来越好的同时，挑战也随之而来。一方面，西方各种思想

文化随着经济往来进入国内，资产阶级自由化、拜金主义、享乐主义等思潮也随之而来并对青年人的思想造成冲击；另一方面，国内经济的发展带来生活方式的转变，急剧变革的社会为多样社会思潮提供了可乘之机。借助互联网和社交媒体等便捷的现代媒介，各种思想观念与社会思潮对主流价值观念造成了冲击。经济状况的变革带来了整个社会环境的改变，形成了复杂多样的教育环境。

其次，教育对象的变化使传统显性教育的受欢迎程度下降。不同于以往教师和教材作为学生获取知识的核心渠道，当前学生可以在互联网上找到几乎所有的知识点，这严重消解了教师传授知识的权威性。相较于简单接受课堂上传授的观点，他们更倾向于追问为什么或者在心中存疑。而对于网络上的新鲜事物，青年学生却能很快接受，青年群体也成为网络的主要力量。在这个碎片化阅读和即时通信盛行的时代，传统的显性教育课堂虽然一直在改革创新，却始终或多或少面临着吸引力不够的压力。

2. 加强隐性教育是实现显性教育和隐性教育相统一的必要前提

两种事物的统一首先要求它们同时存在，尽管在数量上不必对等，但至少都要具有一定的规模。如果其中某一方只是可有可无的存在，所谓的统一自然也不具有现实的意义。总体而言，我国隐性思想政治教育的研究开发还比较薄弱。

首先，隐性思想政治教育的薄弱体现在学理研究的程度有待加深。实际上，中国共产党在革命、建设和改革不同时期的实践中包含着许多隐性教育的方式，只是没有明确区分显性教育和隐性教育。20 世纪 90 年代左右，学界逐步从国内隐性教育资源探索和国外隐性教育方法引介两方面开展了研究，并提出隐性思想政治教育的概念，指代寓于专门的思想政治教育之外的社会实践活动中开展的、不为受教育者焦点关注(甚或不为受教育者明确感知)的一种思想政治教育存在类型。

其次，隐性思想政治教育的薄弱体现在教育实践的系统性仍需提高。与显性教育在课程设计、教材编写和教师培养等各方面的投入相比，隐性教育方面的投入相对较少。更为重要的是，现有的隐性教育探索不够系统。例如，校园文化、暑期社会实践和各种场馆资源等其实本身都具有隐性教育功能，各地各部门也有不少探索，但如何从顶层设计上发展和完善这种教育方式还不是很明确。也就是说，系统性、协调性还有待提高，尚未与显性教育实现有效融合。

3. 利用好隐性思想政治教育的独特优势

加强隐性思想政治教育的出发点是要以其独特的优势提升教育效果。与显性思想政治教育直接而鲜明的方式不同，隐性教育主要是通过把思想、政治与道德等内容融入具体的教育教学与社会实践活动中，通过设置具体的情境并且采用多种教育资源的教育方式，具有隐蔽性、趣味性和广泛性等特点。

(1) 教育策略具有隐蔽性。在显性思想政治教育中，教育目的是公开的，教育形式鲜明，受教育者的角色也是明确的。这就意味着学生在一开始就知道自己是受教育者的角色，接受特定形式的思想政治教育并且会在思想政治素质上达到何种预期。与之相反，在隐性思想政治教育中，受教育者总是缺乏对思想政治教育的焦点关注，缺乏对其所受教育的明确感知，甚至存在着对所受到的教育的不知不觉，处于无意识或潜意识状态，是无意中的学习。这种潜隐性意味着，尽管教育活动中包含了思想政治教育的内容，但在形式上并没有清晰地体现出来，学生作为受教育者的角色不突出，因此受教状态也更为自然，也很少会产生抵触心理。甚至已经达到了教育效果，学生本人也可能不知道，以为是自身原有的想法。教育过程和教育结果的双重隐蔽性使隐性思想政治教育具有了润物无声的效果。

(2) 教育过程体现趣味性。由于隐性思想政治教育更多以具体的社会实践活动为载体，因此往往具有某种特定的场景设置，更具有生活气息而不是单纯的理论阐述，体现出更强的趣味性。也就是说，隐性教育在教育内容的选择上避免直接传授思想政治知识，特别是在教育过程中以直接的说教形式告诉学生应该怎么样、必须达到某种状态，而是通过参与某一项具体活动，或者讨论某一特定议题让学生觉得我想怎么样、我应该怎样去做。因为没有特定目标的压力，也不用遵守某种具体规定，参与时的状态是轻松愉悦的。这种化被动要求为主动诉求的方式，使得受教育过程更有趣。

(3) 教育资源凸显广泛性。传统的显性教育主要是思想政治理论课教学，课堂教学在设备使用和教学方法革新中固然并非一成不变，但空间和时间的局限很大程度上制约了教育资源的使用。隐性思想政治教育却很好地突破了这种限制，因为要借助各种社会实践活动来进行，隐性教育恰恰具备了多种形式并且能利用丰富的教育资源。例如，校园文化、社会实践活动、博物馆、广播电台甚至影视剧中都能融入思想政治教育内容。

（二）坚持显性教育，坚持主旨鲜明的显性底色

加强隐性思想政治教育并不意味着要使隐性教育超越甚至取代显性教育，教育方式的运用要根据国家与社会的具体情况而定。综合来看，目前我国思想政治教育还是要以显性为主导，坚持旗帜鲜明的显性底色。

1. 显性教育方式当前在我国仍应处于主导地位

教育不是在真空中进行的，也不能随意选择教育方式。这是因为，任何方法的实施都离不开传统与现实等多方面因素的影响。教育能促进社会的发展，但其本身也要受到社会现状的制约。从我国思想文化、社会制度和教育资源等多方面分析，显性教育方式与这些因素的契合程度更高，应该在思想政治教育中处于主导地位。显性思想政治教育方式与我国思想文化相适应。不管中华优秀传统文化还是马克思主义理论，都具有鲜明的显性特色。中国传统文化特别是作为主流的儒家文化，最主要的传播方式是书院和学堂，其对君子人格的培育尽管是以学堂教育和言传身教相结合的方式进行的，但无论从教学理念还是从教学实践来看都是以显性为主。同时，显性教育更是马克思主义理论教育鲜明的特点。《共产党宣言》庄严宣告：“共产党人不屑于隐瞒自己的观点和意图。”马克思主义揭示了社会发展的基本规律，指明了历史前进的基本走向，当然一刻也不能忽略教育民众接受真理，创造美好未来。毛泽东指出：“我们必须坚持真理，而真理必须旗帜鲜明。我们共产党人从来认为隐瞒自己的观点是可耻的。我们党所办的报纸，我们党所进行的一切宣传工作，都应当是生动的，鲜明的，尖锐的，毫不吞吞吐吐。这是我们革命无产阶级应有的战斗风格。”可见，显性教育与马克思主义理论教育具有紧密的联系。

显性思想政治教育方式与我国社会制度相契合。任何教育都不能脱离历史传统和社会环境而存在。西方国家以隐性教育为主，但不能孤立地分析隐性教育本身而不顾西方世界的社会环境。西方社会结构和政治传统决定了它们很难建立起以显性为主的教育方式，很多西方国家社会成员构成较为复杂，特别是一些移民国家文化背景多种多样，而且由于邦联制等政治体制的原因，各地区在很多政策上都具有极高的差异性，很难在教育政策上达成一致，一种全国性

的思想政治教育系统很难建立起来。而我国尽管是一个多民族国家，但经过几千年的融合，社会的思想文化基础总体上是一致的，而且我国自古以来就有着多元一体的传统，因此我国更容易形成统一的显性教育基调和实施方案。

显性思想政治教育方式与我国教育资源相匹配。不同的思想政治教育方式意味着不同的教育资源组织和使用形式。显性教育主要是通过把教育资源集中于课堂，以集约化的方式充分利用现有资源。相对而言，隐性思想政治教育虽然也可以在课堂内开展，但形式更为多样，且主要舞台在课外。毫无疑问，课外的舞台更宽广，需要的资源也就越多。我国是发展中国家，虽然经济总量排名世界第二，但人均排名落后，而且还存在区域之间发展不平衡的问题，尽管近年来我国经济快速发展给教育提供了更多资源，但这一局面难以迅即改变，资源集中式的传统显性教育方式依旧是面对现状的切实选择。

2. 科学认识显性思想政治教育方式的主导地位

充分认识显性思想政治教育方式的主导地位，才能更好发展教育。显性思想政治教育方式在我国的主导地位存在层次性，主导意味着在总体上把方向、管大局，而不是大包大揽。而且，坚持显性思想政治教育，最主要的体现就是坚持马克思主义的立场观点方法和课堂教学的主渠道作用。

显性思想政治教育的主导性体现在大局层面。教育是一个动态的过程，教育者要在教育过程中及时调整自己的方式方法以促进效果。因此，在实际操作层面，并没有一种“包治百病”的方法可以应对各种情况，不能要求时时刻刻都必须保证显性教育方式在体量上占优势。因为，主导性体现在质量上而不是数量上，具体操作中要具体问题具体分析。但是，从更高层次而言，不同教育方式还是存在主导性的问题的，在我国体现为以显性思想政治教育为主导。也就是说，在大局层面要以显性思想政治教育为主，隐性教育为辅。这样的教育方式既与马克思主义理论的特点相适应，又符合我国的制度安排，也是资源相对稀缺情况下的现实安排。总体上坚持显性教育方式，才能使思想政治教育改革创新稳中求进。

在我国，坚持显性思想政治教育方式主要体现在坚持马克思主义的立场观点方法和坚持课堂教学的主渠道作用。时代变化与社会发展要求我们做出改革创新，但这并不意味着要另起炉灶。马克思主义既是科学理论，又是信仰追求，是我们立党立国的根本。加强和改进思想政治教育要吸收世界文明成果，借鉴好的方法手段，但如果只注重形式创新而忽略了马克思主义的理论深刻性，甚至把马克思主义本身也隐蔽起来，则无疑是舍本逐末，最终会南辕北辙。思想政治教育要坚持用马克思主义理论的深刻性说服学生，用共产主义理想的崇高性引领学生。理论只要彻底，就能说服人，真理虽然并不一定有最吸引人的形式，但一定最为持久。其次，学校与课堂是青少年最集中的场所，是学习和形成正确的世界观、人生观、价值观的重要平台，虽然隐性的感染也很重要，但主旨鲜明的思想政治理论课只能加强和改进，教育过程中也可以引入隐性方法，但不能使整个课程走向隐蔽或取消。

3. 在改革创新中坚持显性思想政治教育方式

坚持显性思想政治教育方式绝对不是故步自封、一成不变。任何事物都需要与时俱进，在时代发展中不断调整适应以保持生命力，显性教育方式也不例外。显性思想政治教育方式只有在如何“显”上不断下功夫，并且充分利用好新技术、新媒体才能避免走向僵化，在改革创新中展现活力。

首先，显性思想政治教育要不断丰富教育教学的方法和形式。传统的显性思想政治教育以课堂教学为主渠道，教学过程则体现为老师讲学生记，课堂上的互动相当少，学生学习的主体性很难发挥出来。然而，思想政治教育面临的往往是社会上的复杂现象和思想中的种种困惑，交流碰撞是十分重要的。特别是现代社会信息量的暴增与青年学生思想观念的复杂多变，更需要进行深入细致的疏导。因此，在教育实践的探索过程中，教学改革也在持续进行。例如，“大班授课，小班讨论”和学生展示汇报等多种尝试，课堂教学改革中小组汇报、情景剧、微视频等增加学生参与度的方式尽管也存在质量参差不齐的问题，但改革创新的探索仍旧是必要的，变则通，通则久，显性教育在求变求新中才能求发展。

其次，显性教育要利用好新技术、新媒体提供的新平台。新技术、新媒体带来的挑战是明显的，如传统教育的权威性削弱、网上各种信息带来极大的不确定性、网络参与的不平等以及网络暴力等。但是，机遇与挑战并存，利用新媒体渠道进行教学打破传统课程的时间和空间局限、开发新技术促进教育者和受教育者的互动，以及建立社交平台扩大主流价值的影响，都是新技术、新媒体给思想政治教育带来的契机，增强了显性思想政治教育的时代感和吸引力。

(三) 走向统一，推进显隐交融的育人方式

显性教育和隐性教育都只是思想政治教育手段，思想政治教育方式方法的改革创新绝对不能走入非此即彼的误区，关键既不在显性教育，也不在隐性教育，而在于相互统一、共同发力。实现显与隐相互统一需要从理念上认清二者关系，从机制上实现有效衔接，在实践中灵活运用。

1. 从理念上认识到显性教育和隐性教育的辩证关系

(1) 显性教育和隐性教育是统一于教育活动中的两个方面。任何事物总是作为一个整体存在的，为了便于深入分析探究才会有人为的划分。实际上显性教育和隐性教育同时包含在思想政治教育实践中，既没有绝对的显性教育，也没有绝对的隐性教育。只是可能某一种方式占据着主导地位，另一种相对不够明显，或者作为辅助存在。西方国家虽然思想政治教育的方式较为隐蔽，但也并非没有显性的因素，他们也有公民教育，而且任何教育渠道都没有脱离西方的自由、民主、平等、人权等价值观念，这种价值核心是非常明确的。由于国情不同，西方国家采取的是以隐性教育为主的方式，而我国则以显性教育为主。采取何种方式，必须要立足本国的国情，坚持特色，才能行稳致远。

(2) 显性教育和隐性教育相统一是否定之否定的提升结果。任何教育都是作为一个整体而存在的，思想政治教育也不例外，教育方式发展的过程变化主要体现为否定之否定的提升。显性和隐性本来就统一于教育之中，人们最开始进行教育的时候就自发同时采用显性和隐性的教育方式，但这种统一是无意识状态的统一，只是经验性的实践，而没有把握其中的规律，因此是低层次的统一。随着教育实践的开展，教育方式被划分为不同的类别并开始有所侧重，显性教育和隐性教育就是一种划分，这是对前一种统一的否定，在教育发展上是进步的，但过于侧重某一种方式也会带来一定的消极影响。此时，再次否定分散而实现统一，无疑是更高层次的统一，是自觉的、有意识的统一，也更具有深刻性。

2. 从机制上系统安排显性教育和隐性教育的有效衔接

我国思想政治教育中的显性方式和隐性方式目前还处于比较分散的状态，

只有实现统一才能形成合力。但统一不是简单的、随机的，而需要系统的体制机制安排，形成有效衔接的长效机制。要在显性教育和隐性教育的合力中促成教育的稳定性，达到最大效果。

(1) 显性教育和隐性教育相统一的关键在于建立系统的长效机制。毛泽东指出：“思想政治工作，各个部门都要负责任。共产党应该管，青年团应该管，政府主管部门应该管，学校的校长教师更应该管。”这一论述蕴含了思想政治教育要齐抓共管、全员育人的思想，不同部门在显性教育和隐性教育中可以承担不同作用。但是，随着工作的开展还需要进行更深层次的探索，即深入思考并研究实践中各部门如何管、怎样科学分工实现优势互补等问题。各部门之间各自为政做不好思想政治教育，多部门都管相同内容也做不好思想政治教育。不同部门有各自的特点和优势，齐抓共管要结合自身特点，利用好优势而不是蜂拥而上。这就要求建立系统的长效机制，实现协同效应。

(2) 实践中大力探索显性教育和隐性教育相统一的育人机理。统一不是简单叠加，而是要建立联合的体制机制，形成思想政治教育合力。从课堂微观层面而言，要改革创新思想政治理论课。思想政治理论课是显性教育的重要方式，要旗帜鲜明讲好马克思主义的基本立场观点方法，起到举旗定向的作用。从学校中观层面而言，要在整体教育设计中形成多学科联合。既要推进思想政治理论课建设，也要挖掘其他课程和教学方式中蕴含的教育资源，更要使各类课程与思想政治理论课同向同行，形成协同效应。政治学、经济学、历史学和社会学等诸多学科都能从各自的学科角度帮助学生培养爱国情操，提升思想道德素质。从社会宏观层面而言，要优化教育环境，形成立体育人格局。家庭和社会中人与人的交往看似没有多少思想政治教育的内容，实则所有人的言行举止都会对他人产生影响。家庭里、社会中形成较好的思想道德氛围，自然能潜移默化地影响学生。家庭、学校和社会所扮演的教育角色，充分体现了“显”与“隐”的区别，推动两者共同发力也就是实现了统一，最终形成全员、全程、全方位育人的良好格局。

3. 在实践中灵活处理好显性与隐性的相对采用程度

理念认识和体制机制需要有效的实践操作以实现落地。在当前的思想政治教育中，显性教育是占主导地位的教育方式。但正如上述分析，二者统一并非在体量上各占一半，主导也不是无所不包。在具体实践中，到底显性多一点还是隐性多一点，要视当时当地教育的对象、环境等具体因素相对而定。

(1) 要坚持具体问题具体分析的方法。这是马克思主义活的灵魂，是辩证唯物主义的基本要求。在总体方向上，要坚持显性教育的主导性，理直气壮、旗帜鲜明地讲好马克思主义。但在具体操作上显性教育多一点还是隐性教育多一点，要根据实际情况做决定，而不是机械照搬。中国古代就十分注重言传身教、礼乐教化，当今社会有更多的隐性教育手段，这种在具体操作上的灵活处理是提升教育效果必不可少的环节。教育本身要求因材施教、因势利导，教育方式的采取自然要因人而异、及时调整，这不仅不会违反原则，反而会提升教育效果。

(2) 不排除完全使用隐性教育的情况。在特定时间或地点，思想政治教育也许完全要以隐性的方式进行。例如，在农村地区有一些老人根本不识字，他们学习的很重要的一个渠道是戏曲，通过杨家将、包青天等戏剧人物习得家国情怀和价值观念。在这个意义上，戏剧就是隐性教育。因此，教育方式不是一成不变的。在大学生思想政治教育中，正如城市交通中有主路与辅路，思想政治理论课教学是主渠道，而师生交往、专业课学习、学生社团、校园文化活动等则构成微循环。激活微循环的通道，就能纾解主渠道的拥堵，激活微循环，也就是激活隐性教育，纾解显性教育主渠道，达到二者相统一。

新时代思想政治教育创新发展需要从全局入手，从理念上明晰显性教育与隐性教育的辩证关系，形成统一的长效机制，并且在实际操作中灵活处理。唯其如此，才能既有显性教育“惊涛拍岸”的声势，又有隐性教育“润物无声”的效果，为新时代不断深化改革、实现中华民族伟大复兴中国梦凝心聚力、培养人才。

第二节　转变高校“三全育人”的工作重心

一、育人主体从“单”转向“全”

“三全育人”实践中，“全员育人”是基础。无论是思政课教师，还是专业课教师、服务人员、管理人员等，都是实实在在的育人主体，要想实现“全员育人”的目的和效果，就必须实现全体教职员工理念的统一。高校育人工作的重点之一就是要转变原有的“专员”模式，将高校党政干部和共青团干部、辅导员班主任、专业课教师、心理咨询教师等非思政课教师纳入到育人主体中，更好地激发教师队伍内部的思想政治教育能力，在明确各自责任的前提下，积极促进教职员工育人工作内容的融合，从而实现“全员育人”的局面。

1. 打造思想政治教育体系，实现“全员”整合

高校思想政治教育不是一个独立的教育体系，而是综合性、全面性的教育体系，其主要表现在两个方面，一是多元要素的融合。即思想政治教育是通过联系、渗透、互补、重组等融合方式将各种思想政治元素综合起来，形成结构合理、内容完整的教育系统；其二是目标的一致性，即“无论是构成思想政治教育体系的元素，还是思想政治教育体系本身，其目标都在于培养高素质的人才，让大学生具备良好的适应发展的能力。”这种教育体系的综合性，要求高校在日常的思想政治教育实践中要做到“全员”能力、思想、方法的整合，让思想政治教育各元素能够实现整体性的融合。

2. 高校和教师要准确理解教书育人的职责

《礼记·文王世子》中写道，“师也者，教之以事而喻诸德者也”，意思就是说教师既要注重培养学生的处事技能，又要关注学生的德行培育，培养学生成为德才兼备的人才。教师是教育工作的中坚力量，没有高水平的师资队伍，就很难培养出高水平的创新人才，也很难产生高水平的创新成果。对于教师而言，教书与育人是自己承担的使命和责任，两者密切关联。教书和育人是教师在培养学生成长、发展的过程中，固有的、本质的、必然联系的内容。对于新时代高校“三全育人”实践而言，教书育人规律要求高校进一步明确教师的育人职责，齐心协力提升高校的思想政治教育水平。同时，高校应当明确教书育人是教师的重要职责，让教师清楚地明白自己的职责不仅仅是传授专业的技术和知识，还有明确的育人责任，并且育人不仅仅是让学生具备专业的能力，更是让学生具备高尚的思想认知和价值观念。教师要明白教书育人是一个不可分割的系统过程，教书的过程是不自觉的教化过程，有着潜在的育人功能。无论是专业课教师，还是辅导员、班主任、管理人员、党政工作者，在高校“三全育人"中都承担着教书育人的基本责任，在工作范畴内承担的不仅仅是教授专业知识和技能的责任，更承担着无形的育人责任，本质上是在工作中落实对大学生的培育。

3. 统一思想政治教育主体的认知与行为

"三全育人"的直接推动者和受益者是教师和大学生，因此，作为教育主体之一的教师必须在思想和行为上从"专员"向"全员"转变，这样才能实现"全员育人"的目标。从基本规律看，教书育人是思想政治教育开展的出发点，并且其实施需要重点发挥教师的育人能力和义务。所以，教师必须拓展自己的思想政治教育范围和意识，并不断地与其他"专员"进行协同，即在思想政治教育这一系统中，要实现多个"专员"队伍内部以及队伍与队伍之间的协同，将立德树人的目标作为教书育人的理念，这样自然也就可以在"专员"中形成合力，进而实现"全员"的效果。在高校教育体系中，全体教职员工将分散的力量加以整合，从而形成"1＋1＞2"的效应。随着时代的发展进步，在日益进步和变化的社会环境中，学校思想政治教育主体之间的协同工作将面临不确定性和工作分歧、节奏不一致等风险挑战。"许多人协作，许多力量结合为一个总的力量，用马克思的话来说，就造成'新的力量'，这种力量和它的一个个力量的总和有本质的差别。"所以，高校要促使所有的思想政治教育主体均实现"专员"到"全员"的转变，进而形成合力，提高育人的效率。换而言之，高校只有推动实现三大类思想政治教育主体(高校党政干部和共青团干部、思想政治理论课教师、辅导员和班主任)同步具有并认同"全员"意识，才能够实现思想政治教育主体思想和行为上的一致性，也才能够实现预期的育人效果。

二、育人过程从"分"转向"合"

从育人过程看，以往的高校思想政治工作中，各自为政的层级观念普遍存在，且在教育阶段的衔接上也存在较为明显的学期、假期区分，在产学研体系中更是有着明显的科研为主的思想，这些都使得高校思想政治教育工作的开展呈现出分散的状态，各个层级、阶段都存在明显的管理断层、时间断层现象，而新时代高校的"三全育人"实践则需要转变这一状况，即育人过程从"分散"向"聚合"的转变。

1. 消除层级育人界限

高校思想政治教育不是一蹴而就的，全程育人就是要求高校将立德树人的根本任务贯穿到学生成长成才和教育教学的全过程。现实中，高校内部管理往往有着明显的层级体系，层级的纵向协同要把握有序性，以保证改变分散为政的状态，实现育人过程、力量的聚合。高校应制定科学的“四级”管理体系。第一层为担任学校思想政治工作领导者和发起者的高校党委；第二层为党委宣传部、党委组织部、教师工作部、教务处、马克思主义学院、思想政治教育创新发展研究中心和承担思想政治教育组合和落实的核心部门；第三层是作为落实思想政治教育根本任务的各教学单位；第四层是学校的行政管理、后勤部门、保卫部门等。上述思想政治教育的体系层级，在不同的层级往往肩负着不同的育人责任，其宏观和微观的育人工作也存在着明显的差异，高校要想形成自上而下的育人合力，就必须消除层级之间固有的工作分工，从上到下形成育人思想、理念、目标、方法的统一，高校要想形成自上而下的育人合力，就必须消除层级之间固有的工作分工，从上到下在育人思想、育人理念、育人目标和育人方法上形成统一。

2. 强化育人主体层级协作的规范性

思想政治工作的开展是一个层级严密的过程，包括院级党委领导，学工部门和各系、教研室在内的职能部门和责任人要做好思想政治工作方案的具体制定和指导。其中，学工部门要指导辅导员、班主任、学生等主体组织和开展好相关工作，各系、教研室要指导专业课教师开展相互协同的思想政治工作。在这种纵向的层级关系中，高校有必要重视资源、方法、力量的聚合，即层级方面要实现信息聚合，各个部门之间保持信息传递的通畅性和及时性，防止信息传递出现错误、迟滞；层级间则要实现力量聚合，各层级之间要达成共识，通力合作，既要避免造成被动执行的情况，又要避免各层级单位各管一摊各不相帮的结果，同时，层级横向之间要实现作风聚合，借助部门之间的监督与激励机制，消除思想政治教育中的官僚作风，提高全员育人的工作效率与积极性。

3. 注重阶段教育的聚合

高校“三全育人”的过程表现出明显的阶段性特点，这典型表现为在大学生学习生涯中有着明显的学期、假期的阶段划分。不同学习阶段，大学生的思想意识、生活目标、发展目标会表现出一定的差异，高校必须重视这种阶段性的差异，积极将这些分散的阶段性特点聚合起来，借助精细化的思想政治教育活动将其贯穿起来，使思想政治教育在高校的阶段划分中留存聚合力量，实现育人过程的全贯穿，保障思想政治教育的有始有终。考虑学生在各个时期会有不同的接受能力和成长需求，高校要科学实施过程聚合，针对不同年级水平的学生进行侧重性的思想政治教育，使资源、方法等的运用与学生的学年配合。当然，这一过程中要保证育人的主线仍然立足于立德树人，即万变不离其宗，从而在阶段教育中形成聚合效应。例如，大一是角色转变阶段，学生由高中生到大学生需要适应阶段和过程，存在较大的差异。因此，高校和教师对大一新生，应采取关怀式的教育方法进行思想政治教育；大二、大三阶段是大学教育的黄金时期，也是培养学生德才兼备素质的关键时期。高校和教师应将思想政治教育融入各专业课程教学之中，以专业发展的视角培养学生的思想认知和价值观念，使学生逐步成长为德智体美劳全面发展的人才；大学四年级是学生步入社会的关键期。高校这一阶段的思想政治工作重点应关注学生的社会化，重点帮助学生从学生转变为社会参与者和实践者，主要对学生进行就业指导教育、心理教育等，注重学生的思想引导，助力学生在社会中实现自我价值和社会价值。

三、育人空间从“点”转向“面”

新时代高校的“三全育人”是一个完整的育人格局，其目标是保证高校专业教育和思想政治教育的目标实现高度契合，高校针对大学生的教育资源、方法、内容等都将在“三全育人”的引导下实现格局转变，从原有的单点育人拓展到全面育人。并且，这种全面育人是现实的。正如马克思在《1857—1858 年经济学手稿》中提到的，“个人的全面性是现实关系和观念关系的全面性”那样，“三全育人”的格局从整体性视角为高校思想政治工作的开展勾勒了一个立体化的发展形态，目的在于调动高校各方面、各环节育人要素的挖掘和利用，从而实现育德育心的教育目标。《高校思想政治工作质量提升工程实施纲要》中明确，建立以课程育人、科研育人、实践育人、文化育人、网络育人、心理育人、管理育人、服务育人、资助育人和组织育人的“十大育人体系”，囊括了大学生学习与生活的方方面面，打造的是围绕学生、关照学生、服务学生的育人格局，并以此增强思想政治教育的生命力。高校“三全育人”的视角更宏观、范围更广泛，要求教育主体在共同的价值信念和目标的指引下，参与到育人工作中去。因此，高校要注意从原有的“点面”向现代的“体系”转变，真正激活思想政治工作开展的力量。

(1) 以“全”理念整合“点面”。当下，高校围绕“大思政”理念构建的“三全育人”的格局，其核心蕴意是将多元的、异化的、分散的育人资源进行融合，借助“全”的理念来整合各种分散的育人“点”，进而形成一个全面而系统的育人格局。习近平总书记在全国高校思想政治工作会议上指出，“高校思想政治工作关系高校培养什么样的人、如何培养人以及为谁培养人这个根本问题”。这虽然明确了高校思想政治教育的核心内容，但也表明高校思想政治教育是一个比较复杂的系统工程，要从培养什么样的人、如何培养人和为谁培养人三个方面对思想政治教育工作进行规划和协调开展，在实际的工作开展中，必须做到多管齐下、综合施策。同时。高校要明白，思想政治教育没有完成时，只有进行时，要始终将思想政治教育贯穿到育人的全过程。并且，思想政治教育不是单一的党政工团、各职能部门，或者思想政治理论课教师、辅导员、班主任等组织或者个体的工作职责，而是全校的事情，要在“三全育人”理念的指导下构建立体的、全面的育人体系，实现全员、全程、全方位体系的整合，形成思想政治教育的强大合力。

(2) “三全育人”实践中，高校要改变原有思想政治教育中的“点面”格局，建立体系化的框架，使思想政治教育渗透到育人的各环节之中。要以马克思主义经典著作和中华传统文化为依托，让学生正确理解经典著作，掌握马克思主义精髓，感知中华文化魅力，提升学生的文化自信。例如，高校可以在日常的思想政治教育中强化文化育人的作用，以适应和推动高校思想政治教育学科的内涵式发展诉求。同时，高校要科学发挥文化育人的积极作用，丰富文化内容体系的视角，使之形成体系。要依托主流文化，紧抓课堂教学融入思想政治教育元素，进一步强化校园文化环境的完善性，帮助大学生解决个性发展与社会发展之间的矛盾，激发学生学习的积极性。要科学运用校园媒介，引领主流文化占领校园文化高地。要提升实践育人的重视度，强调内涵式解读，实现实践育人的新突破。建立网络育人体系，牢牢掌握网络育人话语权，使之成为高校思想政治教育工作的主阵地，积极引入体系化、全面化的网络育人机制和模式，着力打造良好的育人平台，形成多元化的网络育人渠道。

四、育人方式从“孤”转向“融”

“三全育人”要求高校构建全方位的育人格局，而这就要求高校要对原来的育人方法进行拓展。对于高校而言，依靠传统的思想政治教育方法来引导个性化突出的当代大学生，显然是困难的，传统的育人方法已经不能达到新时代预期的思想认知和价值观念教化目标。随着现代化社会的快速发展，传统的课堂教学模式中提供给学生的显性教育资源已经不能满足其个性化发展的诉求，因此，高校和教师必须要看到多元化育人方法的客观诉求，充分利用和发掘高校内外各种优秀的隐性教育方法和手段，推动育人方法从“单一”向“多元”转变。

1. 挖掘高校专业教育、管理、生活、社交等过程中的隐性教育资源和方法

一方面，专业教育中高校要确立课程思政模式，将思想政治教育元素融入到教育、教学的全过程。要重视日常教育、教学方法与立德树人的结合，将专业知识与技能的培养与思想政治教育相结合，努力拓展专业教育中思想政治教育方法和能效，实现思政课程 + 课程思政的转变。针对专业课中的知识教育、实践教育、团队合作等相关内容进行拓展，以课堂、学习为阵地，开展多样化的思想政治教育，为专业教育中的隐性教育提供多种可能。另一方面，挖掘高校管理、生活、社交等过程中的隐性教育元素和方法。“三全育人”实践中，高校要重点强调“三贴近”原则，让思想政治教育贴近生活、贴近实际、贴近学生。高校的隐性教育资源包括校园文化、规章制度、教学水平和科研层次等方面，它不仅能够折射出一所学校的文化底蕴和层次水平，而且也是思想政治教育的源泉，潜移默化的隐性教育会在课堂以外对学生行为意识产生润物无声的影响。

2. 推动传统与现代思想政治教育方法的结合

传统思想政治教育的方法集中于课堂教学和各种社会实践活动。相对应的，现代的思想政治教育方法则主要对应于各种文化载体、活动载体在新时代的不断创新创造与利用。传统和现代的思想政治教育方法往往代表着不同的育人主

体和功能。从当代大学生的特征看，传统的育人方法存在一定的局限性，其刻板印象不利于对大学生进行有效的思想政治教育，因此，高校必须从单一的课堂教学、理论传授中解脱出来，借助更多丰富的教育载体，拓展多元的育人方法。高校要明确认识到现代育人载体对高校思想政治教育的重要性，充分发挥育人优势，使大学生更乐于接受，不断增强高校思想政治教育的针对性和有效性。

3. 灵活选择育人方法，充分发挥协同育人价值

育人方法应用效果的提升所依靠的是多元和协同。但是，考虑到多元方法的应用可能会引起不同视角的误差，高校在育人实践中，必须强调协同性育人，只有这样，才能获得更加全面的育人效果，达到全方位育人的效果。例如，高校可以通过网络平台开展协同育人的方式将原本分散、孤立的思想政治教育资源整合起来，形成系统性、整体性的育人有机体，丰富思想政治教育的资源体量和类型。当然，高校也可以重点利用大数据、人工智能等技术手段了解大学生在思想政治方面的行为特点，进行精准性的育人实践，引导学生形成正确的价值观念和行为准则。

第三节　统筹运用“三全育人”规律

一、理论性与实践性相统一

从行为特征角度看，高校的“三全育人”实践要遵循理论与实践相统一的规律，其中理论发挥的作用是行为指导，实践发挥的作用是行为实施。“三全育人”在理论层面突出的是人本理念和发展理论，人的发展、人的本质是思想政治教育的初衷，人的发展必须依靠教育和引导，人只有具备全面的素养和意识的成长，才能获得自由全面的发展，实现脱离束缚而自由的思考。“三全育人”在实践层面突出的是促进人的思想意识发展，而实现这一目标的途径就是高校基于教育与环境基本规律的基础上进行的行为实践，通过这些行为，可以改善教育和环境之间的关系，促进教育和环境的互动，进而影响大学生的思想和行为。思想政治教育是从人本到育人、从教育到环境、从政治到社会发展的理论整合以及教育实践。从当代大学生的发展来看，大学生自身的政治、道德觉悟，以及人文自信状况，可以促进其为社会做出应有的贡献，使其自身价值与社会价值相统一。作为思想政治教育的方法论，“三全育人”更多体现的是在理论指导下的科学实践，即在育人理论指导下借助“三全”来开展育人实践，达到育人的目标。实际上，“三全育人”本身就是在理论基础上，将人本、环境、政治等融合到育人行为中，其实践的内容则是全员、全过程、全方位。

1. 全员育人须遵循理论性与实践性相统一的规律

在全员育人中，高校“要让有信仰的人讲信仰”。充分尊重“育人就必须从人出发”的理论指导，借助人和人之间的交互来形成育人合力，尊重人本特征，坚定对马克思主义的信仰，对社会主义和共产主义的信念，正视人自身的学习和认知能力，并利用人在不断的学习中实现思想意识改变的规律。大学生本身有着基本的发展诉求，追求的是自由的思考和发展。全员育人所关注的应当是人与人之间存在的相互影响的力量和作用，学习生活中接触到的内容，使学生有机会发现和满足自身发展的诉求，并不断地提升自身的能力，使自己可以融入社会，并实现自我的价值。大学生的基本诉求与人的诉求是完全一致的，在不断的学习和成长中，也要追求实现自我价值。而在这个过程中，学生就需要借助互动来促进自身的能力提升。高校全员育人实践要解决的就是大学生作为人所具有的自我发展与学习之间的实践问题，尊重学生的客观成长规律，解决学生成长中的合理诉求，借助全员育人实践，让大学生可以从教师、行政人员、管理人员、服务人员身上汲取到有利于自身发展的经验，满足自己思想认知和价值观念发展方面的诉求，直至最终进入社会，体现自我价值，实现自我发展。

2. 全程育人须遵循理论性与实践性相统一的规律

在全程育人中，高校要正视大学生的成长规律。随着年龄的增长，大学生对自身发展的诉求也发生了改变，这主要体现在不同年级段学生对自身学习和发展的理解和想法的差异，全程育人所尊重的就是学生学习成长过程中的客观改变和成长规律。高校要针对不同阶段的大学生设定不同的育人目标和方法，进而适应大学生在各个阶段成长的基本诉求。全程育人也不单纯是年级段的阶段划分，高校也要从心理上认清大学生的成长，从教育理论上汲取育人经验，按照不同阶段、过程进行针对性的育人，通过教育理论与育人实践的结合，推进全程育人。

3. 全程育人须遵循理论性与实践性相统一的规律

在全方位育人中，高校要注意促进教育与环境之间的互动。需要注意的是，这种互动不能用简单的外在因素与内在因素来衡量，因为大学生学习成长环境中的“思政”元素相对比较分散，需要高校借助教育与环境的互动规律来整合这些资源，使其形成完整的互动育人体系，由此影响和教育大学生，使其实现思想认知和价值观念的改变。全方位育人理念下，各种与大学生学习成长相关的诸如网络、管理、服务、科研等环境因素都可以具备育人功能，而这需要高校关联学生学习成长中的社会、家庭因素，构建完整的育人环境体系，做到从理论映射到实践，提升环境育人的实际效果。同时，在环境与教育互动过程中，高校要激活大学生周遭的育人元素，使其在学习生活实践中改变和提升自己的思想认知和价值观念。

二、管理性与服务性相统一

在“三全育人”中应以人性化管理为基础，通过精心服务促进学生全面发展，实现严格管理与温情服务相统一。

1. “三全育人”实践须遵循管理性规律

从育人角度看，管理与服务都是理念，所体现的是高校育人环节中的规矩意识与人文精神。管理主要通过各种制度和规范来约束育人主体和大学生的具体行为。在高校思想政治教育中，管理突出的是对包括教师、管理者、服务者、大学生在内的全体人员的规范和约束。从“三全育人”的角度看，全员、全过程、全方位中都融入了管理的元素，不论选择何种育人方式或者育人体系视角，都不能脱离高校对工作的管理。“三全育人”中，管理是各种制度、措施得以实施的保障，任何育人模式都要靠资源的调度和工作的规划来完成，“三全育人”也不能脱离管理而独立存在，遵循管理规律来整合利用各种育人资源，最终形成习惯，推动“三全育人”进入良性循环，是高校“三全育人”实践中需要重点遵循的育人规律。

2. “三全育人”实践须利用服务性规律

当然，仅靠管理手段是不能完全获得最佳育人效果的。相关实践表明，刚性的管理不能达到预期的思想教化效果。毕竟作为育人活动对象的学生是有自己的主观意识和看法的。所以，高校的“三全育人”必须尊重和利用服务性规律，遵守学生学习和成长的根本，为其提供“软”性机制。高校要借助服务中的人文、意识、心理的影响，来实现管理所达不到的育人目标。如果说管理是育人中刚性的指标和框架，那么服务则是育人行为中的黏合剂、润滑剂，只有实现二者之间的有效结合，才能达到最佳的育人效果。并且，相关实践表明，高校的管理与服务的融合，可以让刚性、柔性相互结合，并借助刚性的规范和柔性的感召来改变学生的思维模式和行为习惯，最终实现影响学生思想认知和价值观念的直接效果，这也就实现了“三全育人”的目标。实际上，高校的“三全育人”是一个完整的教育体系，是方法和实践的统一。在实践中，高校必须体现出刚性和柔性育人的价值，如全员育人中必须突出对教师、辅导员的规范要求，使之可以在制度下开展有序的思想政治工作，让育人规范化，而在实际的操作中，高校则应倡导教师、辅导员提升自身的服务意识，即为大学生成长服务、为大学生生活服务，充分体现育人工作的人文关怀，并以自身的素养、行为来感召大学生，改变大学生。

3. “三全育人”实践要做到管理性与服务性相统一

从管理育人的角度来看，高校“三全育人”所倡导的是更加契合大学生学习与生活特征的育人思想和行为，所期望形成的育人效果是在管理和服务中改变学生的思想认知和价值观念。毕竟高校仍然是教育机构，大学生也仍然处在受教育的阶段，虽然大学生可以获得更多的自由空间，但也应当接受高校的制度约束。因此，十大育人体系中强调了管理育人的内容，这也说明在高校中，大学生必须遵守校园规则，体现的是大学生作为学生的身份特征。从服务性育人的角度看，高校的育人不仅具有管理职能，也具有服务功能，大学生在学习和生活中必然会有物质与精神需求，而这就使得服务育人成为育人中的重要环节。在高校的“三全育人”体系中，管理与服务二者之间存在统一性。其中，管理层面体现的是规矩、规范意识，是大学生学习如何尊重规则和规矩的重要内容，其不仅体现在作息、课堂等学习方面，更体现在学生日常的行为、意识表现。管理育人是大学生开始接触社会公序良俗的初始阶段，如果可以尊重管理、遵守规则，则可以促使大学生养成良好的行为举止，懂得尊重规范和规矩，自然也就可以遵守道德底线。服务育人则是从人文视角重视对大学生精神状况的引导和改善，高校要对大学生给予足够的关怀和帮助，为大学生提供必要的生活服务、难题解决，充分体现高校生活的和谐以及育人方面的人文关怀。

三、工具性与目的性相统一

思想政治教育，作为一种教育方式，具有明确的目的性和工具性。高校在开展以思想政治教育为载体的“三全育人”实践中，要正确认识和遵循好思想政治教育的这种工具性与目的性相统一的规律。

1. 工具性和目的性的内涵

(1) 工具性内涵。具体来说，思想政治教育的工具性主要体现在思想政治教育是高校培养能够担当起民族复兴大任的时代新人的重要桥梁，通过思想政治教育活动不仅能够让学生准确掌握诸如马克思主义等科学揭示人类社会发展规律的科学，也能够让学生对社会主义核心价值观等国家的、民族的共同价值追求产生深度的理解和高度的认同，使学生在知识、技能和情感态度价值观等方面与新时代中国特色社会主义发展的要求相匹配。简而言之，思想政治教育是指通过系统的教学和引导，帮助受教育者理解和接受一定的社会思想和道德观念，以提升其思想境界和道德品质的教育。它传导主流意识形态、传承中华优秀传统文化、提高公民道德素质，在社会主义核心价值观培育中发挥主导功能。

(2) 目的性内涵。相对应的，目的性指的是高校的思想政治教育活动是以高素质人才培养为目标开展的有计划、有组织、有规律、有重点的活动，其目的就是把国家、社会发展对人的思想、价值观的要求转化为思想政治教育的内容，并通过课程灌输到学生的思想之中，实现育人的目的。由此可见，工具性是社会诉求，目的性则是个体诉求，二者之间在人的基点上自然地形成了统一，并且工具性、目的性都突出了人的教育作用和价值。

2. 从应用实践看工具性与目的性统一

从应用实践看，“教育会生产劳动能力。”思想政治教育呈现出明显的工具性，目的性则是一种从属功能。但是，随着新时代大学生思想政治教育要求和环境的改变，传统以工具性为主导的育人模式已经不能适应个性化突出的大学生群体发展的需要，二者必须得到统一，在工具性和目的性上对育人目标进行统一。“三全育人”强调的是思想政治教育工具性、目的性的契合，并主张通过二者之间的有效互动来构建“大思政”的框架和发展格局。从本质上看，思想政治教育是符合马克思关于实现人的全面发展这一重要理论的，其目的是促进学生的全面发展。所以，高校思想政治教育应以此为出发点和落脚点，坚持“以人为本”的目的性价值取向。特别是在当前国家发展、社会建设不断进步的历史时期，“两个大局”对当代大学生的发展产生了重大影响，高校必须将立德树人作为立身之本，要坚持把立德树人作为中心环节。所以，在“三全育人”中，高校应当也必须将思想政治教育的工具性和目的性统一起来。

3. 从以人民为中心的发展思想看工具性与目的性相统一

从以人民为中心的发展思想看，以人民为中心的发展思想就是要求人们从思想上高度重视人的价值和意义，充分重视和满足人在发展过程中的物质和精神文化需求。对应到高校的“三全育人”实践上，就是要求高校要能够培养出一批信念坚、政治强、本领高、作风硬的优秀高素质人才，而这就要求高校在思想政治教育过程中除了要关注思想政治教育育人工具的价值发挥外，还要坚持和细化思想政治教育的育人目的，努力通过思想政治教育促进学生追求全面发展，努力通过学习和劳动实践提升学生的知识、技能和道德素养，以适应未来为人民服务，为中国共产党治国理政服务，为巩固和发展中国特色社会主义制度服务，为改革开放和社会主义现代化建设服务的要求。同时，坚持以人民为中心的发展理念，还要求高校始终关注育人与社会发展相同步的原则，将关注社会发展对大学生思想认知、道德判断、法律遵循等思想政治素养方面的要求作为“三全育人”工作中的重要关注点，并将通过调研、交流掌握的人的社会发展方面的要求转化为自身人才培养的具体内容，通过思想政治教育的方式进行渗透性的教育教学，让学生在日常的教学活动中逐步掌握这些社会发展的要求，逐步具备适应社会发展的综合素养。

第六章

高校开展“三全育人”实践的保障措施

基于高校“三全育人”实践相关策略有效实施的考虑，除了要做好上一章节中提到的育人工作外，高校还要围绕育人工作采取三方面的保障性措施，为高校“三全育人”实践的持续开展和不断深化提供有力的保障。

第一节　推进“三全育人”的队伍建设

高校“三全育人”队伍主要是由党政管理干部、思政课教师、辅导员以及教学和研究人员构成的。这一人员构成是一种多层次结构，它包括专业结构、年龄结构、知识结构、能力结构和个性结构等。合理构建多层次结构是加强高校“三全育人”队伍建设的核心内容，是增强高校“三全育人”队伍实力，提高高校“三全育人”有效性的重要条件。因此，要想真正地发挥高校“三全育人”在解决大学生的思想认识问题、化解矛盾和纠纷、增强合力、促进核心工作目标实现等方面的重要作用，党政领导以及各部门要根据实际工作的需要，在高校“三全育人”队伍建设过程中科学合理地设置相应的“三全育人”工作岗位，构建符合高校“三全育人”管理要求的多层次结构的队伍。

一、优化“三全育人”队伍结构

（一）高校“三全育人”队伍的特点

1. 阶级性

高校“三全育人”队伍作为“三全育人”的具体实施者，是党、国家和人民利益的代表，自身有着明显的阶级属性。它始终维护我国最广大人民群众的利益，满足最广大人民群众的需要并且接受最广大人民群众的监督。育人必先修其自身，高校“三全育人”队伍要首先接受教育，学习并掌握党和国家对施教者以及受教者的思想政治品德要求，然后根据大学生思想品德形成和发展规律，对大学生施加有目的、有计划、有组织的教育影响，最终形成党和国家所期望的施教者和受教者应具备的思想政治品德。

2. 层次性

现实生活中每个人都是独一无二的，即社会现实生活中的人存在个体差异性。而高校“三全育人”队伍正是由这些现实生活中的个体构成，因而也存在个体差异性。这些差异使得高校“三全育人”队伍具有明显的层次性。高校“三全育人”队伍依据不同的标准可以划分为不同的层次。例如从年龄角度来讲，可划分为老年、中年、青年等层次；从受教育程度来讲，可划分为研究生、本科、专科等层次；从自身素质来讲，可划分为高、中、低等层次。高校“三全育人”队伍的层次性要求我们在建设高校“三全育人”队伍过程中针对不同的对象，制订不同的规划，提出不同的层次要求，并且运用不同的方法，有针对性地提升不同层次的高校“三全育人”工作者素质。

3. 动态性

高校“三全育人”队伍的构成人员是动态变化的。从数量上讲，高校“三全育人”队伍组成人员的数量是动态变化的，可能是时间和空间上的人员派遣和调动，可能是新成员的加入、老成员的退休，可能是优者高升、不合格者淘汰；从质量上讲，高校“三全育人”队伍成员自身能力和素质是动态变化的，随着经验的积累和不断学习，成员的自身能力和素质不断得到提升，进而带动整个育人队伍素质逐步提升。

高校“三全育人”队伍的发展是一个逐步提升、不断推进的过程，不同阶段具有不同的实现形式和具体内容。高校“三全育人”队伍的动态性，要求我们在建设高校“三全育人”队伍过程中，始终要随着时代的变化不断更新高校“三全育人”队伍建设的内容。

4. 系统性

高校“三全育人”队伍的内涵揭示了高校“三全育人”队伍是一个由多种

要素有机构成的系统，各要素之间相互制约，相互促进，相互协同，联为一体。高校“三全育人”队伍的系统性，要求我们始终注意处理好队伍系统内部与外部的各种相互关系，整体规划，协调推进。

(二) 优化“三全育人”队伍结构

高校“三全育人”队伍结构，是指高校“三全育人”队伍内部各个构成要素之间相互联系的稳定方式。它是保障高校“三全育人”队伍的整体性和运行有序性的内在根据。高校“三全育人”队伍的结构，支配和控制着各个要素作用的发挥，规定着各个要素的行为方式，使各个要素相互联系和相互作用。因此，在相同的条件下，高校“三全育人”队伍的结构不同，其整体功能也就不同。

高校“三全育人”队伍的结构主要包括专业结构、学历结构、年龄结构、职称结构等。要优化高校“三全育人”队伍结构，就需要提高高校“三全育人”队伍的专业结构、学历结构及年龄结构等“软实力”。

1. 优化专业结构

专业结构是指高校“三全育人”队伍中不同专业人才的比例。高效的专业群体结构，应是各类专业人员按工作的性质、任务以一定的比例合理组合而成的。高校“三全育人”队伍中专业结构也是动态变化的，需动态加以调节。

高校“三全育人”队伍主要应由以下几类专业人员构成：

(1) 高校思想政治教育、马克思主义理论等专业人员。

(2) 与高校“三全育人”直接相关的专业，如教育学、心理学、法律、新闻等专业人员。

(3) 与高校“三全育人”环境及工作对象直接相关的专业，主要是本校所设各类专业人员。同时，非高校“三全育人”专业人员也必须掌握高校“三全育人”专业的基本理论。高校“三全育人”专业人员也必须掌握一定的相关学科的专业知识。

新时期高校“三全育人”工作者的知识结构，应该是一个开放的动态系统，要随着社会的发展、知识的更新、工作任务的变化不断充实、更新和调整，从而使自己适应社会的发展需要，更好地胜任高校“三全育人”工作。高校“三全育人”政策性、知识性、专业性较强，有着自身的特殊要求，高校“三全育人”队伍既要有专业知识精通、工作经验丰富的一线教师、教辅和干部，也要有善于做党务、行政事务的教师、教辅和干部。

2. 优化学历结构

学历结构是指高校“三全育人”队伍的学历或学位的构成比例。学历代表一个人接受正规教育的程度。在一般情况下，它反映了一个人的文化知识水平。高校是知识密集、人才密集的高文化区，高校“三全育人”的对象是人。这就要求高校“三全育人”队伍必须具备较高的学历结构。鉴于各类人员的文化知识层次不同，对高校“三全育人”队伍的学历要求也应有一定的层次，而不应整齐划一，但从高校实际出发，使高校“三全育人”队伍的学历结构在现有层次上有一个显著的提升是十分必要的。

3. 优化年龄结构

优化高校“三全育人”工作者的年龄结构，要培养和选拔政治坚定、业务过硬、作风扎实、有较高文化水平的中青年同志，充实到高校“三全育人”队伍，优化高校“三全育人”队伍结构。同时也要注意发挥离退休老党员、老干部、老教师、老工人、老劳模等老同志的特长和优势。高校“三全育人”队伍的年龄结构应是老、中、青三者按适当比例构成的梯形结构，其中，中青年人员应占大多数。这样的年龄结构，有利于发挥各年龄段人员的优势，提高队伍系统的整体效应，有利于高校“三全育人”队伍的新陈代谢和动态平衡，保证大学生思想政治教育队伍的稳定性和持续性。

4. 优化职称结构

职称结构指高校“三全育人”队伍中不同职称人员的比例。一个优化的职称群体结构，一般应以中高级职称为主，高级职称、中级职称、初级职称以适当比例组成合理的梯队才能更好地激发教师队伍的积极性和主动性，进而保障队伍的持续发展和相对稳定，更好地开展“三全育人”工作。

二、凝聚“三全育人”理念共识

(一) 培养“共同体”团队意识

“共同体”理念有着深刻的社会化内涵。马克思提出，“在真正的共同体条件下，各个人在自己的联合中并通过这种联合获得自己的自由”。从行为学的角度看，多个个体之间存在的某种联系促使这些个体可以围绕某个目标产生趋同性的思想和行为。对应到高校的“三全育人”实际，就是相关育人主体要树立“共同体”理念，这一理念具体包含“教学共同体”和“思政共同体”。

1. 教学共同体

“要坚持把立德树人作为中心环节，把思想政治工作贯穿教育教学全过程，实现全程育人、全方位育人，努力开创我国高等教育事业发展新局面”。因此高校在开展教学过程中，必须要保持一致的育人理念，协同育人目标，整合育人资源。只有把握住“三全育人”的核心要义，理解其科学性和先进性，才能更好地将其方法论在实际教学过程中体现。因此在三全育人工作中，有必要建立起教学共同体理念。教学共同体明确了以教学为核心的思想和行为“共同体”。“教学共同体的主体是参与教学活动的教师和学生，情境是教学活动中呈现出的课堂状态，指向是教学活动中需要师生共同解决的实际问题，目标是师生共同的发展和进步”。

2. 思政共同体

在高校思想政治教育“全员育人”的视域下，参与思想政治教育的主体已经不再单纯是思政课教师，而是整个教师队伍，乃至大学生。思政共同体是在高校立德树人根本任务指导下所形成由全体教师参与的，围绕育人核心形成的统一的团队意识。从育人的角度看，高校致力于构建的“思政共同体”是围绕培养什么人、怎样培养人、为谁培养人这个根本问题进行的意识和力量凝聚，这一理念是高校及其教师队伍基于共同的立德树人根本任务的育人方向和重点。

高校“三全育人”实践中，教师作为参与主体，应在思想上充分认识到自身的育人责任，且要具备相互协调的意识，要在育人过程中明确自身立德树人的根本任务。从育人目标上看，高校教师必须承担起“铸魂”责任，在教师队伍中明确思想政治教育是每一个教师都应当承担的责任和义务。在教师队伍的建设中，高校应培养教师的“思政共同体”团队意识，让教师明确自身作为共同体一员，对大学生思想政治教育承担着不可推卸的责任。同时，高校要增强思政课建设中的“协同效应”，要建立纵向跨学段、横向跨学科的交流研修机制，以便深入开展相邻学段的思政课教师教学交流研讨活动。此外，高校在思政课改革中，要逐步建立“共同体”意识，促使思政课教师、专业课教师之间形成良性的协同互动，打造“思政共同体”团队意识，形成“全员育人”的良好氛围。当然，高校的“三全育人”不仅仅是教师的职责，也是辅导员、班主任、管理者、服务者的责任。在教师队伍建设中，高校应当扩大“思政共同体”的范围，将管理育人、服务育人、课程育人、组织育人、心理育人、资助育人、网络育人、科研育人、心理育人、实践育人等有机结合起来，积极营造全员育人的协调机制和全程育人的贯通机制，真正实现“三全育人”。在“思政共同体”团队意识建设中，各育人主体都应明确自身的育人责任，在不同工作岗位和职责中首先要贯彻好育人先立德的思想，从自身出发积极提升学生的道德素养。在管理、服务、辅导中切实起到“榜样”“范例”的作用，虽然不同队伍的分工不同，但最终所形成的思想政治意识应当是一致的，只要各支队伍的育人功能协同起来，自然也就可以达到“全员育人”的效果。

“共同体”的理念为教师之间的交流和提升提供了重要的“形式”范例。教师队伍是育人的“团队”，虽然分工不同，但在“立德树人”目标方面存在高度的一致性，并且育人的理念也统一于“铸魂”。在相同的教育目标和理念下，高校的思想政治教育就应成为全体教师的共同责任和义务，如果形成良性的交流和协同机制，就可以实现思想政治教育水平的共同进步与发展，进而促使教师队伍形成“团队”化的意识趋同，增强教师彼此之间促进与提升的能动性，使教师在“共同体”中获得有效的自我提升，并最终提升育人合力。在育人实践中，高校应当积极地推动校际间、学科间、教师间、部门间的有效沟通，为教师队伍形成“共同体”提供便利条件和渠道，定期、定量、定模式地开展教研活动、合作教学、教学观摩活动、教学评课、交流研讨会等教师之间的交流和互动，逐步形成校内、校际的思政教学和课程思政合作交流的固定模式，有效地实现信息与经验的交流，实现教师“共同体”意识的强化。

（二）树立“铸魂育人”的教育理念

教师作为人类灵魂的工程师，应当时刻保持理论思维的活跃性。高校“三全育人”实践中，必须要发挥教师的主观能动性。正如马克思指出的，“就单个人来说，他的行动的一切动力，都一定要通过他的头脑，一定要转变为他的意志的动机，才能使他行动起来”。教师作为个体，其育人的行为和动力，深受其自身的意志和动机的作用。在当今社会，随着物质文明的快速发展，人们的精神世界也面临着各种挑战和诱惑。因此，教师作为学生成长道路上的引路人，必须树立铸魂育人理念，注重培养学生的道德品质、价值观念和精神追求。这有助于学生形成健全的人格和正确的世界观、人生观和价值观，为他们的未来发展奠定坚实的基础。教师树立铸魂育人理念可以从以下方面着手。

1. 正确理解铸魂育人的内涵

长期以来，教师多是在铸魂育人理念的指导下开展思想政治教育，在教书过程中有意识地对大学生的思想认知和价值观念进行引导和塑造，这也是习近平总书记提出铸魂育人的初衷，即借助习近平新时代中国特色社会主义思想对学生的“魂”进行塑造，从而达到育人的目标。从这方面看，育人的本质就是塑造学生的生存能力和条件，这正如马克思提出的人的双重属性一样，即人不是同自己的生产条件发生关系，而是人双重地存在着：主观上作为他自身而存在着，客观上又存在于自己生存的这些自然无机条件中。高校的“三全育人”实践实际上也是在客观环境下进行的主观尝试。在“三全育人”实践中，高校必须重视对学生“魂”的塑造，注重学生的全面成长和发展，能够使学生更好地掌握知识和技能，同时也能够培养他们的创新精神和实践能力，提高教育的质量和效果。此外，铸魂育人理念还有助于教师关注学生的情感、态度和价值观的培养，能够使学生感受到教师的关爱和尊重，从而建立起良好的师生关系。这种关系有助于激发学生的学习兴趣和积极性，提高他们的学习效果。同时，教师之间的合作和交流也能够促进教育资源的共享和优化配置，提高整个教育系统的运行效率。

2. 教师队伍内部要树立铸魂育人理念

铸魂育人为高校教师队伍建设明确了方向。大学生是自然人且表现出客观性和主观性，成长中不仅仅会发生心理、生理方面的发展，更会发生思想认知和价值观念方面的改变。大学生的主观意识、思想认知是基于各种实践活动而形成的，实践首先就是学习，其次才是生活和社交。作为大学生思想认识和价值观念的引导者，高校的教师队伍内部必须树立“铸魂”的理念，要认识到在实际的教书过程中有意识地通过学习、实践来改变大学生主观认知的重要性和必要性。并且，教师承担的“铸魂”任务会在“全员育人”的范畴内被再次拓展，教师应将“铸魂”意识融入自身育人过程中。教师队伍包括思政课教师、通识课教师、专业课教师、辅导员、班主任等诸多人员，他们构成的教师队伍必须将“铸魂”的理念与自身的育人活动相结合，并用这一理念指导自身的育人实践活动。要在课堂、课外、校内、校外等环境中始终保持“铸魂”的意识，并将显性育人与隐性育人元素结合起来，将全员与全方位进行有机结合，这样才能达到“铸魂育人”的目标。同时，教师队伍是“三全育人”的主体保障。教师队伍内部除了树立“铸魂育人”理念以外，还要从整体上形成统一的育人理念，为“三全育人”实践提供最为有效的驱动力。

“铸魂育人”的教育理念，是教师在教学实践、育人实践中需要重点遵循的统一性准则，无论是专业课教师、思政课教师，还是其他教职工，都要将“铸魂育人”作为自身育人的基本思想，并用于指导相关工作的开展，由此形成统一的教育理念，凝聚合力，达成“三全育人”目标。在日常的教师队伍建设、培养中，高校必须引导教师在育人过程中明确“铸魂”的基本方向。作为育人的先导，教师在任何教学工作、管理工作、服务工作的开展方面都应从“铸魂”的角度加以实践和完善，做“政治要强、情怀要深、思维要新、视野要广、自律要严、人格要正”的好老师，真正发挥高校教师队伍自身的能动性，为大学生“铸魂”提供保障。

3. 高校要把握铸魂育人的深刻内涵

人的理想信念状况、价值观念情况、心理特征、个性特征等是高校铸魂育人理念的逻辑起点，在人们物质生活水平显著提升的背景下，追求精神文化层面的需求满足，逐渐成为发展的重要内容，在精神文化需求方面，坚定对正确价值观念和文化信仰的自信心，是十分必要的。正如习近平总书记所提出的，“认识真理，掌握真理，信仰真理，捍卫真理，是坚定理想信念的精神前提”。高校的“三全育人”实践更多的是围绕坚定理想信念开展的育人实践。社会文明程度的提高，必然要求大学生要通过不断加强道德理论学习、树立正确的道德观念、提高自我约束能力、培养良好的人际关系、加强自我反思与提升等来提高自身的道德修养。因此，高校在贯彻铸魂育人理念时，既要从知识的传授着手，又要从造就“灵魂”的角度落脚。铸魂育人的理念要求参与育人的所有育人主体要注重自身的“铸魂”——以身作则、修己治人，在润物细无声中发挥教师育人的能动性。同时，高校教师应从自身出发，有意识地将社会主义发展理论的真理性和自身的思想认知、行为实践相结合，塑造自己良好的思想认知和价值观念，通过言传身教为大学生提供“铸魂”的榜样和动力。

三、加强“三全育人”队伍的能力建设

加强高校“三全育人”队伍建设，从个体上讲，要围绕提高高校“三全育人”工作者的素质和能力这个主线来开展。高校“三全育人”队伍建设的核心是提高高校“三全育人”队伍的素质和能力。高校“三全育人”工作者除了具备崇高的政治觉悟、优良的道德品质、合理的知识结构，还必须具有较强的组织协调能力、分析研究能力、语言表达能力、研究问题的能力等，只有这样才能保证高校“三全育人”的有效开展。

（一）组织协调能力

在高校“三全育人”过程中，育人主体需要与上级、平级、下级和服务对象打交道，各育人主体间需要进行有效的沟通，包括及时的信息传递、清晰的沟通内容和深入的理解等；需要组织各种教育力量以发挥教育合力的作用。因此，高校“三全育人”队伍要有较强的组织协调能力，能够协调各方面的力量开展“三全育人”；能够在搜集、整理各种信息的基础上，制订计划并付诸实施；能够熟练、独立地组织各种“三全育人”活动，如报告会、讨论会、总结会等；能够及时发现问题并采取有效的解决措施，保证育人工作的质量和效果。

（二）分析研究能力

人的思想看不见、摸不着，并涉及社会生活的方方面面，加上现代社会的不断发展，社会生活中的一些不确定因素逐渐增多，这些对高校“三全育人”工作者分析问题、研究问题的能力提出了较高的要求。高校“三全育人”工作者必须在正确把握党和国家的路线方针政策的基础上，密切关注社会生活，广泛涉猎各领域、各学科的知识，全面运用政治学、伦理学、统计学等学科知识，分析研究大学生的思想状况，才能抓住大学生思想认识问题的实质，有针对性地开展工作。同时，高校“三全育人”工作者还应具备在复杂环境的实践锻炼中培养和提高自身审时度势、灵活应用、当机立断的能力，以及在分析和研究

的基础上，提出新的育人理念、方法和模式，持续增强育人工作创新和发展的能力。

（三）语言文字表达能力

高校“三全育人”工作者要熟练驾驭自己的语言文字表达能力，做到吐字清晰、表达准确、言简意赅、幽默生动、逻辑严密，确保信息的准确性和完整性，避免产生歧义或误解；要努力掌握谈心、谈话、对话、辩论的语言技巧，能够在公开场所准确表达自己的观点，善于作演讲和宣传；要善于把自己的工作思路准确地用语言或文字表达出来，以便有效地反映问题，和进行宣传、交流；要善于针对大学生思想实际和心理特点，灵活地调整自己的语言表达方式，有的放矢地进行个别谈心和说服教育。此外，在实际工作中，高校“三全育人”工作者也要具备工作计划总结、调查报告、情况反映、信息简报、经验总结等常用文体的写作能力。

（四）研究问题的能力

高校“三全育人”工作者，一方面要以马克思主义为指导，紧密结合现阶段高校“三全育人”的实际，积极开展“三全育人”理论研究。通过组织调查研究、总结交流经验、举行专题研讨等形式，推动高校“三全育人”工作者钻研“三全育人”理论，不断提高“三全育人”工作者个体的理论水平、分析能力和写作能力。另一方面，积极吸收高校、党校、行政学院和社科研究机构中理论水平高、研究能力强的专家学者作为高校“三全育人”队伍的补充力量，注重发挥外力外脑的作用，提高“三全育人”队伍整体的研究能力，为高校“三全育人”实践提供智力支持和理论指导。此外，在研究问题的过程中，高校“三全育人”队伍还应该积极探索和尝试新的研究方法和手段。注重跨学科、跨领域的合作与交流，借鉴和吸收其他学科领域的先进理念和技术手段，提高研究问题的能力，提升研究的科学性和有效性。

第二节 提升高校“三全育人”的联动效能

在推动“三全育人”过程当中，各方面的协同扮演着十分重要的角色，必须强化思想政治工作各主体、各环节和各平台间的互联、互补、互动。育人的主体力量、各个环节和资源平台之间只有相互协调配合、相互联动合作，才能提高育人效率。

一、联通育人力量，实现全员育人

新时代下，要不断提升高校思想政治工作质量，必须要建立一支同向同行、合力育人的“大思政”队伍，引导高校党委、辅导员、教师以及服务管理人员协同育人。

(一) 加强高校党委对育人工作的全面领导

高校党委对于“三全育人”工作具有谋篇布局、举旗定向的作用，是“三全育人”工作的“指挥官”。

(1) 要落实党委负责制。高校党委作为“一把手”，领导班子必须要牢牢握住德育工作的方向盘。一方面，党委干部要树立“大局观”，站在社会高质量发展对人才需要的高度，心怀“国之大者”，深入落实立德树人根本任务，着力培养担当民族复兴大任的时代新人。要在认真学习德育方针的基础上，进行严格落实。另一方面，党委干部要提升领导能力，科学决策是良好运行的第一步。“三全育人”工作的开展不是空谈理论、喊口号就能实施的。高校党委要承担管党治党，办学治校主体责任，必须不断增强“四个意识”、坚定“四个自信”、做到“两个维护”，提高政治判断力、政治领悟力、政治执行力。真正走进教职员工和学生之中，全面真实地考察各方面的工作进展和实际情况，严格按程序办事，坚决禁止“一言堂”和任意行事，在反复调研、分析、交流中提升领导能力，优化决策安排。

(2) 要充分发挥高校基层党组织的战斗堡垒作用。一方面，高校党组织要加强自身建设。党员干部作为高校中的先进分子，必须要强化自身的理想信念教育，增加自身的党性修养，在工作和学习的各个方面起到先锋模范作用。另一方面，要充分发挥好“党管干部”“党管人才”制度，高校党组织要加强对党员干部的监督，对党员的思想、工作、学习进行密切关注，定期开展理论学习和民主生活会，帮助广大党员同志提升思想觉悟，弥补各项不足。对于教职工党员要充分关注其理论学习、师德师风建设以及专业素养的提升，增强其铸魂育人的使命感和担当。对于学生党员来讲，要自觉引导广大学生理论与实际相结合，在提升理论素养的同时，将其转化为自觉地行动。

(二) 加强辅导员队伍专业化建设

高校辅导员是大学生的指明灯和领路人，作为日常生活中与学生接触最多的教职工群体，其肩负着教育、服务、管理一体化的职能。

(1) 辅导员必须具有正确且笃信的理想信念。作为一名共产党员，辅导员必须要有清醒的政治意识，在大是大非面前拥有政治鉴别能力。辅导员在对学生进行日常管理、教育培训和学业生涯规划的过程中，其自身的思想观念、道德行为、职业修养对于学生的道德行为、道德情感、道德认知起着深远的影响作用。

(2) 辅导员必须有清晰的职业定位。新的时代背景下，辅导员的工作面临新的变化，要求辅导员必须时刻以学生为中心，着力解决学生生活和学习中面临的困惑，充分发挥与教职员工协同育人的关键作用。辅导员要厘清其育人职责，树立“三全育人”的工作理念，深化育人成效。

(3) 辅导员必须要有过硬的本领。按照教育部的相关规定高校辅导员要具备专业能力和宽口径的学科背景，宽口径的学科背景要求辅导员不仅要具备思想政治教育专业的相关知识，包括对思想政治教育内容、规律、方法的认识，还要求其对相关专业知识具有一定程度的掌握，这样才能从容应对教育过程中出现的各种问题。

(4) 高校必须要为辅导员提供多平台的学习和交流机会。首先，要加强辅导员思想政治教育与德育理论、学生管理与学生发展理论、心理健康教育知识、就业指导与职业规划、法律法规与政策、沟通与协调能力等多方面的学习培训，加强辅导员的党性锻炼，涵养良好的职业道德。其次，要树立模范标兵，模范标兵的先进事迹能够帮助辅导员更好的认清职业定位。高校可以定期邀请优秀辅导员走进校园，向广大辅导员分享自己的经验，为辅导员们答疑解惑。最后，要建立辅导员“面对面沟通”平台。辅导员们在相互的交流中能够及时、客观的发现自身存在的问题，同时，也能从其他辅导员身上审视自身的优势与不足，在与其他辅导员交流的过程中，能够对自身的业务能力有很大的提升。高校也要尽可能地搭建校际交流平台，鼓励辅导员到重点辅导员建设基地学习，进一步提升工作能力和水平。

（三）巩固思想政治理论课教师的主导地位

高校思想政治理论课教师作为“三全育人”工作的主要力量，其队伍建设的质量关乎立德树人目标的完成和高校人才培养的质量，是育人工作的重要保障。

1. 要加强思政课教师课程能力建设

(1) 要丰富教学内容。教师从不是一劳永逸的职业，社会生活中的新现象、新问题为教师备课、讲课提供了新素材。因此，高校思政课应与时俱进，让内容更新与时代同步，与学生同行。一方面，教学内容要紧跟党的理论实践创新，坚持把习近平新时代中国特色社会主义思想作为教学的中心内容和首要任务。另一方面，教学的目的是为学生服务。教学内容只有回应学生需求，才能唤醒学生的参与意愿，激发潜在的学习活力。思政课教师应课上勤提问，课下多谈心，做学生的“知心人”，认真倾听大学生对于思政课教学的真实心声，将理论教学与实际运用相结合。

(2) 要创新教学方法。枯燥的理论说教难免使学生们兴趣索然。打破教学方法的时空限制，创新运用网络载体已经成为教学改革的大势所趋。如“雨课堂、MOOC 慕课平台、易班”等平台的应用，能够加强师生互动，促使学生能够根据自身的兴趣需要在线学习优质的思想政治教育课程，全方位地对学生进行思想教育、文化熏陶和价值引领，增强育人成效。

2. 要加强思政课教师的科研能力建设

教师的科研能力与育人能力是正面的双向促进关系，科研水平较强的教师，往往理论功底更扎实，视野更加开阔，课堂教学内容运用得也更加灵活。思政课教师要平衡好教与研之间的关系，以科研促教学，通过教学带动科研，实现二者的共同进步。

3. 要坚持教书与育人相结合

思政课教师作为大学生思想政治工作的主力军，其既要“教书”传授知识，又要“育人”培育优良品德。目前，很多思政课教师能够很好的完成其教书任务，对于育人工作，很多教师认为是辅导员的工作，育人意识不强。事实上，教师与学生间保持良好的关系，更有利于学生提高课堂学习的专注度，提升教学质量。一线思政课教师要善用亲近平和的话语与学生交谈，用自身魅力打动学生，使学生从心底里真正的信服授课内容。

4. 做好思政课教师的选拔、培训以及马克思主义理论学科的建设

首先，保质的前提必须保量，高校要按照教师与学生1∶350的配比标准配齐专职思政课教师岗位，在选拔过程中一定要严把政治观、思想观、能力观，打造一支品行优良、能力一流的思政课教学团队。其次，要做好青年教师的培训和人才成才计划。对于青年思政课教师要做好综合能力的培训，包括党的相关知识、马克思主义经典著作、教学方法、科研能力、师德师风建设等。最后，思政课教师队伍建设离不开马克思主义理论学科的保驾护航，高校要大力加强马克思主义理论学科教学、科研建设，以学科建设促进课程建设，进而提升队伍建设质量。

（四）强化专业课教师的育人功能

专业课教师是实施课程思政的主体。因此，必须发挥专业课教师的育人作用，破解专业课教师育人实践过程中的难点和盲区，更好的发挥专业课程立德树人的功能。习近平总书记曾指出：“教师做的是传播知识、传播思想、传播真理的工作，是塑造灵魂、塑造生命、塑造人的工作。教师不能只做传授书本知识的教书匠，而要成为塑造学生品格、品行、品味的‘大先生’”。古人云：“达者为先”，先生是对一个教师崇高的赞扬，因此教师必须要做到人品贵重、学识丰富。

1. 专业课教师要具有丰富渊博的理论知识

(1) 专业课教师要有一定的思想政治理论知识素养。教师作为人类灵魂的工程师，肩负着培养下一代的重任。在培养学生的过程中，不仅要传授专业知识，更要引导学生树立正确的三观。为此，专业课教师必须要虚心请教，把握理论学习的大方向，筑牢理论根基。

(2) 专业课教师要提升专业技能。专业技能是一个专业课教师的看家本领，专业课教师对专业知识的学习不能停滞不前，而是要潜心钻研，为专业课程融入思政元素奠定基础。其次，专业课教师要争做育人的“大先生”。所谓“经师易得，人师难求”。好的教育是教学与育人二者并驾齐驱、协调发展。目前，一些专业课教师对课程思政表现出极大的不认同，认为其挤压了原本的专业教学，打破了固有的教学结构，思想上不重视。专业课教师要客观地认识到素质教育环境下，对学生品德的培养与专业教育，二者并不是此消彼长的关系，而是不

可割裂的整体，必须互相配合、同步开展。

2. 高校要鼓励教师积极投身课程思政实践中

(1) 育人者必先育己。专业课教师在教育引导学生之前，就必须要打破自身对于德育工作的偏见。为此，高校要搭建课程思政一体化交流学习平台，加强专业课教师与其他教师，特别是思政课教师间的沟通，及时关注党的相关理论和实践以及社会热点问题，加强专业课教师思想政治教育相关内容的学习。

(2) 要鼓励引导专业课教师对育人元素的挖掘。高校应该通过激励、评价等手段引导专业课教师充分认识到每门课程都具有潜在的育人功能，增强课程思政育人的自觉性和使命感。

(3) 高校要加大对专业课教师的科研资金投入力度，不仅包括专业领域的科研，也包括课程思政方面的教学研究。

(五) 提升管理服务人员的育人责任意识

高校行政管理和服务人员作为学生日常事务的参与者，是全员育人队伍中不可或缺的一环，提升管理和服务人员的育人责任意识，加强育人能力建设，有助于画好大思政的“同心圆”。

1. 要增强管理服务人员的育人意识

高校管理服务人员由于不直接参与教学和学生管理工作，所以其育人责任意识淡薄、积极性较低。管理服务人员作为全员育人中不可或缺的力量，必须要摒弃传统的世俗观念，不断强化“管理服务人员也是教育者”这一认识，在工作中积极关注高校师生的合理诉求，将物质需要同精神需要相结合，在管理服务中体现良好的职业道德品质和人文关怀，寓育人于工作中，加强隐形思想政治教育建设。

2. 要提升管理服务人员的工作水平

(1) 管理服务人员在制定规章制度时要充分尊重学生自身的发展规律。学校管理规章制度对学生的言行能够起到严格的约束作用，其在制定的过程中应该充分尊重学生的合理诉求，广泛收集学生的意见和建议。在实施过程中不能一刀切，必须要坚持问题导向，针对不同情况，以科学、合理的态度进行处理。

(2) 要充分利用现代化的管理模式，搭建一体化的网络服务管理平台。各职能部门可以通过线上校园平台发布最新消息，开放线上办公流程，方便学生能够通过手机、电脑等移动设备随时随地办理相关事宜。如在线注册报道、网络充值、网上报修等，不但能够提前让学生了解相关情况，同时也能够使同学们感受到学校以人为本的理念。线上线下相结合，在时间和空间的选择上灵活度更高，有利于节省双方的时间、提高效率。

(3) 要加强各管理和服务部门间的育人协同合作。建立各部门间信息共享机制，方便部门间联合办公，优化工作流程，更快更好地解决学生的实际问题。

3. 高校要加强管理服务人员培训监督机制的构建

构建“三全育人”管理服务队伍的培训监督机制，有助于提高管理服务队伍的专业素质和履职能力，为“三全育人”工作的顺利开展提供有力保障，可以从以下方面入手构建相应机制：

(1) 设立专门的监督机构。该机构应具备一定的权威性和专业性，能够对管理服务队伍进行全面监督，确保其按照既定标准和要求履行职责。能够及时受理学生、教职员工和社会公众对管理服务队伍的意见和建议，发现问题及时进行整改。

(2) 制定明确的培训监督标准。根据“三全育人”的要求和管理服务队伍的特点，制定统一的培训监督标准，明确培训内容、方式、效果等方面的要求，确保培训质量。对培训过程进行全面管理，包括培训计划的制定、实施、评估和反馈等环节，确保培训过程规范、有序。

二、贯通育人环节，实现全过程育人

高校思想政治教育工作全程育人不仅涉及大学阶段全过程的衔接，而且要与中小学阶段的育人衔接好。思想政治教育工作需要坚持从学生成长规律出发，针对小学、中学和大学等不同阶段学生的思想特点和实际需求，采取与之相适应的育人方式、突出育人重点，循序渐进地开展思想政治教育工作，才可以确保育人成效。因此，要开展好高校育人工作，必须贯通育人环节，做好大中小学各阶段育人衔接、育人各环节相配合，推动思想政治教育工作贯通育人全过程。

(一) 大中小相衔接

1. 衔接的切入点

随着我国教育改革的不断推进，大中小学思政工作一体化的研究和实践备受重视、持续强化。处于大中小学不同学段的思想政治教育工作本质上是相同的，只是要求和层次上存在明显差异。在教育实践中，一体化思想政治教育工作在实施层面存在着“学段割裂、内容庞杂、难以操作、效果不显”等问题。如果不解决好这些问题，自然就会影响整体的立德树人实效。因此，要立足实际做好大中小学思想政治教育工作的衔接，形成一体化思想政治教育工作协同体系，确保育人工作螺旋式上升、递升式增效。

思政课是大中小学思想政治教育工作的主渠道和共同的载体，以思政课为核心抓好大中小学思想政治工作的衔接显得尤为关键。2019 年 3 月习近平总书记在学校思想政治课教师座谈会上提出：“在大中小学循序渐进、螺旋上升地开设思想政治理论课非常必要”，“要把统筹推进中小学思政课一体化建设作为一项重要工程，推动思政课建设内涵式发展”。可见，大中小学思政课一体化建设需要统筹考虑、整体推进，需要基于不同学段学生特点，遵循学生成长成才规律。因此，本书重点以学生学习和成长规律为着眼点，以大中小学思政课一体化建设为切入点探讨大中小学思想政治教育工作相衔接的协同育人体系建设。

2. 思政课衔接路径

通过找准大中小学思政课的不同点和关联性，做到教学目标在不同学段保持一致，教学内容在不同学段有所侧重，教学方法在不同学段选择不同，同时坚持全面贯彻党的教育方针，遵循循序渐进、螺旋上升的原则设计安排思政课，保证做到纵向衔接和横向贯通，进而实现思想政治教育工作体系的系统联通和内在统一。

1) 目标协同

习近平总书记在学校思想政治理论课教师座谈会上强调：“办好思想政治理论课，最根本的是要全面贯彻党的教育方针，解决好培养什么人、怎样培养人、为谁培养人这个根本问题”“我们党立志于中华民族千秋伟业，必须培养一代又一代拥护中国共产党领导和我国社会主义制度、立志为中国特色社会主义事业奋斗终身的有用人才”。可见，大中小学思政课有着相同的目标属性，即充分发挥思政课的立德树人作用，引导学生树立正确的世界观、人生观、价值观。具体来讲，就是要整体规划思政课程目标，按照循序渐进、螺旋上升的原则有层次地制定各学段的教学目标和实施方案。

在小学阶段，教学的目标侧重于学生价值观的启蒙，培养学生爱党、爱国、爱社会主义的情感；中学阶段的目标重点在于对学生进行马克思主义基本观点教育，以社会主义政治文明、精神文明、物质文明、社会文明、生态文明建设常识为基本内容，引导学生结合自身经历和认识进行探究学习和实践，不断领悟辩证唯物主义和历史唯物主义的基本观点和方法；大学阶段则是通过进一步学习马克思主义基本原理，引导学生结合自身专业知识，形成自身知识体系和思维方式，培养适应终身发展的思想政治素质，坚定理想信念，增强使命担当，逐步形成正确的世界观、人生观、价值观。可见，大中小学思政课教学目标是由低到高、由浅入深的，这就要求各个学段要紧密结合青少年成长规律逐步深化思政课的目标提升，不断增强思政课铸魂育人实效。

2) 内容协同

在教学内容上，各个学段的思政课既要紧紧扣住思想政治教育的重点，同时也要考虑在不同学段中教学内容的深浅程度和侧重方面，如在小学阶段更多的是进行思想和品德的教学，在中学阶段除了思想还会加入政治方面的内容，而在大学阶段则除了思想和政治，还要加入理论的内容。小学阶段的内容重点在于启蒙和激发，着重培养学生有做中国特色社会主义建设者和接班人的意识。初中阶段的内容重在打牢学生思想基础，不断强化学生做中国特色社会主义建设者和接班人的意识。高中阶段的内容重在开展知识性学习，着力强化学生做中国特色社会主义建设者和接班人的政治认同。本专科阶段的内容重在开展系统理论学习，实施党的创新理论教育，引导学生争做中国特色社会主义建设者和接班人。研究生阶段的内容重在开展创新性、探究性学习，引导学生掌握理论根基，做到不仅“知其然”，还要“知其所以然”。可见，不同学段的教学内容设置应是循序渐进的，大学、研究生阶段内容是对中小学阶段内容的丰富、深化和拓展。值得注意的是，不同年龄的学生接受能力不同、特点不一，在教学内容的安排上要做到统筹考虑，要考虑到成长以后在社会上的需要，也要做到各阶段的有深有浅，同时还要考虑相互之间的联系，体现深浅递进、不断提升的体系化设计。

3) 方法协同

教学方法是由教学目标、教学内容、教学对象来决定并为之服务的。基于上述大中小学思政课教育的目标和内容在不同学段有所侧重，因而在教学方法的运用上必须紧密结合学生的接受能力，建立各个学段方法协同一体化的整体概念，既要做到各司其职，各展所长，又要衔接贯通，协同推进。

建立各学段方法协同一体化体系，首先要建立一致的指导思想。习近平总书记强调“推动思想政治理论课改革创新，要不断增强思政课的思想性、理论性、亲和力和针对性”。这要求各学段方法协同一体化体系要坚持以学生为中心、教师为主导，积极采用与各学段相适应、相协调的教学方法，最终目的是把思政课讲授得更具针对性和实效性，让学生受启发。其次，针对不同学段学生思想认知的特点，科学选择符合其年龄和心理特征的教学方法，以达到更好的教学效果。如小学阶段可以选择图片、漫画、故事等图文并茂的方式来吸引学生，主要以启发式教学为主；中学阶段可以选择开展体验性学习，可结合教学内容和学生兴趣设计适当的教学实践活动，主要以案例教学、体验式教学为主；大学阶段的教学方法可灵活设置，除了课堂传统教学，还可以采用实践法、沉浸式体验、情景式教学等方法实现课堂内外的融合，强化学习效果。再次，各学段思政课要加强教学方法的融合，促进教学方法的改革与发展。如现在多地思政教育基地培训了中小学生讲解员，由中小学生为包括大学生在内的不同参观群体现场教学；一些大学生制作、设计的漫画、图片、视频也通过互联网等方式传播到中小学校园，成为中小学生思政课堂的教学素材。各学段方法协同一体化体系要加强各学段之间教育教学基地的共享共建，注重应用信息新技术，整合线上线下资源，促进各学段之间思政课教学的融合与发展，使学生真正能够受益于灵活多样的教学方式。

4) 队伍协同

办好思政课关键在教师，推进大中小学思政课协同创新关键要加强教师队伍的协同。要建立横向跨学科、纵向跨学段的交流研修平台和机制，促进共同提升。因此，要推动各学段思政课相衔接，就必须解决各学段思政课教师存在“相互割裂，各自为政”的现象，建立健全各学段教师交流沟通机制，努力建设一支“平等协作、优势互补、资源共享、教学衔接”的思政课教师队伍，构建各学段教师“教学科研共同体”，推进各学段思想政治教育“共建共治共享”一体化建设。如在教学方面，通过开展合作教学、集体备课会、相互观摩、互提意见等多种形式进行互动和合作，大学思政课教师可以及时了解中小学各学段教师的方法、内容，找准有效衔接的切入点，甚至可以深入中小学课堂了解学生喜闻乐见的教学方式；在科研方面，建立更加紧密的合作关系，相互提升教研水平。在大中小学思政课教育教学相关课题攻关和问题研究方面，可建立相关科研合作平台，开展合作申报课题研究，分析不同学段学生特点及思想状况等，共同商讨对策，携手攻克难关，更好地服务于教学，做到科教融合推动思政课一体化建设。

5) 衔接保障

任何协同体系的构建都需要强有力的支撑保障，然而大中小学不同学段时间跨度大、内容多，使得相衔接的体系构建较艰难。目前，各学段思政课教育在各级教育行政主管部门职责中处于分散的状态，缺乏整体性谋划部署和相关的政策保障。构建衔接保障机制需要统筹规划，从顶层设计入手，在组织、人力、物力和政策等方面予以保障，确保大中小学思政课相衔接贯通顺畅、形成育人合力。

6) 统筹保障

教育行政部门应建立相应的推进机制，明确专门的部门负责对大中小学思想政治课相衔接的一体化建设进行统一规划，系统推进思政课教师队伍、教材、教法等的建设。各级各类学校要成立相应的思想政治课相衔接的组织机构，依托相关部门设立办公室，落实相关部门关于思政课一体化建设的相关部署和要求，负责实施和督导本校思政课改革创新和一体化建设，加强各学段学校间的纵向有效交流，以及同学段学校间的横向有效交流，共谋发展、相互借鉴、共同提高。

7) 政策保障

科学、有序、规范地推进大中小学思政课相衔接，需要完善的政策支持，提供组织保障和动力系统。行政主管部门应围绕大中小学思政课一体化建设突出政策保障，在学科建设、队伍建设、课程建设等方面建立起动态政策支持机制。在顶层设计中，要对大中小学思政课一体化建设有明确的政策指导和规范，明确各学段思政课建设的重点。在实践推进中，要强化指导和激励，尤其要制定相关政策激励各层次学校重视思政课建设，引导相关学者和教师持续开展与思政课相衔接的研究与实践探索，为政府相关部门提供政策参考和决策依据，从而更加科学地推进思政课一体化改革创新。

（二）育人各环节相配合

高校思想政治教育工作是通过教育客体不断交替或同时在育人各环节中受到教育引导而实现的。育人各环节相互协同、相互配合是“三全育人”的重要组成部分，是加强高校思想政治实效性的有力保障。

1. 协同的切入点

高校育人工作是一个有机的整体系统。从育人目标角度分析，育人各环节都要开展思想政治教育工作、提升育人质量，因而无论是在价值引领、知识传授、技能提升、社会实践中都要将立德树人贯穿始终，这是全过程育人理念的根本要求。从育人载体角度分析，各育人环节均有着各自的育人定位与功能，涉及教育教学和学生成长的某一部分，通过相互的连接配合，才能给教育客体带来育人全过程方方面面的影响，因而思想政治教育工作各个环节要加以配合，在发挥各环节自身优势的同时，将价值引领与各环节育人的内容紧密融合，促进各环节的育人做到同向发力、同频共振，更加有利于增强思想政治工作的针对性、保证育人目标的整体性。

在实现育人目标的过程中，价值引领在各环节都可以开展，可以在课程知识传授等环节中加强，也可以在实践活动、文化育人等环节的专业技能训练中提升。育人各环节间不是各自独立完成育人任务后的简单叠加，也不是一味要求在内容、形式、方法上趋同的强硬融入，而是需要深入挖掘两者之间的合理切入点，坚持理论与实践相结合、价值引领与知识传授相结合，形成协同育人格局。

2. 协同路径

(1) 思想政治工作环节间协同。思政课和日常思政教育是高校落实思想政治工作的主要环节。高校思政课是主渠道，旨在通过知识传授加强马克思主义在大学生中的传播。学生的日常思政教育则将价值引领贯穿于党团活动、社团活动、心理健康教育、安全教育、职业指导、朋辈教育、创新创业教育等学生学习、生活、个人成长紧密联系的方方面面中。要建立思政课与日常思政教育间的协同体系，首先要坚持思政课与日常教育的目标、内容的一致性和连贯性，一方面坚决杜绝思想政治理论只出现在课堂之中，应将思想政治理论的学习落实到党团活动、社团活动等学生学习生活各个环节；另一方面将马克思主义理论与大学生关心关注的国际国内形势、国家的改革发展战略、社会上的时事热点紧密结合起来，与学生时刻相伴的校园生活结合起来。此外，还要着重提高学生运用马克思主义基本原理和党的创新理论指导日常学习生活的意识和能力。

(2) 思想政治教育工作环节与文化知识教育环节相协同。思政课程和课程思政分别是思想政治教育和文化知识教育的关键环节，两者虽内容不同，但有着共同的目标和任务，就是强化价值塑造。思政课程本身要按照“八个相统一”加强改革创新，不断提升课程质量。课程思政就是要求各类课程要与思政课同向发力、同向同行，要挖掘各门类课程所蕴含的思政素材，强化课程育德水平。首先，要加强思政课教师与其他学科专业教师的联动配合，高校可以建设课程思政研究中心，健全各项共享管理机制，使思政课程和课程思政做到知识共享、资源共享、过程共享、体验共享，从而协同推进育人共享。加强跨学科的教师团队建设，对相关理论进行研究探索，统筹推进思政课程和课程思政建设，尤其要推进课程思政覆盖各学科专业课程，以加强所有课程的育人功能。其次，要加强课程考核，全面更新课程教学考核体系，将课程思政建设纳入教师的教学工作考核中，以增强课程思政改革的动力。最后，要加强培训和激励保障。高校要定期开展思政课程和课程思政改革创新的培训，不断提升教师育德育才的本领。要常态化选树一些课程育人先锋，形成引领示范效应。

(3) 思想政治教育工作环节与社会实践教育环节相协同。思想政治教育如果只是空泛说教、简单灌输，很难获得学生的情感认同，育人实效将大打折扣。而社会实践教育如果只专注于实践本身，不加以思想引领，学生无法体会到实践背后的价值意义，久而久之会影响学生参与社会实践的积极性。强化理论与实践的统一，是马克思主义的基本原则。在思想政治教育环节，如思政课堂、日常思政教育中应多引入体验式、沉浸式教学，运用情景模拟、参观红色基地、课内外调研、讨论等教学方式，增强思想政治教育的实践性，提升理论教学的成效。在社会实践环节，如学生在课余、假期开展的“三下乡”、志愿服务、实习实践时，强化价值引领，凝练升华主题，将思想政治教育内容有机融入社会实践的具体活动中，使大学生在社会实践中进一步正确认识自我、认识世界的同时，增强社会责任感，不断提升思想素质。

三、融通育人领域，构建全方位育人体系

全方位育人就是将人才培养立足于由社会、家庭、学校共同构成的大环境，创新路径和方法，强化思想政治工作的全域覆盖。要善于利用社会不同领域的育人要素，汇聚各种优质资源；不断拓展延伸育人的空间，充分拓宽育人载体和平台；积极动员社会各种力量参与育人，形成以学校为主体，学校、家庭、社会协同育人、同频共振的良好局面。通过强化课内与课外的协同、校内与校外的协同、线上与线下的协同，搭建“一站式”教育空间，构建高校思想政治教育工作全方位育人的多维协同体系，构建起综合协作的育人新格局。

(一) 课内与课外协同

1. 课内与课外的内涵

(1) 课内主要指的是课堂教育，是在教学时间进行的课堂育人活动，又被称作“第一课堂”。在思想政治教育工作实施过程中，第一课堂与高校的人才培养方案紧密关联，相对比较明确，有统一的教学大纲、固定的师资、确定的学分保证，承载着价值引导、知识传授、技能培养等功能，主要有思政理论课、专业课程(含实践教学课)和综合选修课程等。

(2) 课外主要指的是课堂教育以外对学生开展的教育活动，即学生在教学计划规定课程之外参加的有组织的各类各样的育人活动。课外育人是以立德树人为总体目标，由学校作为主体进行总体设计，采取学生喜闻乐见的方式，开展多样化育人实践活动，是育人的有效载体。

2. 课内与课外协同的三个层次

高校思想政治教育工作课内与课外的协同体现在三个层次，即课内与课内之间的协同、课外与课外之间的协同和课内与课外之间的协同，课内与课外协同作用的交叉并行构成了它们之间的充分协同。

(1) 课内与课内之间的协同主要体现在不同类型课程之间的协同，除了思政课外，专业课程、综合素养课程同样需要发挥育人作用，将思想政治教育工作

覆盖到所有学科课程。

(2) 课外与课外之间的协同是多元化的，它体现在教育主体之间的协同、教育客体之间的协同、教育社会关系之间的协同、教育组织主体之间的协同等，从而实现育人增效。课外教育的性质是集爱国主义教育、理想信念教育、公民道德教育和素质教育于一体的综合性教育。

(3) 课内与课外之间的协同体现在理论教学与社会实践相结合、课堂教育与校园文化活动相融合，推动思想政治教育工作有效融入教育教学全过程。

3. 课内与课外协同的切入点

1) 课内与课外分别开展的问题表现

课内与课外教育在教育手段、教育逻辑、教育组织形式等方面存在的较大差异性决定了只有课内与课外协同作用才能更好地发挥思政教育效果。在教育主体上，思政教师和其他教师对思政教育的认识不同步，部分高校教育工作者仍存在“思政教育只是思政课教师的事情，与专业课教师无关”的想法，有时甚至会表现为学生参与专业课程与思政教育活动之间的冲突、个别专业教师课程上发表的言论与思政课教师传授的价值观之间的冲突。在教育逻辑上，教学遵循的主要是“知识性逻辑”，主要目的是传授知识，教育方法主要是依据学科特点和知识结构进行授课，而课外教育遵循的主要是“规范性逻辑”，教育方法多样，目的是培养学生正确的人生观、价值观和世界观，两者在价值逻辑上存在断裂。在教育组织形式上，课内教育以理论教育为主，实践教育为辅，以传道授业的方式教导学生；而课外教育则融于学生日常学习生活的点滴，以润物细无声的方式产生作用。这些差异性决定了：如若缺失了协同机制的建设和协同作用的发挥，高校思想政治教育工作课内与课外教育可能像两驾马车一起行驶，却朝着不同的方向发展从而无法达到事半功倍的育人效果；反之，二者的协同则能够实现互补，实现育人增效。

2) 五育并举是课内与课外协同的有效切入点

当代大学生全面发展的培养需求，对课内与课外的协同推进提出了要求。习近平总书记在全国教育大会上强调，“加快推进教育现代化、建设教育强国、办好人民满意的教育”“培养德智体美劳全面发展的社会主义建设者和接班人”，五育并举是构建高水平人才培养体系的根本要求，可以有效推进立德树人融入文化知识教育、思想政治教育、社会文明教育各环节。课内外教育如何坚持五育并举主要体现在三个方面。

(1) 坚持五育并举充分发展，为培养社会主义建设者和接班人发挥协同作用。五育并举的平衡充分发展指的是德育、智育、体育、美育、劳动教育这五个方面要做到均衡实施、结构合理、融合融洽、协调发展。五育并举作为有机整体可以细分为三个结构层次：德育、智育、美育主要促进心灵稳步发育发展，属于精神科学发展的层次；体育更多支撑保障健康发育，属于身心协调发展的层次；劳动教育可以有效提升生存生活和发展所必备的劳动能力，属于培养提升实践能力的层次。其中德育是五育的灵魂和核心，智育是五育的基础，美育是德育和智育的桥梁纽带及五育内在的动力源泉，劳动教育则是实现真、善、美内在统一的实践路径。新时代劳动教育走出了狭隘体力劳动和劳动技能教育的认知误区，赋予综合育人的新内涵，即劳动贯通到德智体美的全过程，提升人的精神气质和人生品格。

(2) 德智体美劳五育各自具有不同的育人方法和实现途径，协同推进的时候应进行优势互补。五育要紧密结合，既不能割裂开来，也不能相互冲击，即缺一不可。应结合五育各自的教育特性，在全局发展的视角下，增强五育协同，形成优势互补的合力。

(3) 培养德智体美劳全面发展的社会主义建设者和接班人是育人的目标，教师要围绕这个目标来教，学生要围绕这个目标来学。这就意味着不能采用单一指标评价，而应进行融合评价；评价主体包括思想政治教育工作者、课程教师、学习者等相关群体；评价内容既要看学生的学业成绩，也要看学生的满意度和获得感；评价的结果供各主体反思互鉴、交流参考，评价的目的是进一步改进五育并举的课内和课外建设。

4. 五育并举教育内容与教育形式

通过五育并举达到课内与课外协同的效果，需要从拓展教育内容和多元化教育形式两个方面着手。

1) 在教育内容集成方面

整合德育、智育、体育、美育和劳动教育的内容，形成有机整体。例如，在德育中融入对美的理解和追求，在智育中注重体育锻炼和劳动实践，在体育中强调团队协作和德育精神，在美育中提升智力和劳动技能，在劳动教育中融入德育和智育元素。

强调跨学科的融合。不同学科之间可以相互借鉴，共同推进五育的融合。例如，在语文课上可以引入艺术欣赏的内容，让学生感受文字与画面的结合；在数学课上可以引入生活中的实际问题，让学生运用数学知识解决实际问题。

制定全面、系统的教学大纲和教材。教学大纲和教材应该充分体现五育融合的理念，注重培养学生的综合素质和创新能力。

2) 在教育形式方面

推行项目式学习。通过项目式学习，让学生在实际操作中学习知识、培养能力。项目可以围绕某个主题展开，涉及多个学科的内容，让学生在实践中体验五育的融合。

加强实践教学环节。通过实验教学、社会实践、劳动实践等方式，让学生亲身参与、亲身体验，增强对知识的理解和应用能力。

采用多元化的教学方法。除了传统的讲授式教学外，还可以采用讨论式、探究式、案例式等教学方法，激发学生的学习兴趣和主动性。

建立综合评价机制。对学生的评价应该注重综合素质和创新能力的发展，采用多元化的评价方式，如作品展示、口头报告、实践活动等。

5. 课内与课外协同的实施路径

1) 多平台搭建

高校课内课外的协同，需要教育要素与资源的流动和集聚，畅通渠道，形成合力，而不同要素的流动和聚集可以通过搭建平台的方式来实现。立足高校实际，搭建平台可以从三个方面进行：

(1) 搭建教学协同平台，强化第一课堂育人合力。在推进思政课建设方面，可以开展集体备课会，建立集体备课研讨平台，充分发挥思政课教师集体的智慧和力量，贯彻好“八个相统一”任务要求，提升各类思政课教学质量和水平，强化思政课的育人作用。在推进课程思政方面，高校可以成立课程思政研究中心，整合学校党委部门和马克思主义学院等力量，加强课程思政改革研究，推动各学科专业教师和思政课教师的协作，探究各学科各门类课程融入思政元素和其他育人元素的可行性和切入点，提升课程思政的改革效能。

(2) 搭建实践育人和协同育人平台，推进学生实践能力培养。理论教育和社会实践相结合可以有效加强和改进大学生思想政治教育。理论教育具有育人的重要作用，社会实践是大学生思想政治教育的重要环节，社会实践活动能够有效增强大学生思想政治教育时效性，有利于扩大思政育人的覆盖面。实践育人平台的搭建可以让教育者队伍以指导教师、合作伙伴等角色加入实践中，能打破传统说教式教育，有利于提升高校思想政治教育效果。此外，大学教育的目的是培养社会主义建设者和接班人，专业素质和专业能力要求是主要培养目的之一，专业课程和学科竞赛相结合是提升学生专业能力的重要手段。以赛促学、赛学结合，以专业课程强化知识教授，以学科竞赛检验教育实效，从而达到切实提高学生专业能力的目的。

(3) 搭建校园文化建设协同育人平台，建立和谐校园文化，促进校内协同育人。首先，弘扬校园文化，明确学校的办学理念和目标，通过举办主题班会、学术讲座、文化活动等形式，弘扬学校文化，形成积极向上的校园文化氛围。其次，加强师生互动，鼓励教师深入学生生活，了解学生的思想动态，关注学生的成长发展。同时，引导学生尊重教师，积极参与课堂教学和课外活动，形成和谐的师生关系。最后，搭建学生交流平台，成立学生社团、兴趣小组等组织，为学生提供展示自我、交流思想、锻炼能力的平台。通过组织各类比赛、活动，促进学生之间的交流与合作，培养学生的团队精神。

拓展校园文化外延，实现校外协同育人。首先，加强家校合作，建立健全家校联系制度，定期召开家长会，向家长介绍学校的教育教学情况，了解学生在家庭中的表现。同时，邀请家长参与学校的教育教学活动，共同关注学生的成长发展。其次，深化校企合作，与企业建立合作关系，共同开展实习实训、项目研究等活动。通过校企合作，让学生了解企业文化和市场需求，培养学生的实践能力和创新精神。最后，拓展社会资源，积极争取政府、社区、社会组织等各方面的支持，为学生提供更多的实践机会和资源。通过组织社会实践活动、志愿服务等活动，让学生走出校园，了解社会、服务社会。

2) 多队伍协作

课内课外协同育人涉及学校多方面育人主体，协同效果的发挥和强化有赖于加强不同领域间育人队伍的联动协作，思政课教师队伍、辅导员、专任教师、党团干部等不同队伍发挥各自的优势尤为关键。

在推进思政课和实践育人有机结合方面，要强化思政课教师队伍和辅导员等学工队伍的协作，共同成立指导小组，将思政理论课教学内容与社会调查、志愿服务等社会实践活动的安排合理结合起来，做到主题鲜明，内容协调，促进育人实效提升。在加强专业课程与科技创新活动融合方面，要推动团委干部、辅导员等与专业教师、科研人员的协作，推动科技创新活动要紧紧围绕科技前沿和专业教育目标来实施，强化学生创新意识和专业综合素养提升。在推进课外文体活动方面，要加强学工队伍与体育教师、艺术教师和哲学社科教师的协作，着力加强文体活动的内涵打造，提升活动质量。在强化学生日常教育管理方面，推动管理干部、专任教师等担任兼职班主任、辅导员和社团指导教师，加强思政工作队伍与任课教师等的深度协作。

3) 完善统筹机制

良好的机制保障，能够为课内、课外的有效统合提供良好环境，实现两大课堂协同育人作用的发挥。高校可以从以下统筹机制来强化完善：

(1) 优化评价机制，引导师生兼顾两大课堂。教师方面，除了对课堂教育质量、教育教学质量等常规评价外，还需要将实践活动、对学生课外活动的指导成效等因素纳入评价指标。评价标准要多元化、具体化、操作性强，还要注意刚性和弹性的结合，既能合理考量教师在两大课堂的协同中发挥的作用，也能引导教师在教育教学工作中注重二者的协同。学生方面，除了课程学习成绩的常规考核，也要对学生参与实践锻炼、课外活动和综合素质能力的情况进行有效评价。如分为德智体美劳五个大类，并在对应类别中继续细化为二类、三类量化评价指标，引导学生注意成绩与综合能力全面发展。同时，各类评先评优、组织发展等也不能唯成绩论，而是应与学生在课内与课外的表现、成效和考评结果相结合。

(2) 构建组织机制，协同相关工作的统筹。课内与课外的协同是涉及学校多个部门的系统工程，需要组织机制作为依托。高校可以成立特定的管理机构，负责宏观设计及组织运营，将两大课堂的协同育人工作落到实处。

(3) 增强保障机制，构建协同育人的条件。这是课内与课外协同育人的内在要求，也是高校提高人才培养质量的现实需要。保障机制可以从制度保证和条件保证两个方面去加强。制度方面，学校通过合理制定课内与课外教育教学工作在组织、管理等方面的相关制度，把离散活动系统化，减少资源投入和低效沟通。条件方面，硬件设施、资金投入、教师素质、网络平台等都是实现条件保障的内容。

（二）校内与校外协同

当前教育实施的主体不仅仅是相关的思想政治教育部门，还包括高校其他行政管理服务部门，以及家庭、企业、社区机构、民间组织等。高校思想政治教育工作需要协同育人资源，教育实施主体通过聚焦教育资源的流动、社会动态和发展趋势，整合力量、全面布局，提高高校思想政治教育工作的“引入”与“走出”的有机协同。

1. 校内与校外协同的内涵

高校思想政治教育工作校内外的协同主要包括两个方面的协同：校际的协同与校内外的协同。

(1) 校际的协同指的是校内外两个及两个以上的高校建立协作关系，通过育人资源共享、合作培养人才、科研合作等方式，实现育人协同增效。

(2) 校内外的协同主要体现在高校与中小学、社会企事业单位的纵向联系、校企合作及高校与家庭的全方位联系。在学生成长过程中，从中小学经由高考进入高校，毕业后走出学校走向社会，中小学、高校、社会具备学生成长发展的线性逻辑。除此之外，家庭教育的影响则贯穿大学生成长的整个过程。家校合作、校企合作以及校社合作的联动，都属于校内外协同的范畴。

2. 校内与校外协同的切入点

1) 校内与校外协同的意义

校内外资源的广泛利用，教育要素的有效流动，育人理念的统一及循环育人体系的构建，有助于高校思政育人合力的形成和机制的建设，这使得校内与校外的协同非常必要。从中小学到高校，学生除了科学知识的学习，同样应该进行素质教育、职业规划教育的学习，二者的协同有益于学生进入高校后，尽早适应大学教育，并有针对性地选择专业和选修课程进而增强学生的竞争力。从高校到社会，除理论知识的学习，实践教育的重视有利于学生实现从学生身份到社会人身份的转变，并养成在职场持续学习、持续提升自身的习惯和能力。家庭和高校协同作用的发挥主要体现在德育方面，习近平总书记指出：“家庭是人生的第一个课堂，父母是孩子的第一任老师”。良好的家庭教育有利于大学生更好地融入大学生活，并维护良好的人际交往关系。

2) 校内与校外分别开展的问题表现

传统育人模式中，各参与主体在高校思政育人中的作用较为单一，彼此之间缺少协同或是协同不够，这容易造成人才培养效率低下、人才培养与社会需求脱节、学生实践能力弱、无法满足社会多元需求等问题。这些问题的解决需要校内与校外的协同，目前校内与校外协同主要有两个方面的不足：

(1) 中小学与高校之间、高校与社会之间并不能很好地衔接。具体而言，我国中小学教育重学业成绩轻思政和素质教育，发达地区与欠发达地区差异性较大，在职业规划指导缺乏的情况下，部分学生在考取大学时随机地选择专业，在大学期间出现不适应专业学习、专业兴趣低导致学业问题继而引发心理问题等情况；高校思政育人与社会需求之间也存在脱节，有企业在招聘时提出这样的问题：“部分学生在招聘时表现出了具备专业技能，却缺乏将此专业技能展示出来的能力，从而不能通过面试，失去心仪企业的就业机会”，这在一定程度上显示高校思想政治教育成果与企业需求的不匹配。

(2) 目前我国大学生的家校协同式教育存在着未能挖掘出家庭教育的特殊性、缺乏家校间持续有效的沟通机制的问题。有高校辅导员通过对有严重学业问题、心理疾病等问题的学生进行工作跟进和家校沟通，发现此类案例中的很多学生都受到家庭教育的较大影响。

鉴于以上问题，实现大学生思政教育校内与校外的协同，有助于育人成效从无序走向有序，有利于大学生明确自身职业定位，进行有效的职业储备，科学的职业选择，从而助力大学生成长、成己、成人、成才、成功。因而，高校思想政治工作中，校内外的协同是十分有必要的。

3. 校内校外协同的切入点

高校思想政治工作校内校外协同的切入点在于校内与校外之间壁垒的打破，从而实现教育要素的有效流动和协同效果的增效发挥，这就要求二者要围绕一致的培养目标，基于一致的价值观，畅通联系渠道，从而达到动态衔接的效果。

4. 校内与校外的协同路径

1) 产教研一体化

高校思想政治教育工作贯穿于教育教学的始终，也贯穿于教育教学的每个空间。高校思想政治教育工作校内与校外的协同实现路径，应从产教研结合走向产教研融合，构建协同育人新模式。

产教研融合首先要求主体同一化，通过相互渗透、相互交叉的方式，促使教育和产业形成一个共同体，在这个共同体内，通过治理结构的更新建设与教育制度的设计改善，利益相关者共同开展教育教学、人才培养、技术创新和科研攻关等工作。产教研融合同样需要不同要素结合并产生化学反应，充分地进行融合。详细来说，把分布在多个空间的教育要素如企业研发中心、产品设计中心、人员继续教育中心与高校的教师工作室、实验室、教室等集中在一个物理空间内，在同一个目标的作用下，使得人员、设施等各种要素融合，从而使得各方协同发展。总结来说，产教研融合协同育人指的是校内外原本分散的育人主体整合成一个主体，紧紧围绕人才培养，进行共建合作、有效互动、产生育人倍增效应的模式，是在要素整合基础上的系统育人。

从具体措施上来说，可以通过建立校企联合培养人才机制，邀请企业参与高校人才培养方案的制订，和企业联合建设实践教学课程，形成更加科学完备的专业实践教学体系；可以尝试打造校企融合的“双师型”实践教学师资队伍，邀请经验丰富的企业高管作为导师，培训提升教师的实践能力和水平；可以建设面向需求的校企共建的产业学院、科研平台、实践教学基地等，基于双方的共同需求，适应企业对专业人才的需求趋势，加强人才培养合作，推进产教研融合协同育人效果。

2) 国际化合作

《国家中长期教育改革和发展规划纲要(2010—2020 年)》提出，要培养大批具有国际视野、通晓国际规则、能够参与国际事务和国际竞争的国际化人才。国际化已成为中国高等教育的发展趋势，经济全球化的深入发展对高校思想政治教育工作产生了深刻影响。一方面，国际化对高校思想政治教育工作带来一定机遇。我国高校可以学习与借鉴其他国家有效的思政教育模式，重视学生内在性和个性化的思想政治工作。同时，在国际化教育视角下，爱国主义和文化价值观也更被学生接受和重视。另一方面，国际化这把双刃剑也带来了一定的挑战。多种思想经由网络平台传播虽然起到拓宽学生视野的作用，但崇洋媚外思想、个人享乐主义等思潮也得到了传播。另外，在国际化背景下，受不断加强的经济联系的影响，对高校思想政治教育工作提出了更高的要求。随着国际化进程的推进，很多高校开设了国际合作项目，如各类“2+2”项目、国际班教学等，部分辅导员在开展形势政策课的时候，不仅面对国内的学生，同样需要面对国外的学生，这使得校内与校外协同教育需要结合时事特点、学生特点，重视国际化教学的影响。简而言之，国际化所带来的西方文化价值冲击使师生对高校思想政治教育工作的正确认识和把握变得尤其重要。

高校因时制宜的加强国际化合作，是增强校内、校外协同效果的实现路径之一。加强国际化合作，首先必须将爱国主义教育作为育人的切入点，将爱国主义教育与我国优秀传统文化结合起来，着力增强学生的文化自信。加强国际化合作，还需要有针对性地加强对学生培养体系标准的研究，明确国际化人才培养的导向性。加强国际化合作，对思想政治教育队伍的国际化素质水平提出了更高的要求。国际化背景下的思想政治教育队伍建设，应主动适应培养国际化人才的要求，走内涵式发展道路，加强基于培养国际化人才的思想政治教育队伍的职业技能标准研究，构建科学的准入、培训、评价、管理机制；以针对性的培养，引导思想政治教育队伍积极参与对外交流，逐步提高队伍自身的国际化素质，从而更好地引导学生不断开阔视野，树立国际意识。

（三）线上与线下协同

互联网信息技术的飞速发展对高校思想政治教育工作提出了较大的挑战，同时也创造了新的环境和载体。如何协调好高校思想政治教育工作线上线下教育方法、形成合力，直接关乎高校思想政治教育工作全面覆盖的实际效果。

1. 线上与线下协同的内涵

高校思想政治教育工作的线上与线下，不仅仅指高校思政课程的线上与线下模式，还包括在新媒体时代背景下，高校思想政治教育工作者运用互联网+思维创新和探索互联网时代先行先试的工作模式。基于互联网跨界融合的特性，高校思想政治教育工作线上线下的协同对于“三全育人”的整体协同有着积极的促进作用。

2. 线上与线下协同的切入点

1）线上与线下协同的意义

网络阵地的占领，意识形态主导权的维护，切实需要线上与线下的协同。

以互联网为代表的新媒体不仅渗入社会发展的各个层面，也渗入高校和每位大学生的学习生活中，新媒体已经成为大学生涉猎知识和信息的重要渠道，改变了他们学习和生活的行为方式。高校思想政治教育工作与高度发达的互联网信息工具相融合，虽然具备了工作效率提高、沟通便捷的优势，但是也产生了新的问题。新媒体相较于传统媒体具有传播范围广、速度快、交互性好、信息量丰富等特点，给思想政治教育工作带来了新局面。近年来，各大高校着眼于加强改进大学生思想政治教育，大力推动和实施线上与线下相结合的思想政治教育，并取得了较好的发展态势，高校思想政治教育工作已经初步形成了“线上＋线下”育人格局。在“线上＋线下”育人格局下，高校的网络思想政治工作资源不断发展、手段不断拓宽，尤其是2020年新冠肺炎疫情来袭，大学生“开学不返校、停课不停教”，各高校普遍开展了线上授课工作，高校思想政治教育工作者也结合日常教育安排进一步增强了对线上工具的运用。在这种育人工作格局下，学生自媒体提供了一个窗口渠道，让思想政治教育工作者及时了解学生的现状和不足，从而能够有针对性地帮助学生解决问题。但自媒体的传播具有随意性特点，从而使产生的信息情绪性较强、准确性较低。相对应地，传统媒体经由记者的核实，具有较为客观的立场，也相对更具备权威性。线上与线下的传播路径不同、发展速度不同决定了二者需要进行协同，实现循环互动，达到传播效果的最大化，真正深入学生的意识和认知，从而影响其行为。

2) 线上与线下分别开展的问题表现

新时代背景下互联网工具与人类的生活密不可分，网络信息技术与思想政治教育工作需要融合，这就要求线上与线下的协同。当下，部分高校思想政治教育工作者在观念和理念上存在的片面性及高校思想政治教育工作机制建设方面的滞后性，需要线上与线下的协同来改善和解决。对于高校思想政治教育工作者来说，一方面，有高校思想政治教育工作者过分依赖互联网工具，通知事务性工作通过QQ、微信等线上媒介，形势政策课、班委培训会议通过腾讯会议、钉钉等平台进行，学生近况的了解通过微信朋友圈，而对学生宿舍的实地走访、对学生课堂的检查频次大幅度减少。可以说，这种工作模式拉近了空间距离，却拉远了心灵距离，而且使得思想政治教育工作者缺乏对学生动态的真正掌握。另一方面，也存在部分工作保守的思想政治教育工作者，拒绝学习网络知识及新媒体技术，仍固守坚持多年的传统教育理念和管理模式，无法真正了解现代大学生的思想动态，更遑论围绕学生，关照学生，服务学生，做学生的人生导师和知心朋友，从而离学生越来越远，离育人目的越来越远。对于高校思想政治教育工作建设机制来说，在线上、线下工作衔接的过程中，因为线上线下工作的不同步，或是相关职能部门之间的缺乏沟通或是各自为政，从而造成统一指导和协同的缺失。要充分发挥大学生思想政治教育“线上＋线下”协同育人模式的作用，没有适宜的切入点是难以实现或持续的。

3) 线上与线下协同的切入点

互联网的蓬勃发展对高校思想政治教育工作产生了巨大的影响，不仅仅体现在教育方法上，也体现在教育观念上。高校思想政治教育工作线上与线下协同作用发挥的切入点在于与管理服务结合，通过对互联网工具的灵活使用缩短与学生的距离和提高沟通效率；在于与课程育人相结合，充分切实发挥思政课的主渠道作用；在于与思想引领相结合，紧紧围绕和把握价值引领的目标而不偏离。

3. 线上与线下的协同路径

1) 线上线下日常思政教育协同

线上线下日常思政教育协同是搭建线上线下“一站式”教育空间的关键环节。高校思想政治教育工作线上与线下协同机制的构建，应在坚持互联网思维的前提下，以价值引领为统筹，渗透于日常思想政治教育工作中。互联网思维指的是意识层面的思想，是行动的指南针和风向标。从策略分析层面来看，首先基于互联网思维下的日常思政育人协同，需要加强对高校教育工作者学习和培训的要求，要求领导者和管理者带头学习有关高校思想政治教育工作网络化的一系列文献，提高思想认识，带头运用互联网工具，加强思政教育领导和管理的线上线下协同创新。其次，要真正做到“以学生为中心”“服务学生、关心学生、围绕学生”，杜绝故步自封地坚持传统教育模式，认识到线上线下生活已是学生的日常，也将成为学生接受日常思政教育的重要渠道。最后，要加强“互联网+”思想政治教育模式的宣传，综合运用各种可行方法从观念上转变高校教育工作者对思政教育的认知，让线上、线下协同育人观念深入每一位教育工作者的内心，并外化于教育行动。从具体措施来分析，可以通过协同线上、线下宣传形式实现思想政治教育的增效，如对于榜样人物事迹的线上线下展示宣传和对于校园文化建设，可以采用线上的虚拟设计进一步实现线上到线下的转变，也可以通过对网文、短视频、漫画等网络文化作品的制作实现日常思政教育的有形化。

2) 线上线下课程育人协同

线上线下课程育人协同是搭建线上线下“一站式”教育空间的中心环节。在互联网高速发展的环境下，传统的课程教学模式受到了现代网络技术的冲击并与之深度融合，从而产生了线上课程教学模式。在线上与线下课程教学相结合的新型教学模式中，线上课程教学通常包括大规模开放在线课程 MOOC、小规模在线课程 SPOC、线上论坛等活动形式；线下教学则包括课堂教学、实践教学等活动形式。目前，对线上线下混合式教学模式的运用已经逐步被高校重视，但教师的主动性还不够、相关的教学管理制度设计没有创新发展、教学资源建设不够丰富多元。总的来讲，我国高校思政课程及专业课程的线上线下混合教学还处在探索推动阶段。线上线下的协同，不应该仅仅局限于单纯对线上工具的使用，或是片面地对不同章节分别进行线上线下教学，而是应该立足于线上、线下教学特点，知识传播与价值引领发挥的特点，有机地实现线上与线下的融合，形成系统性教学体系，最大限度增强教学效果。

线上线下课程育人协同的实现举措，首先应推进立足实施效果的高校课程育人的线上线下混合教学，高校应积极顺应“互联网+”时代发展要求，利用新媒体工具建设优质思政课程的线上线下混合教学，在这个过程中尤其要注重学生学习主体性的体现和自主性的激发；其次，加强师资队伍的建设，是线上线下教学协同实现的智力支持基础，思政课程线上线下混合教育模式“谁来教”、运用互联网思维“怎么教”，都离不开协同思维的综合运用；最后，创新激励和评价机制，强化线上线下教学协同的实施保障，建立和完善高校思政教师的准入和退出机制，构建物质与精神相统一的激励机制，从而为学生乐学提供保障。

3) 线上线下管理服务协同

线上线下管理服务协同是搭建“一站式”教育空间的重要支撑。随着我国高校招生人数与日俱增，多校区建设日新月异，互联网与现代信息技术的发展，建设线上线下协同管理服务体系成为高校优化行政业务流程，提高管理服务质量的必由之路。线上线下管理服务协同体系是高校对“互联网＋管理服务”的深化运用，是以“信息多跑路，师生少跑腿”为理念，对管理服务事项进行重新梳理和规划，为师生提供服务办事、信息分享、资源共享等线上线下一体化管理服务。通过此平台，师生可足不出户便完成许多校园业务的办理，完成教学、科研、校园生活等各类事项的沟通，同时线下的改变与发展也会通过信息数据的形式同步于线上平台之中。

线上线下管理服务协同体系是高校以学生需求和满意为出发点和落脚点所建立的，将教育理念融入日常工作，不断提高管理服务育人质量的重要举措。构建此协同体系，首先，要牢固树立育人意识。高校要充分利用构建新管理服务体系的时机，注重挖掘管理过程中的育人要素，坚持以人为本，用心服务，科学管理，以关心爱护学生的决心和恒心感染学生，保证管理服务工作最终服务于育人，在学生成长成才过程中发挥有效作用。其次，切实提高管理服务质量。要用好互联网和现代信息技术，优化服务流程，切实为学生办实事、解难题，体现人文关怀，让学生在接受管理和服务中同时也能学习体会到管理服务人员的敬业乐业态度，并对自己产生影响。再次，要积极营造育人氛围。在线上线下的管理服务中做到便捷、有序、规范、精准、全面，积极营造线上线下文明和谐的育人氛围，使学生在潜移默化中受到影响和教育。最后，要优化工作作风。建立起线上线下便捷及时的信息沟通机制，设立学生服务热线和信箱，建立新媒体互动平台，深入学生之中，及时听取学生的意见和建议，掌握学生思想状况和行为习惯，做好管理服务工作。

第三节　完善高校“三全育人”的保障机制

“三全育人”工作强调的是全员育人、全程育人和全方位育人，这就要求高校在育人过程中，要充分考虑到学生的全面发展，包括德、智、体、美、劳等各个方面。同时，随着社会的发展和时代的进步，高校面临着越来越多的挑战和机遇。在这样的背景下，完善“三全育人”工作保障机制，有助于提高高校的教育质量和水平，增强高校的竞争力和影响力。同时，也有助于培养更多具有创新精神和实践能力的高素质人才，为国家和社会的发展做出更大的贡献。可以从完善统一领导机制、优化联系互动机制、改善考核评价机制等方面入手完善高校“三全育人”的保障机制。

一、完善统一领导机制

（一）构建上下联动机制

高校要着眼调动各层次育人主体的积极性、主动性、创造性，要形成一级带一级、上下齐努力的工作格局，构建层级清晰、上下贯通的工作机制。

1. 各层级的责任分工

习近平总书记着重强调：“要建立党委统一领导、党政齐抓共管、有关部门各负其责、全社会协同配合的工作格局，推动形成全党全社会努力办好思政课、教师认真讲好思政课、学生积极学好思政课的良好氛围。”具体来说，就是要发挥各级教育行政部门的引导作用，强调宏观层面的政策建设、中观层面的平台建设、微观层面的实施建议与支持，加强“三全育人”工作共建共享的顶层设计和制度保障。

就整个学校而言，校党委领导班子是思想政治教育工作的领导者，其职能主要是规划和决策，提出任务和目标，指导学校各层次、各领域的思想政治工作。

相关管理部门，主要包括党委各职能部门以及负责教学、后勤保障、信息化建设的行政管理部门和工会、共青团等群团组织，这些部门在思想政治教育工作中主要发挥着管理层的作用，其中宣传部门主要负责开展理论学习、意识形态工作、日常宣传和校园文化建设；学生工作部门负责开展学生管理和日常思想政治工作。

院(系)层级作为相对独立的教学单位，其领导班子是院(系)思想政治教育工作的领导者，院(系)的学科团队、教研室、学工队伍以及工会、共青团组织是执行层，具体负责院(系)思想政治工作的开展。

马克思主义学院作为思政课教学的主要承担者，在思想政治教育工作中相较于其他学院的地位更为突出。

高校应建立健全思想政治教育工作责任制，制定思想政治教育工作实施意见，明确学校各层次、各类型部门的思想政治教育工作责任清单，完善职能部门、二级学院等不同主体和层级间分工协同、有机统一的管理体制，确保不同管理主体之间的科学分工和有效协调。

2. 上下贯通的工作机制

高校党委应成立思想政治工作领导小组，成员包括全体校领导、党委职能部门、相关行政管理部门，各学院也应作为成员单位，并建立健全工作机制，使之成为常态化议事协调机构，通过制度建设不断建立规范和落实责任，构建起以党的领导为根本保证、以党的建设为基本前提、立德树人贯穿始终的思想政治教育工作体系。

围绕新时代“三全育人”，在探索创新中坚持“上下结合”，领导层既要通过议事决策机制充分发挥总揽全局、协调各方的作用，并侧重抓好学习宣传、决策管理、队伍建设、检查督促等工作，又要通过思想政治教育工作例会等渠道，认真听取各职能部门、各院(系)的意见与建议，并要通过调研、访谈、大数据分析等方式了解整个学校及各单位思想政治教育工作的基本状况，给予管理层必要的指导。

管理层要自觉把思想和行动统一到领导层的部署上来，结合实际创造性地贯彻落实校党委的工作部署，并积极主动建言献策，为领导层科学决策提供支撑。管理层将学校的育人理念、目标和要求传达给全体教职员工和学生，并协调各部门、各学院之间的合作与配合，促进育人资源的共享和优化配置，形成育人合力。同时，管理层还需要关注师生反馈，及时调整和优化育人措施，确保“三全育人”工作的持续改进和发展。加强对教职员工和学生的培训和引导，提高他们的育人意识和能力，形成全员育人的良好氛围。建立健全评估机制，对“三全育人”工作进行定期进行评估和总结，及时发现问题和不足，提出改进措施和建议。

院系可以通过信息共享平台，确保育人工作的相关信息能够及时、准确地传达给学校相关各方。院系要与管理层、学校党委明确各自在育人工作中的责任和任务，确保各项工作有人负责、有人落实。制定详细的育人工作计划和实施方案，明确时间节点和具体任务，确保各项工作有序进行。院系要与管理层、学校党委共同推进育人工作，形成合力。例如，在课程设置、教材选用、实践教学等方面，可以共同研究和制定方案。院系要与管理层、学校党委共同建立育人工作的评价与反馈机制，定期对育人工作进行评估和总结。根据评估结果，及时调整育人工作的方向和重点，确保育人工作深入有效开展。

(二) 构建左右协同机制

高校思想政治教育工作上的左右协同，既包括校院两级领导班子内部的协同，也包括管理部门之间、学院(系)之间的协同。只有在全校“一盘棋”之下做好相互间的协同，才能使“三全育人”发挥出应有的作用。

1. 领导班子内部的协同机制

领导班子是一个整体，但内部有其分工，一般来说思想政治教育工作应由党委书记主抓，其他班子各成员都有思想政治教育工作责任。应按照党中央的有关精神和要求，牢固树立党委书记和校长都是思想政治教育工作第一责任人的意识，加强党委书记和校长在事关学校思想政治教育工作方面的沟通协调，既明确分工，又相互配合。校院两级领导班子成员要自觉带头做好思想政治教育工作，在制定班子成员思想政治教育工作责任清单的同时，还应当细化要求，明确如何把思想政治教育工作融入日常领导和管理工作中，作为班子成员履行思想政治教育工作职责的基本指引和考核评价的重要参考。建立健全内部沟通协调机制，在“三重一大”事项尤其是事关师生切身利益的重大改革事项上要充分沟通，实现目标一致、思想共识、行动协调。

2. 管理部门之间的协同机制

加强管理部门之间的协同，牢固树立“大思政”理念，避免各自为政、相互割裂，是构建“三全育人”协同机制的重要前提。应按照系统观念优化管理部门之间的职能分工，探索部门之间功能定位明晰、职责互补、运作过程相互协调的联动模式，打造信息与资源共享平台，共同拟订全局性的工作方案，及时交流和沟通思想，研究和协调处理管理中遇到的突出问题。应建立健全联席会议等协商机制，促进管理部门强化协同意识，各工作部门、群团组织应当协调配合、同向同行，克服条块分割，共同做好思想政治教育工作。应探索推进管理模式改革，根据学校实际情况，可考虑以“大部制”的思路设置学生工作部门，使之有能力担任起统筹学生思想政治工作的重任。

3. 学院(系)之间的协同机制

加强学院(系)之间在思想政治教育工作上的协同，坚持全校一盘棋，确保学院(系)之间在贯彻落实校党委工作部署和职能部门工作安排上同步推进、相互呼应，才能更好地激发学院(系)思想政治教育工作的效能，进一步营造比学赶超、争先创优的工作环境。应建立交流共享机制，促进学院(系)之间交流经验、互学互鉴，让各学院(系)的创新举措、思路做法、亮点特点及时得到推广，形成示范溢出效应。应建立合作共赢机制，努力构建资源共享、优势互补、互相促进、共同提高的学院(系)协同育人工作新格局。

(三) 构建优势互补机制

育人工作的各个层级、各个主体各具优势。要围绕育人这个核心任务，建立健全工作机制，促进各层次、各主体的优势充分发挥并相互补充、相互促进，提升育人效果。

1. 不同管理层级之间的优势互补

围绕“三全育人”，高校的领导层、管理层和执行层之间是上下级、领导与被领导的关系，相互之间各有优势。应打破领导层、管理层、执行层之间的单向沟通状态，加强各层级之间的沟通协调。应建立明责—履责—问责的制度机制，保障责任落实落细，使各级党组织、党员干部、专业教师、管理人员各尽其责、协调配合，共同做好思想政治教育工作。应建立健全体现平等、互动、及时的工作全过程沟通反馈机制，使领导层、管理层与执行层始终处于沟通无碍、相互适配的状态。建立健全不同部门、单位之间的交流沟通机制，及时通报重要信息、交流工作经验，促进不同岗位的教职员工自觉围绕培养能担当民族复兴大任的时代新人履职尽责，创新性地开展工作，形成立德树人的高度自觉和共同责任担当。

2. 思政课程与课程思政的优势互补

充分发挥课堂的育人主渠道作用，需要推动各类专业课与思政课同向同行、优势互补，形成协同效应。应统筹开发课程思政与思政课程的育人价值，推进所有课程坚持马克思主义的指导地位，坚定正确的政治立场，全面贯彻党的教育方针，引导大学生树立正确的理想信念，弘扬社会主义核心价值观，推进思政课程与课程思政同向同行。应统筹开发思政课程的显性教育和课程思政的隐性教育资源，一方面要坚持思政课程的理论特性和意识形态本质，引导大学生自觉用党的创新理论武装头脑；另一方面要不断发掘不同学科的启发、浸润、引导等隐性功能，以润物无声的方式，引导大学生坚定理想信念、弘扬爱国主义精神、弘扬并践行大国工匠精神、遵守新时代道德规范，推进思政课程与课程思政相得益彰。应统筹发挥教师队伍的主力军作用，一方面要严把思政课教师准入关，配齐建强思政课专兼职教师队伍，积极培养思政课教师后备人才；另一方面要构建思政课教师和专业课教师互动互助机制，通过联合备课、交流研讨、竞赛观摩等形式，促进思政课教师和专业课教师相互启发、相互学习、取长补短。

3. 不同育人平台和载体的优势互补

以思想政治教育创新平台为统领，创新体制机制，推动各类平台和载体协同联动育人。一方面，应积极打造思政品牌，加强统筹谋划，强化各类校园活动和社会实践活动的育人功能；打造校园网络平台，整合各类网络思想文化阵地，构建新媒体矩阵，实现对青年学生信息交流全覆盖；打造创新创业教育平台，搭建创业实践基地，推进学科竞赛与创新创业大赛对接，开展重点创新创业项目培育，推进师生同创，培养学生创新意识，提高学生创业能力，各类育人平台都要植入思想政治教育的具体内容。另一方面，应加强对各种育人平台和载体的统筹运用，综合利用课堂内外、校园内外、线上线下、理论实践等育人平台资源，推进主渠道和主阵地与日常思想政治工作始终同向同行；推进校园传统媒体与网络媒体深度融合，增强传播合力，打造弘扬正能量和主流价值观的舆论阵地；统筹规划校内外活动，把目标、主题有机融合，对各项活动作出合理安排，引导大学生在实践和交流中树立正确的世界观、人生观、价值观。

二、优化联系互动机制

联系互动机制是指在高校思想政治教育工作中的个体、组织和社会各个主体相互协调配合，各阶段、各学段、各环节之间各种资源和平台互动交流、联动协作，从而提高服务效率的结构关系和运行模式的机制，这种联动机制包含学校、家庭、企业、社会等多个元素。学校是思想政治工作开展的龙头，家庭是思想政治工作开展的基础，企业等组织是思想政治工作开展的辅助，社会是思想政治工作开展的平台，四者之间互相联动，密不可分。学校作为学生受教育的主阵地，既包含导师、班主任、辅导员和教辅人员形成的多主体联动机制，又包括教学部门、科研部门、学生工作部门、后勤部门等形成的多部门联动机制。高校思想政治教育工作协同运行的联动机制实际上就是依靠学校党委领导、学生工作部门引导、各部门之间相互协调和配合，使思政系统内部各个元素之间相互协调配合，让高校思想政治教育工作的要求落深、落细、落实。因此，实践中要在思想政治教育工作协同运行体制机制框架下，构建以教师、学生为主体，以学院、部门为主导，其他各方协同参与的格局，实现多主体、多部门、多组织发挥自身优势，促进相互协同联动，强化思想政治教育工作各主体间互联、互补、互动。

1. 导师、班主任、辅导员、教辅人员多主体联动，实现目标互联

大学生综合素质的提高和品德的塑造需要导师、班主任、辅导员、教辅人员多主体联动，通过多主体的共同努力，朝着培养社会主义建设者和接班人的目标，将大学生培养为道德高尚、身心健康的有较高政治素养和政治觉悟的新青年。因此，应进一步教育引导教职工增强育人意识，充分认识到教职工育人与高校育人是一个有机整体，不可分割。

构建职责明晰的全员育人格局。从分工来说，高校导师主要负责协助学生进行人生及职业规划，帮助学生找准自身定位，明确其目标与方向，引导学生在课后参与学术科研等活动，培养学生研究和创新能力。班主任则主要对学生的学习生活进行指导，为学生在学习过程中遇到的问题提供解决办法，适时地通过班级大会、集体活动等方式激励班级学生的斗志，端正学生的学习态度，提高学生的学习积极性。辅导员主要负责开展年级的思政辅导工作，上传下达，在生活、学习和工作等多方面为学生提供实际的帮助，促进学生的全面健康发展，同时负责指导建设学院学生组织和社团，如团委、学生会、学生党务社团等，为学院和学生服务。教辅人员的主要职责是为学生的学习、生活等提供必要服务，为学生发展成才营造和谐良好的环境，在服务工作中加强对学生的价值引导，帮助带领学生朝着正确的方向发展。在构建全员育人格局中突出导师和班主任的教育职能，完善以辅导员为中心的沟通协调机制和以教辅人员为补充的管理机制。

2. 教学、科研、学工、后勤多部门联动，实现职能互补

教学、科研、学工、后勤部门是高校办学体系中的重要支撑，完善协同育人机制需要多部门合作协调，需打造具有中国特色的人才培养体系与创新培养共同体。一是教务处规划教学体系，把握教书育人主旋律。把习近平新时代中国特色社会主义思想推广到高校教材、课堂教学中，实现课程思政的目标，推进课堂教学改革，优化课程设计，修订完善专业教材，改进专业课程教学设计。除此之外还要求打通线上教学和线下教学的壁垒，使两者协调发展，共同发挥作用。教学方式除传统的线下课堂教学还可以借助互联网平台发展线上学习，将课程内容搬到线上，实现线上线下教育空间有机协调，促进高校思政教育全过程发展。二是科研工作是提升人才质量的重要途径，科研部门践行育人工作，需要深化改革推动科研育人，强化科研的核心是育人的共同认知，完善科研育人评价机制，在教师科学研究的全过程中始终贯彻深化改革、强化规范、优化结构、强化绩效内部管理体制改革的总要求。通过搭建平台拓展科研育人。以创新创业大赛等平台为依托，引导教师将科研内容与社会产业融合，吸引学生共同参与科学研究，并将科研创新成果引入课堂教学，面向学生进行传播和分享。三是强化规范管理，健全学工育人机制。学工部门在提升人才培养质量上发挥着举足轻重的作用，要充分发挥学工部门的关键作用，促进立德树人目标的实现，需要推动学工部门与其他部门的深入协作。四是统筹后勤合力，提升服务育人成效。首先，打造专业队伍，让后勤育人更有战斗力。其次，提升服务意识，让后勤育人更有内生力。最后，扩大后勤组织的服务范围，让后勤育人更有协同力。

3. 学校、家庭、企业、社会多组织联动，实现教育互动

在网络信息化时代，学校和家庭、企业、社会等相互关联，彼此促进。学校教育、家庭教育和社会教育的不协调、不一致，往往会导致教育效果互相抵消。高校思想政治教育工作要摆脱高投入、低产出的现状，提高思想政治教育的有效性，应构建以学校为龙头、家庭为基础、企业为辅助、社会为平台的四位一体的多组织联动教育体系，使思想政治教育工作由学校这个单一渠道转化为多途径、全方位、主体化的形式，以期实现学校、家庭、企业、社会四方面力量的和谐统一、多向互动、相互渗透。

(1) 以学校教育为龙头，发挥学校的主导作用。学校思想政治教育是有目的、有计划、有系统的，应充分发挥思想政治教育在科研教学、班级管理、团队建设、文化传承等方面的主导作用，让校园育人更加全方位、多层次。以家庭教育为基础，推进家庭与校方合作。通过家校沟通，有助于家庭教育的内容、方式、方法尽可能与学校教育相协调、相融合，形成合力，增强教育的效果。在双方的互参互管、互帮互促过程中，充分保障家长的知情权、建议权、参与权和监督权，以客观科学的态度，共同推进学生的管理更加科学，更加完善。

(2) 以企业教育为辅助，搭建校企合作平台。一方面，企业能够为学校提供学生实习的平台，另一方面，学校可以为企业提供优质人才与技术支持。

(3) 以社会为依托，扩大社会教育影响面。社会是学生生活和成长的环境，高校思想政治教育工作要立足于文化、经济、地域、人口等社会特点和学生知、情、意、行等道德行为的实际，筛选、规划、整合学校及周边的思想政治教育资源，充分利用社会的各种条件，使学校思想政治教育社会化，同时优化思想政治教育环境，形成全社会人人参与、主体互动、和谐发展、富有实效的思想政治工作模式。

三、改善考核评价机制

考核评价，是对“三全育人”进行的客观考察、监督与促进。任何育人模式都不能脱离考核而自行发展，要保障新时代高校“三全育人”的效果，就必须完善现有的育人考核评价机制。同时，相关政策制度中也明确要求高校要建立与育人相对应的考核评价机制，切实保证育人工作的有序、有效开展。作为高校育人工作中的重要组成部分，“三全育人”也应以完善的考核评价机制作为保障，以帮助相关育人主体发现思想政治教育以及“三全育人”实践中存在的问题，并提醒和督促其制定、实施相应的问题解决机制，解决育人中存在的问题。就目前的“三全育人”实际来看，高校应从以下方面建立科学的“三全育人”考核制度。

1. 明确考评目标和内容

高校“三全育人”考核评价的目标应当根据考评对象及考评内容确定，应以育人目标作为基础和前提。“三全育人”考核评价的目标应当是客观反映育人过程中的贯通和联动状态与效果。在考核和评价中，高校必须要引入与考核评价目标对应的诸如大学生德行培育结果、“三全育人”实施效果等考核内容。同时，高校要在考核评价目标的基础上，将大学生的行为、心理、思想认知等作为考核内容，关注十大育人体系的工作效果。要将育人作为考核评价行为导向，将高校育人的施教者、受教者两个考核层面结合起来。例如，可以从受教者呈现出何种状态，施教者开展了哪些育人工作等角度进行考核评价内容的细化。要建立一个覆盖学生、育人主体的多角度考核评价体系，按照德育标准进行衡量，并将与“三全育人”“德行”相关的内容融入考核评价的内容之中。

2. 注重考核评价的客观公正

在考核评价机制完善中，高校需要强调公正客观的原则，相关“三全育人”的考评，是对育人成效的检验，也是对高校育人质量和效果的考核，需要通过考评的方式来体现和反映高校“三全育人”的实际效果。因此，“三全育人”的考核评价工作中应当秉持公正客观的原则，并将其贯彻到思想政治教育和“三全育人”的实践之中，力求使考评结果达到全面、客观，能够真正展现“十大育人体系”的成效，反映育人中存在的问题，为高校和各育人主体进行思想和行为的调节与改进提供相应的信息参考，进而推动“三全育人”工作的进一步完善，促进大学生的全面发展。在考评方法方面，高校应当坚持形成性评价与终结性评价相结合，全面考评与重点考评相结合，以及他评与自我考评相结合，并从制度上明确规定科学的考评方法，确保“三全育人”的考核评价工作落到实处。

第七章

高校“三全育人”综合改革的典型案例(模式)

“三全育人”综合改革工作实施以来，各高校坚持全面贯彻落实党的教育方针，深入学习贯彻习近平总书记关于教育的重要论述，坚持社会主义办学方向，结合地方特点、学科特色、办学优势探索可持续的“三全育人”模式，可谓“百花齐放天下春，各有争鸣人才济”。结合全国高校“三全育人”综合改革试点高校的育人工作，本章选取三所不同类型高校的“三全育人”实践模式作典型案例介绍。

第一节　北京科技大学“四大攻坚”模式

“四大攻坚”模式是构建“三全育人”大格局时，融合地域特色、学科特色、校史校情，形成“一盘棋统筹”的特色化、精品化育人模式。北京科技大学通过实施共识、融入、协同、评价“四个攻坚”行动，搭建课程、科研、管理、服务、文化、网络、实践、组织、心理、资助“十大”育人体系。

一、基本情况

北京科技大学紧紧围绕立德树人这个根本任务，着力在人才培养和“三全育人”综合改革中苦下功夫，以“立德”为根本，形成了富有学校自身特色的工作实施方案和工作任务清单，以列清单、强系统、重持续的方式，切实推动

“三全育人”综合改革落实到位。学校在“三全育人”综合改革的实践和探索中成立了领导小组，顶层设计与“四个攻坚”行动相结合，从“共识、融入、协同、评价”等四个维度，搭建“十大”育人体系，总结形成了一系列思想政治教育工作理论成果，梳理提炼了一系列典型育人案例，得到了教育部、北京市以及兄弟院校的认可。

二、特色做法

“三全育人”综合改革是一项庞大而又精细的系统性、全局性大工程，牵涉到学校工作的每一个环节。在全面广泛调研的基础上，北京科技大学制订了工作实施方案和工作任务清单，着眼立德树人中亟须解决的实际问题，着眼凝聚改革共识，大力实施“共识攻坚”行动；着眼优化改革格局，大力实施“融入攻坚”行动；着眼形成改革合力，大力实施“协同攻坚”行动；着眼进行科学评价，大力实施“评价攻坚”行动。四大攻坚行动相辅相成，相得益彰，辅之以“十大”育人体系建设，形成了有内容、有措施、有标准、有保障的“四有”“三全育人”工作格局。

(一) 着眼凝聚改革共识，大力实施“共识攻坚”行动

1. 实现政策宣讲和理论学习全覆盖

为了使全校各单位、各学院和全校教职员工将“三全育人”运用到自己的工作中去，与自身工作相结合，学校实现了政策宣讲和思想大讨论全覆盖。在实践和探索中，形成了富有学校特点的“六进”和“四学”。“六进”就是将政策理论学习进思政课教学，进学校中心组集体学习，进学院教工集中理论学习，进党支部组织生活，进学生主题班会、团支部会议和主题团日活动，进各级各类教师和学生的业务培训和理论培训，“四学”就是自学、辩学、导学、践学。

2. 实现全校思想政治教育工作导向全覆盖

学校坚持“精”字工作导向，实现“四个演变”，即内容供给由“分餐制”演变为“大锅饭”，话语体系由“启发式”演变为“说教式”，教育方式由“体验式”演变为“灌输式”，授课形式由“互动式”演变为“单向式”。在此基础上，构建了“思想引领+学生主体+网络育人+实践养成+多维关爱”的五重

体系，学生社会主义价值取向变得更加端正、共产主义理想信念变得更加坚定、道德规范变得更加严格、成才动力变得更加充足。

3. 实现本科生导师指导全覆盖

学校从 2018 年起，为每一位本科生配备导师，强化人生观、世界观、价值观养成教育，在学业和学术指导、职业生涯发展规划指导等方面构建了“1 + N”的工作方法，“1”即指导教师主导，“N”即任课教师主教、班主任指导、辅导员辅助、研究生协助、高年级本科生参与。

4. 实现“两个计划”在全体教职工中全覆盖

学校坚持师德师风建设与能力素质培养齐抓共管，一方面，抓好“能力素质提升计划”，通过新教师的岗前培训、教学基本功讲课大赛等提升能力素质；另一方面，抓好“师德品质提升计划”，实施“党建强基、思想引航、制度固本、实践立行、典型示范”等五项工程。学校还优化管理服务程序，推动落实“首问负责制”，提高管理服务效能。

(二) 着眼优化改革格局，大力实施“融入攻坚”行动

1. 与校内现有的管理制度相融相促

在学校的章程、大学生人才培养方案、学校事业发展“十三五”规划中都明确体现出“三全育人”的理念，划分了各部门、各学院的责任清单和责任状，对各类岗位工作职责进行了重新的梳理，做到相融相促，实现有岗位必有育人职责。

2. 与学生日常教育管理和服务相融相促

在大学生日常教育管理和服务中，注意运用好、体现出“三全育人”的元素，相关的育人项目往往呈现出近、小、实、亲的特点。创新班级会议、团支部会议的举办方式，针对大学生在入学、在校学习、毕业离校等重要时间段的特点，精心设置会议主题，做到会议内容新鲜有味道。重点打造了学生党员述责测评系统，在学生中营造了“比学赶超”“你追我赶”的良好氛围，学生党员的先锋意识得到最大限度的激发，切实发挥了模范带头的作用。学校还在新生入学开学典礼、各类评先评优表彰活动、毕业典礼和学位授予仪式中，着力在内容供给中求优化、在呈现方法上做改进、在活动载体上求创新，使思想政治教育工作更加富有味道。

3. 与大学生课程思政相融相促

学校守好思政课教育主渠道，着眼时代发展和学生现实需要，实时更新完善教育教学方法，凝练了富有“北科”特色的思政课集群，将实践教学在课堂、校园和社会中灵活运用，并且同步将“互联网”思维运用到实际教学之中。以建立“北京科技大学课程思政研究中心”为契机，在学校其他各类课程中，充分寻找可以育人的结合点，并以此入手，打出组合拳，通过强化公开选修课建设，强化学生爱校荣校教育，开阔学生的国际化视野，使课程思政迈上快车道。

4. 与校园文化建设相融相促

学校坚持以文化人、以文育人，积极打造微媒体矩阵，构建思想引领工作体系，四个文化协同推进，使中华优秀传统文化得到全面弘扬、革命文化得到全面宣传、社会主义先进文化得到全面传承、北京科技大学校本文化得到全面激活，实现文化育人的广泛参与、全员覆盖，凝练北科大特色文化品牌，创作了一大批富有影响力的网络原创作品。以“馆、片、册、书、景、剧”的方式弘扬北科人爱国、奉献的优秀品质和“求实鼎新”的校训精神。

5. 与社会实践相融相促

通过加强课程设计，进一步凝练具有北科大特色的实践育人体系，着力完善“大学生志愿服务”和“大学生社会实践”的“课程体系化”“服务专业化”“项目精品化”发展，持续发挥实践育人在校园精神文明建设中的典型作用。

(三) 着眼形成改革合力，大力实施“协同攻坚”行动

1. 创新“1 + 3 + N”协同育人机制

创新“1 + 3 + N”协同育人机制，其中“1”，即学校思想政治教育工作领导小组定期研判；“3”，即部门间的“联席会议”，教师间的“定期协商”，第一、二课堂之间的“主辅”协同；“N”，即学习中心、心理中心、就业中心、资助中心、人文素质教育中心、创新创业中心之间的互联互通，守护学生茁壮成长。

2. 打造大学生人才培养闭环

学校打造了从招生到培养、从培养再到就业、从就业再回到招生的人才培养闭环，对人才培养质量进行科学评价和定期跟踪，做好学生动态反馈，并以此促进招生方式转型和培养方式升级。定期召开招生就业工作会议，编制工作白皮书，以专业和就业满意度为重点开展专项工作调研，进行职业生涯发展评

估，在专业整改及调整上围绕志愿调剂率等硬指标展开，形成“招生—培养—就业—招生”的新生态。同时，开设必修课程，设置必修学分，实现职业规划课程常学常新。学校坚持就业工作全校上下共同谋划、共同发力，设立专项奖励，鼓励大学生到基层、到广袤的西部、到祖国最需要的地方去就业，积极引导学生在国际比较和行业选择中，形成正确的成才观，自觉将个人发展的“小我”与祖国发展的“大我”紧密联系起来，不忘初心、牢记使命，为实现人生的精彩而不懈努力。

3. 浓郁多层次的育人新环境

学校与家庭、社会融为一体，以家校协作为重点，实现育人环境新提升。一是实现关口前移，把好家校联系的第一关，将“致家长的一封信”随“录取通知书”寄出，邀请新生家长参加见面会、开学典礼和毕业典礼，言传身教，教会学生懂得感恩。二是实现常态化联系，把好家校联系过程关，建立辅导员和家长定期联系机制，鼓励辅导员利用假期深入学生家中，掌握学生家庭生活一手资料，真正成为学生的知心人、贴心人、暖心人。三是产学研相结合，积极寻求激发高校与企业、与社会协同育人的效能。在钢铁行业内，与知名企业强强联手，与首钢集团、鞍钢集团等知名企业开展合作，广泛设立大学生校外实习基地、实践教学基地，对学生实行精准化的联合培养，邀请名优企业的管理层走上学校讲台、走进学生之中。

4. 形成校友育人合力

学校注重整合校友资源，全面打通了校友育人的“最后一公里”。以“励志计划”为抓手，以提升学生领导力为目标，校内导师与校友导师双向发力，全面培育专业领域的精英人才；以“求实计划”为依托，以社会主义红色文化教育为主线，培养又红又专的高精尖人才。此外，积极激发学院校友育人平台潜能，要求各学院结合学科专业特点，开展富有各自特色的育人品牌活动，擦亮校友工作的金字招牌。

（四）着眼进行科学评价，大力实施“评价攻坚”行动

1. 重塑教师荣誉体系

学校与时俱进，重塑了“1＋5”教师荣誉，其中“1”，即教师职业荣誉奖；“5”，即党建思政、教育教学、人才工作、科研工作、管理服务等 5 个方面的

单项奖，并于每年召开表彰大会进行表彰，切实增强受表彰群体的获得感和荣誉感。同时，开展师德榜样(先锋)和“感动北科”年度人物评选。高度重视队伍建设，按照师生比要求足额配齐思想政治教育理论课教师、学生专职辅导员和大学生心理健康教育专职教师等，始终坚持“双单列”，即思政系列职称评审和思想政治教育工作奖励办法单列，切实从人员配备和条件保障上进行重点倾斜。强化学生评教结果的运用，对于评价后20%的老师，在职称晋升时进行限制。

2. 重塑学生评价体系

在全国高校率先创设“第二课堂成绩单”制度。该成绩单制度实行“学分化”管理，涵盖课余时间的志愿服务、假期社会实践、就业创业教育、大学生科技创新、文化艺术教育等各个方面，以能力培养、知识传授、道德养成为导向，以“青年成长助力工程”为重点，涵盖“行走课堂”“红色课堂”“分众课堂”等育人体系，学生通过参与其中可获得相关成长记录、积分和学分，并在德智体美劳等各个方面得到提升。

3. 重塑评价指标体系

学校结合发展的新形势、新要求，制定了校、院两级的指标体系及细则，进一步细化了各项建设标准和指标任务。校、院两级的细则由“基本指标”“特色指标”和“负面清单”构成，并设置有三级指标，每项指标细化到观测点、测评方式和测评标准。校、院两级的细则集自我评价、师生评价与专家评价于一体，重点突出师生满意度的测评。校、院两级的细则是北科大推进“三全育人”的重要标准，也为各高校提供了重要的借鉴和参考。

第二节　武汉大学“实践育人”模式

武汉大学高度重视实践育人工作，大力推进实践育人改革，通过把牢育人方向、贯穿育人链条、凝聚育人合力等措施，构筑实践育人大格局，打造实践育人大场域，搭建实践育人大平台，全员全过程全方位推进实践育人，引导学生在实践中受教育、做贡献、长才干，取得了良好成效。

1. 把牢育人方向，构筑实践育人大格局

(1) 把实践作为落实立德树人根本任务的重要抓手。将社会实践与思想政治教育紧密结合，打造“行走的思政课堂”，创新设置“揭榜挂帅”专项实践，结合国家经济社会发展需求，设置“乡村振兴调研”等十大调研主题，组织 2 000 多支团队数万名学生参与寒暑假社会实践，在乡村、社区、工厂、企事业单位中体察国情社情民情，在基层一线实践中厚植家国情怀。新华社、光明日报等权威媒体专版报道了武汉大学的暑期实践工作。连续多年荣获全国大中专学生志愿者暑期“三下乡”社会实践优秀组织单位。

(2) 把实践作为提升人才培养质量的重要环节。根据学科专业特点，将实践育人工作纳入人才培养方案和教学计划，探索具有专业特色和实际效果的实践育人模式。每年投入 3 000 余万元支持本科生实践环节建设，每年利用第三学期为本科生开设近 700 门实习实践课程，为研究生设置专业实践、挂职锻炼、政务实习、创新创业等专项实践课程，引导学生在实习实践中锻造高强本领。

(3) 把实践作为助力学校“双一流”建设的重要载体。组织引导学生积极参与“互联网+”“挑战杯”等国家顶级学科竞赛。近两年，学校在“互联网+”“挑战杯”全国总决赛获 4 金 13 银 18 铜。1 支“互联网+”项目团队作为全省唯一团队入围全国三强排位赛，取得学校参赛历史上最好成绩。在中国高等教育学会发布的《全国普通高校学科竞赛排行榜(本科)》中，武汉大学连续 3 年(2018—2020 年)居全国前 4 位。

2. 贯穿育人链条，打造实践育人大场域

(1) 统筹构建一体化分层分类实践育人体系。构建覆盖学生从入学到毕业的全过程实践育人体系，本科生大一侧重理想信念教育，大二侧重国情社情教育，大三侧重职业规划，大四侧重就业引导，研究生侧重立足实践科研报国，将论文写在祖国大地上。围绕学生成长发展需要，设置专业实践、社会实践、学术科技实践、创新创业实践、挂职锻炼实践、志愿服务实践等六种实践育人类型。着力引导学生参加符合所在学习阶段特点和需求的实践育人活动。

(2) 统筹推进实践教学、创新创业教育和社会实践协同发展。强化实践教学环节，增加实践教学比重，深化产教融合，在第三学期集中开设实习实训和国际化课程，引导学生开展专业实践。推动专业教育与创新创业教育有机融合，

根据不同学科特色和学生群体特点，依托珞珈创意园、武大科技园等创新创业平台，广泛开展青创训练营、创客咖啡、创新创业实践金课等创新创业教育。结合国家发展战略、学校优势学科和学生发展需要，面向学校师生征集高质量社会实践项目，产出高质量实践成果，打造“一院一品”格局。

(3) 统筹推进“第二课堂成绩单”制度。制定并实施《武汉大学“第二课堂成绩单”制度办法(试行)》，把全校第二课堂活动整理到“第二课堂成绩单”系统中，通过优化内容供给，实现实践育人活动减量提质增效。全年新增学生用户 13 987 人，教师用户 636 人，覆盖 80 个校内单位，校团委承接教育部、团中央“第二课堂成绩单”课程项目体系“金课标准”研究课题，推行“第二课堂成绩单”五个一工程，试点期间作为全团典型受到团中央书记处书记吴刚考察接见。“第二课堂”工作入选团中央典型案例，《破除“中梗阻”，让第二课堂活起来》一文被团中央微信公众号报道并在全团推广。

3. 凝聚育人合力，搭建实践育人大平台

(1) 积极构建政府、社会、学校协同联动的“实践育人共同体”。挖掘和编制“资源图谱”，打造社会实践基地库，梳理汇总 400 余个校院两级实践基地信息，在四川乐山，湖北武汉、恩施、黄冈等地新建 30 余个实践育人基地，梳理发布日常性社会实践信息，开设实践信息集散地板块，劳动实践工作获团中央“创青春”公众号专门推介。积极打造有学科依托和广泛影响力的社会实践精品项目，先后培育“大山里的魔法教室”“清泉计划”“Smile 服务队”等 22 个社会实践品牌项目。

(2) 拓宽科技创新创业实践平台。广泛开展群众性学术科技活动，整合举办学术科技文化节，承办第八届“创青春”中国青年创新创业大赛科技创新专项大健康类半决赛、第十三届中国深圳创新创业大赛武汉高校预选赛，举办首届“青创训练营”，首次组建科创竞赛青年宣讲团，每年立项 900 余项大创训练项目，支持 50 余项(次)学科竞赛项目，提升学生的创新意识、创意思维和创业能力。竞赛创业团队中 1 人获全国创新创业英才奖、1 人获“强国青年科学家”提名、1 人作为全省唯一科技工作者代表在湖北省庆祝中国共产党成立 100 周年座谈会上做主题发言。团省委书记周森锋同志两次来校调研大学生科技创新工作并给予充分肯定。

(3) 优化志愿服务实践平台。组织学生先后承担世界军人运动会、世界大健康博览会、全国普通高校毕业生就业创业促进行动对接大会等大型赛事活动的志愿服务工作，开展“与逆行者同行・为奉献者奉献”关爱医务人员子女线上家教，被央视《新闻联播》栏目三次报道；开展“致敬抗疫英雄赏樱专场”，招募 1 500 名师生志愿者为赏樱医务人员提供服务，获得央视新闻、新华网等多家媒体直播报道。选派志愿者常态化参与学校樱花季、毕业典礼、迎接新生、开学典礼等重要节点的志愿服务工作。开展教职工子女第三学期公益夏令营，服务 96 名教职工子女。近两年来，学校在全国志愿服务项目大赛中获得 1 金 3 银。志愿者王琇琨同学作为全国唯一大学生党员代表参与中宣部“新时代青年的青春担当”中外记者见面会，讲述志愿服务故事，展现中国青年风采。

第三节 陕西学前师范学院“党建引领”模式

“党建引领”的“三全育人”模式是坚持党的领导的“总覆盖”，牢牢握紧育人总开关，党的领导“一杆子到底”的育人模式。这种模式围绕立德树人根本任务，坚守为党育人，为国育才的初心和使命，把思想政治教育工作作为高校工作的生命线，牢牢掌握意识形态工作领导权，着力培养担当民族复兴大任的时代新人。

陕西学前师范学院马克思主义学院党委发挥学科专业优势，秉承“党建促育人”和“党建促学风”的工作理念，构建并深入实施“学—研—讲—用”一体化支部党建模式，探索了较为成熟高效的工作机制，培育了一套典型经验和 3 个育人品牌，发挥了辐射带动作用。马克思主义学院学生党支部入选“第二批全国高校党建工作样板支部创建培育单位”，2021 年被评为“陕西高校先进基层党组织”。

1. 党支部 +“学”，理论学习与成长成才深度融合

组织支部党员定期参加高水平讲座“立心讲坛”，邀请校内外名师为学生党员介绍学术前沿，拓宽理论视野。建立重大政治理论学习机制，举办“同上一堂四史大课”、十九届五中、六中全会精神、党史学习教育等学习交流会，

形成心得体会 200 余份，共计两万余字。前往延安、陕南等红色革命根据地开展沉浸式学习，前往企业、社区开展实践研学活动，将现场变为课堂、素材变为教材、书本变为体验，通过“走、看、听、谈”等方式强化学思悟践。学习强国年度积分竞赛，每日登录学习、竞赛答题成为支部党员自觉的行动和日常的习惯，形成比学赶超的“新风尚”。在支部引领带动下，思想政治教育专业形成了踏实、严谨、认真的学习风气。近年来毕业生考研录取率稳居学校各专业前列，其中三届居于首位，毕业生受到用人单位的认可和好评。

2. 党支部 +“研”，经典研读与校园文化深度融合

以“支部 + 理论社团”模式成立马克思主义读书会，以发挥专业优势，促进多学科、多专业本科生共读马克思主义经典读物，筑牢新时代高校思想政治教育第二课堂阵地为己任。建立了“自主研读 + 教师指导”的运行机制，以月份为时间点开展读书活动，前两周采取自主研读的方式，第三周小组研讨提出问题，第四周教师集中辅导答疑。2020 年以来，读书会共开展研读活动 23 期，参与者 2 200 余人，覆盖了全校 14 个二级学院，形成了 23 份读书简报和 60 余万字的学生读书笔记，22 位教师深入学生参与辅导，并撰写指导教师寄语。2021 年以来，读书会持续开展《中国共产党简史》等规定书目的学习，定期举办晨读和红色观影活动，调动和激发了一批青年大学生参与马克思主义学习和传播的热情，推动形成了多学科、多专业学生共读马克思主义经典的红色校园文化。

3. 党支部 +“讲”，红色宣讲与载体创新深度融合

依托马克思主义学院学科背景和师资力量，成立大学生理论宣讲团，采取“集中 + 进班”“校内 + 校外”结合的宣讲方式，将党的声音、党的思想进行传播。2020 年至今共举行宣讲活动 90 余场次，形成 6 个宣讲模块，开展校内宣讲 60 余场，覆盖 14 个二级学院，三个年级 6 000 余人次。校外宣讲 20 余场，先后前往西安市第九十九中学、第四十七中学等 10 余所中小学进行宣讲，覆盖听众 3 000 余人次。一名宣讲团成员获得“请党放心 强国有我”陕西省高校大学生宣讲比赛总决赛二等奖。

创新宣讲载体，拓展“宣讲 + 新媒体”路径，实现线上线下宣讲同频共振。以中国共产党一大至十九大为主题主线，推出了“马院学子讲四史：党史”篇系列短视频，定期在抖音、微信视频号等短视频平台发布。累计播放量突破 20

余万次，累计点赞量 12 000 余次，累计关注量 1 100 次。线上宣讲团队获得省级“互联网+”创新创业比赛三等奖；推出的三项网络作品分别获第五届“陕西高校大学生网络文化节”三等奖和“陕西高校网络教育优秀作品推选展示活动优秀作品”；一项作品获得教育部“全国高校思想政治工作网庆祝中国共产党成立 100 周年原创精品推广行动”优秀作品，纳入全国高校思想政治工作网《百年珍贵记忆——全国高校庆祝中国共产党成立 100 周年原创精品档案》，实现了支部宣传师生开展红色宣讲和创新宣讲载体成效的新突破。

4. 党支部 +“用”，学用结合与示范带动深度融合

支部紧扣专业特色，突出“学用结合”，以“两个作用”的发挥示范带动大学生扎根基层和一线，积极服务新农村建设。采取“凝练三个主题 覆盖三个年级 打造一支队伍”的社会实践模式，由学生党员组成的“三下乡”暑期实践团队和小组，先后到汉阴县、留坝县等地，走访农户调研乡村治理，宣讲党的政策，开展爱心支教等。团队先后两次获得“校级优秀实践团队”称号，所撰写的调研报告被共青团陕西省委评为“优秀社会实践报告”，人民日报全国党建平台、新华网、陕西日报等 10 余家媒体对实践活动进行了报道。疫情防控中，学生党支部成立疫情防控先锋队，按照“整体部署，重点工作，责任明确，协同联动”的原则，牢牢掌握学生群体疫情防控的主动权。支部全体党员作为志愿者，参与到防控一线工作中，彰显了支部在大事、难事中的组织力和执行力。

经过两年的实践检验，“学—研—讲—用”工作模式的应用已初见成效，支部在学风建设、校园文化建设、社会实践和志愿服务方面持续发挥思想引领和示范带头作用，取得了突出成绩，获得多项省级荣誉。

参 考 文 献

[1] 马克思恩格斯选集：第 1 卷[M]. 北京：人民出版社，1995.

[2] 马克思恩格斯全集：第 3 卷[M]. 北京：人民出版社，1960.

[3] 马克思恩格斯全集：第 23 卷[M]. 北京：人民出版社，1972.

[4] 毛泽东文集：第 7 卷[M]. 北京：人民出版社，1999.

[5] 习近平谈治国理政：第 2 卷[M]. 北京：外文出版社，2017.

[6] 习近平谈治国理政：第 3 卷[M]. 北京：外文出版社，2020.

[7] 陈万柏. 思想政治教育学原理[M]. 北京：中国人民大学出版社，2013.

[8] 冯刚，郑永廷. 思想政治教育学科 30 年发展研究报告[M]. 北京：光明日报出版社，2014.

[9] 刘建军. 新时期思想政治工作创新研究[M]. 北京：中国人民大学出版社，2015.

[10] 杨道建. 新时代高校“三全育人”理论与实践[M]. 南京：江苏大学出版社，2021.

[11] 王斌伟. 高校思政工作“三全育人”协同机制构建研究[M]. 广州：广东人民出版社，2022.

[12] 杨晓慧. 高等教育“三全育人”：理论意蕴、现实难题与实践路径[J]. 中国高等教育，2018(18)：4-8.

[13] 梁伟，马俊，梅旭成. 高校“三全育人”理念的内涵与实践[J]. 学校党建与思想教育，2020(04)：36-38.

[14] 朱小芳. 当前高校思想政治教育工作协同机制研究[J]. 学校党建与思想教育，2018(03)：19-21.

[15] 蔺伟. 高校“三全育人”的逻辑诠释与实践[J]. 中国高等教育，2021(18)：10-12.

[16] 王亚非. 新时代高校全员全过程全方位育人格局形成的基本遵循[J]. 国家教育行政学院学报，2019(04)：3-7+26.

[17] 王习胜. “三全育人”合理性的逻辑诠释[J]. 思想理论教育，2019(03)：52-56.

[18] 杨晓慧. 以“大思政”理念创新思政育人格局[J]. 思想教育研究，2020(09)：

6-8.

[19] 陈思，王斌伟. 中国高校“三全育人”研究回顾与展望：一个文献综述[J]. 湖北社会科学，2021(08)：142-150.

[20] 吕晶艳. 基于大数据的大学生日常思想政治教育创新研究[D]. 贵阳：贵州师范大学，2021.

[21] 李力. 新时代高校育人协同策略研究[D]. 长春：东北师范大学，2019.

[22] 周婷婷. 中华优秀传统文化融入大学生思想政治教育研究[D]. 太原：山西师范大学，2018.

[23] 李沐曦. 新时代高校“三全育人”理论与实践研究[D]. 长春：吉林大学，2022.

[24] 龚安静. “三全育人”的价值意蕴及实践研究[D]. 重庆：西南政法大学，2021.